KB112866

# 문심조룡

동양 문예학의 집대성

시대의 절대사상

# 문심조룡

동양 문예학의 집대성

| 김민나 | 유협 |

살림

# *e* 시대의 절대사상을 펴내며

고전을 읽고, 고전을 이해한다는 것은 비로소 교양인이 되었다는 뜻일 것입니다. 또한 수십 세기를 거쳐 형성되어 온 인류의 지적유산을 제대로 이해하고, 그 바탕 위에서 새로운 자기만의 일을 개척할 때, 그 사람은 그 방면의 전문가가 될 수 있을 것입니다. 프랑스의 대입제도 바칼로레아에서 고전을 중요하게 취급하는 까닭도 그와 같은 이유 때문이겠지요.

그러나 예전에도, 현재에도 고전은 유령처럼 우리 주위를 떠돌기만 했습니다. 막상 고전이라는 텍스트를 펼치면 방대한 분량과 난해한 용어들로 인해 그 내용을 향유하지 못하고 항상 마음의 부담만 갖게 됩니다. 게다가 지금 우리는 고전을 읽기에 더 악화된 시대를 살고 있습니다. 변하지 않고 있는 교육제도와 새 미디어의 홍수가 우리를 그렇게 만들고 있는 것입니다.

고전을 읽어야 하지만, 읽기 힘든 것이 현실이라면, 고전에 친근하게 다가갈 수 있는 새로운 방법을 응당 고민해야 하지 않을까요? 살림출판사의 *e* 시대의 절대사상은 이러한 문제의식을 가지고 기획되었습니다. 고전에 대한 지나친 경외심을 버리고, '아무도 읽지 않는 게 고전' 이라는 자조를 함께 버리면서 지금 이 시대에 맞는 현대적 감각의 고전을 만들고자 했습니다.

고전의 내용이 지나치게 주관적으로 해석되어 전달되는 위험을 피할 수 있도록 그 분야에 대해 가장 정통하면서도 오랜 연구 업적을 쌓은 학자들이 자신의 경험을 응축시켜 새로운 고전에의 길을 열고자 했습니다. 마치 한 편의 잘 짜여진 다큐멘터리 프로그램을 보듯 고전이 탄생할 수 있었던 시대적 배경과 작가의 주변 환경, 그리고 고전에 담긴 지혜를 재미있게 습득할 수 있도록 내용을 구성했고 난해한 전문용어나 개념어들은 최대한 알기 쉽게 설명했습니다.

이전에 경험하지 못했던 새로운 감각의 고전 e시대의 절대사상은 지적욕구로 가득 찬 대학생·대학원생들과 교사들, 학창시절 깊이 있고 폭넓은 교양을 착실하게 쌓고자 하는 청소년들, 그리고 이 시대의 리더를 꿈꾸는 모든 사람들에게 생생하게 살아 숨쉬는 인류 최고의 지혜를 전달할 것이라고 확신합니다.

기획위원

서강대학교 철학과교수 강영안

이화여자대학교 중문과교수 정재서

# 들어가는 글

중국 근대문학의 거장인 노신(魯迅)은 일찍이 아리스토텔레스의 『시학』에 필적할 동양의 문예학 고전으로 『문심조룡(文心雕龍)』을 들고 있다. 『문심조룡』은 저작 이후로 꾸준히 중시되기는 하였지만, 오늘날만큼 많은 이들이 관심을 갖고 다양한 연구를 진행시킨 적은 없었다. 그렇다면 오늘날에 와서 『문심조룡』이 동양의 문예학 고전으로 주목받고 있는 이유는 어디에 있을까?

시대적 한계를 고려하더라도 『문심조룡』의 저자 유협의 문학에 대한 사고는 매우 전면적이고 보편적이다. 문학 현상을 문학작품이나 작가와 같은 한정된 범주로 묶어 일면적으로 고찰하지 않고, 더욱 본질적인 입장에서 문학 탄생의 근원과 발전 과정 및 다양한 중국 고전문학 장르의 특성을 다루고 있다. 그래서 『문심조룡』에은 오늘날의 문학창작이나 비평 활동에 좋은 참고자료가 되며, 중국 고전문학의 흐름과 특징을 이해하는 데도 중요한 역할을 할 수 있다.

고전은 오랜 시공의 변화 속에서도 살아남아 꾸준히 읽힐 수 있었던 것은 그 속에 시공을 초월하여 공감할 수 있고 활용할 수 있는 보편적 가치를 함유하고 있기 때문일 것이다. 오늘날에도 고전의 중요성은 충분히 인식되고 있지만 정작 고전을 진지하게 읽어가는 독자층은 희박해지고 있는 것이 현실이다. 이는 일찍이 유협이 『문심조룡』의 「통변(通變)」편에서 우려했던 "당시 유행하는 사조에만 휩쓸려 고전의 가치를 망각하는 불건전한 시대 조류"에 다름 아니다.

그러나 유협이 『문심조룡』의 「지음(知音)」편에서 말했듯이 독자의 태도도 중요하지만 작품 자체의 구성도 올바른 감상을 위해서는 매우 중요하다고 할 수 있다. 고전을 원래 모습 그대로 이해할 수 있다면 좋겠지만, 사실상 불가능한 일이다. 그러므로 고전의 가치를 되살려 오늘날의 문학 활동에 풍성한 원료를 공급하기 위해서는, 고전을 현대적으로 재해석하여 소개할 필요가 있다. 사실 이 책도 그러한 필요에 따라 씌어진 것이다. 이 책이 일반 독자들에게 『문심조룡』이라는 동양 문예학 고전의 존재와 가치를 알리는 작은 계기가 되어 『문심조룡』을 이해하고 활용하는 독자의 폭이 나날이 넓어지기를 기대해본다.

『문심조룡』이 일반 독자들과 만날 수 있는 소중한 계기를 마련해 준 살림출판사 관계자 분들께 감사의 마음을 전한다. 그리고 늘 뭔가를 쓰느라 분주한 필자를 이해해주고 격려해주는 남편과 두 아이들에게도 고마운 마음을 전한다.

끝으로, 필자의 학문 생애에 한결같은 조언자이자 지지자가 되어주시는 어머니께 감사와 사랑을 전하며 이 책을 바친다.

2005년 봄

김민나

# 문심조룡

## 3장 『문심조룡』 깊이 읽기

文心雕龍

## 2부 본문

동양 문예학의 집대성

# 문심조룡

## 3부  관련서 및 연보

1부

시대 · 작가 · 사상

오늘날의 독자들이 처음 『문심조룡』을 접하게 되면 그 난해함에 질려 읽기를 포기하게 될지도 모른다. 형식미를 극도로 추구한 고대 중국의 언어표현에 대해 나타낼 수 있는 당연한 반응이다. 그러나 인내를 가지고 꾸준히 한 자 한 자 새겨가면서 읽어가다 보면, 그 속에 있는 주옥같은 문학이론들을 만나게 될 것이다. 열심히 읽다 보면 현대의 문학이론서나 미학서적들에서 논의되고 있는 가장 참신한 의견들이 이미 『문심조룡』 안에서 언급되고 있음도 알게 될 것이다. 사실상 언어의 장벽만 극복된다면 현대의 문학이론 교육에도 충분히 활용 가능한 보편적인 문학이론서가 될 수 있음도 깨닫게 되리라 생각한다.

1장

『문심조룡』
깊이 읽기에 앞서서

# 『문심조룡』은 어떤 책인가?

## 『문심조룡』은 중국 고대의 문학이론서

중국 근대문학의 거장인 노신(魯迅)은 일찍이 동양에는 『문심조룡』이 있고, 서양에는 아리스토텔레스의 『시학』이 있다고 말하면서 『문심조룡』이 동양문학사에서 차지하는 위치를 평가하였다. 사실상 중국문학을 연구하는 사람이면 누구나 『문심조룡』이 중국고전의 주요 연구 영역임을 인정하고 있으며, 중국 문학이론이나 비평을 연구하는 이들에게는 반드시 한 번은 읽어보아야 할 필독서처럼 되어 있다 해도 과언이 아니다. 그러나 중국문학도가 아닌 일반 문학도나 문학 연구가들에게는 『삼국지』나 『수호지』 등의 중국 소설이나 이백과 두보가 대표하는 중국 시가와는 달리 『문심조룡』은 그 제목부터 낯설다. 특히 사전지식 없이 이 책을 접하는 이들에게는 어떤 내용을 담은 책인지조차 알 수 없는 경우가 많을 것이라 생각된다.

책 제목을 풀이하기에 앞서서 『문심조룡』이 어떤 책인가부터 간단히 밝혀보면, 『문심조룡』은 중국 선진(先秦: B.C.12~13세기)[1]에서 육조(六朝: 6세기)[2]시대까지의 중국 고대의 문학현상을 시대 순으로 관찰하고 연구하여 이론으로 집대성시킨 중국 고대의 문학이론서이다. 역사적인 저작연대는 육조 시대 제(齊)나라 화제(和帝) 중흥(中興) 원년에서 2년 사이(501~502)로 추정되며, 작가는 제나라와 양나라 시기를 걸쳐 살았던 유협(劉勰)(465?~520?)이다.

## 『문심조룡』이라는 책이름(書名)이 갖는 의미

작가 유협은 『문심조룡』의 서문에 해당하는 「서지(序志)」편에서 『문심조룡』이라는 책이름(書名)이 갖는 의미를 풀어서 설명하고 있다. 사실상 『문심조룡』이라는 책이름 자체가 이 책의 전체적인 내용을 핵심적으로 요약하고 있다. '문심(文心)'은 한마디로 문학창작이나 문학 감상 또는 문학비평 등의 활동을 하는 인간 마음의 전체적인 움직임, 다시 말해서 언어를 매개로 하는 예술 활동을 위한 인간의 정신과 감정 및 영감의 작용을 말한다. '조룡(雕龍)'은 문학은 언어예술이고 예술이 추구하는 것은 미적인 가치라는 것에 근거한 상징적인 용어로서 용을 조각하듯 문학을 구상하고 창작하는 전 과정은 세심한 주의력과 기교 등이 요구됨을 말한 것이다. 이러한 내용을 담은 『문심조룡』이라는 책이름을 오늘날의 용어로 재해석해 본다면 '문학 활동에 있어서의 마음의 작용과 언어문자의 예술적인 표현' 정도가 되겠다. 이제 간단한 해제를 통해 이 책의 주제는 다 밝혀진 셈이다.

유협은 이러한 그의 기본 논지를 단지 추상적인 이론으로 펴는 것에 그치지 않고 중국 선진에서 작가 당대(當代)까지의 문학 현상을 시대 순으로 고찰하여, 구체적이고도 풍부한 실례를 바탕으로 객관성 있게 전개해 나갔다. 『문심조룡』은 그 구체적인 실례들을 통해서 중국 고대문학 현상의 변화와 발전의 과정을 일목요연하게 보여주고 있다. 그리고 문학예술을 가능하게 하는 양대 지주인 '문학 활동에 있어서의 마음의 작용'과 '언어문자의 예술적인 표현'에 관한 이론의 전개를 통해서 시공을 초월하여 이 책의 요지를 파악하고 활용하려는 모든 이들에게 많은 시사점을 던져주고 있다.

### 『문심조룡』의 구성 체계와 내용

『문심조룡』의 구성 체계와 내용을 살펴보면 다음과 같다.

『문심조룡』은 총 50편으로 구성되어 있다. 50편 중 마지막

편인 「서지(序志)」편은 『문심조룡』 전체의 서문에 해당되는 부분으로서 유협이 『문심조룡』을 저작하게 된 동기와 목적 및 전체 내용의 구성 체계를 밝히고 있다.

「서지」편을 제외한 나머지 49편은 크게 세 부분으로 나눌 수 있다.

### 1) 다양한 문학 장르의 원류와 문학창작과 감상의 기본체계를 밝힘

첫 다섯 편―「원도(原道)」「징성(徵聖)」「종경(宗經)」「정위(正緯)」「변소(辯騷)」―은 유협이 「서지」편에서 밝히고 있듯이 전체 내용의 골격을 이루는 편들이다. 다양한 문학 장르의 원류와 문학창작과 감상의 기본체계를 이 다섯 편에서 보여주고 있으며, 나머지 편들은 이를 중심으로 연계를 맺으며 전개되어 나간다.

### 2) 중국 고대의 문학 장르론

시가(詩歌)에 관해 논한 제6편 「명시(明詩)」편부터 제25편인 「서기(書記)」편까지는 넓은 의미의 선진에서 육조까지의 문학 장르론이다. 각 장르가 그 장르이기 위해 기본적으로 갖추어야 하는 형식과 내용 면에서의 특성을 말하고, 각 장르의 기원과 변화 발전의 과정을 일목요연하게 서술하고 있다. 이 문학 장르론을 통해서 중국 고대문학의 여러 장르들을 살펴볼 수 있고, 이를 통해『문심조룡』이 지어진 당시의 문학 장르의 분류개념이 상당히 성숙한 경지에 도달해 있었음도 알 수 있다.『문심조룡』의 문학 장르론에서는 문학양식의 갈래를 실용문의 부분과 순문예문의 부분으로 크게 나누어 놓고 있다.

### 3) 문학에 관련된 모든 문제들을 광범위하게 토론한 종합적인 문예이론

다음으로 문학 활동을 가능하게 하는 상상력의 문제를 중점적으로 다룬 제26편 「신사(神思)」편부터 제49편인 「정기(程器)」편까지는 문예(文藝)[3] 활동에 관한 여러 가지 사항을 광범위하게 토론한 종합적인 문예이론이다. 이 부분은 보편적이고도 원론적인 논지가 많은 부분으로,『문심조룡』에 있어서 가장 의의 있는 부분이라 하겠다.

24편에 달하는 이 종합적인 문예이론의 부분은 각 편들의 서로 다른 주제들이 긴밀한 연계를 가지면서 간단명료하게 기술되어 있다. 이 부분에서 다루어지고 있는 내용들을 간단히 살펴보면 아래와 같다.

인간의 문예 상상력, 작가의 개성이 작품의 형성에 미치는 영향, 각 문학 장르가 갖는 고유의 특성, 작가와 문학 장르의 특성이 어우러져 연출되는 작품의 미적인 분위기, 문학 활동에 보편적으로 나타나는 전통의 계승과 변혁의 문제, 문학작품에 있어서 형식미와 진실한 내용의 조화, 외계 사물과 작가의 창작충동과의 관계, 이 밖에 구체적으로 언어를 예술적으로 활용할 때 나타나는 여러 문제들과 그 이상적인 방향의 제시, 또 이러한 언어의 활용에 있어서 중국문자의 형(形: 모양), 음(音: 소리), 의(義: 뜻)가 갖는 미적인 특성의 활용, '전고(典故)'⁴⁾의 활용, 비유법 활용 등의 문제를 광범위하게 논술하고 있다. 이 외에도 작가의 예술 수양문제, 시대와 문학과의 관계문제, 작가론, 독자의 감상비평론 등 문학에 관련된 모든 문제들을 유협의 수려하고도 논리적인 필체로 다루고 있다.

## 『문심조룡』 전체를 꿰뚫고 있는 기본적인 문학 관점

유협이 『문심조룡』 전체를 50편으로 나누어 위와 같은 내용들을 주제별로 전개해가고 있으나, 그 50편을 통괄하는 기본적인 문학관은 전통의 계승에 의해 유지되는 문학의 항상성(恒常性)과 각 시대마다 변혁을 통해 이루어지는 가변성(可變性)의 문제를 다룬 '통변관(通變觀)', 그리고 문학작품의 기본적인 요소인 내용과 형식을 본질적인 차원에서 논한 '정채관(情采觀)' 등이다. 문학은 변화를 통해 새로움을 추구함으로써 문학 활동이 끊이지 않고 이어진다. 또 한편으로는 대를 이어 전해지는 문예의 규율에 익숙해야 전통과의 단절로 인한 결핍을 면할 수 있다. 전통의 계승과 변혁의 문제나 내용과 형식의 문제 등은 모든 문학 현상에 공통적으로 나타나는 현상인 동시에 문학 현상을 논할 때 늘 거론되는 주제이기도 하다. 이는 유협이 『문심조룡』을 통해 제시하고 있는 문학관이 보편적인 성격을 강하게 띠고 있음을 시사한다.

## 본질적인 차원의 문예탐구

유협은 문학을 문학의 차원에서 논하는 데 그치지 않고, 한 차원 더 높여 전 우주 자연의 질서와 그 질서의 일환으로 형성된 인류의 문화와 관련지어 논하고 있다.

유협은 문학을 언어문자로 이루어진 문화의 한 형태로 파악했다. 다시 말해서 유협은 문학의 여러 가지 현상을 논할 때 역사와 문화의 전체성을 함께 고려했다. 우주와 사회문화 현상 속에서 우주만물의 현상(『문심조룡』에서는 이를 '도지문(道之文)'으로 표현하고 있다), 사회문화의 현상(『문심조룡』에서는 이를 '인문(人文)'으로 표현하고 있다), 문학예술의 세계(『문심조룡』에서는 이를 인간의 정서와 감정에 비중을 두어 '정문(情文)'으로 표현하고 있다), 이 세 영역이 기본적으로 공통되는 하나의 질서(『문심조룡』에서는 이를 '도(道)'라고 표현하고 있다) 속에 통합되어 서로 긴밀한 연계를 맺으며 질서를 유지해 간다고 파악하였다.

유협은 문학의 문제를 중국 고대의 사상과 문화의 발전과 긴밀하게 연계시켜 우주론과 본체론의 차원까지 끌어올림으로써 광대한 사상의 시각으로 문학의 본질을 파악하려 했던 것이다. 본질적 차원의 문예탐구는 『문심조룡』에 나타난 내용들이 시공을 초월하여 공감을 불러일으킬 수 있도록 하는 원인이 된다.

## 아름다운 문체로 쓰인 논리적인 글 — 사고와 표현의 탁월성

『문심조룡』은 중국문자인 한자가 지닌 형(形: 모양), 음(音: 소리), 의(義: 뜻)의 미적인 특성을 최대로 활용하여 미문(美文)의 극치를 추구하는 '변려문(駢麗文)'이라는 양식으로 쓰어 있다. 사실 유협이 언어문자의 예술적인 미감(美感)에 대해 언급한 대부분의 내용들은 당시 유행한 변려문과 밀접한 관련이 있다. 그리고 유협 자신이 『문심조룡』을 수려한 변려문으로 써냄으로써 그의 미문(美文)의식이 공허한 것이 아님을 보여주고 있다.

유협 당시의 가장 아름다운 문체(文體: 글쓰기 양식)로 지어진 『문심조룡』은 내용의 방대성과 논리성을 차치하고라도 그 문체만으로도 매우 완숙한 미문이라고 할 수 있다.

그러나 변려문을 사용하지도 않고 접해보지도 못한 오늘날의 독자들이 처음으로 『문심조룡』을 접하게 되면 문자 표현의 난해함에 먼저 질리게 되고, 아예 읽어가기를 포기하게 될지도 모른다. 형식미를 극도로 추구한 고대 중국의 언어 표현에 대해 나타낼 수 있는 당연한 반응이라 하겠다. 그러나 인내를 가지고 꾸준히 한 자 한 자 새겨가면서 읽어가다 보면 그 속에 있는 주옥같은 문학이론들을 캐낼 수 있을 것이다. 열심히 읽다보면 현대의 문학이론서나 미학서적들에서 논의되고 있는 가장 참신한 의견들이 이미 『문심조룡』 안에서 언급되고 있음도 알게 될 것이다. 사실상 언어의 장벽만 극복된다면 현대의 문학이론 교육에도 충분히 활용 가능한 보편적인 문학이론서가 될 수 있음도 깨닫게 되리라 생각한다.

우리말로 번역되어 있는 번역서를 읽어보는 것이 우선이겠으나, 『문심조룡』을 더욱 깊이 있게 이해하기를 원하는 독자라면 가능한 한 원문을 읽어서 한자가 구가할 수 있는 미문의 경지도 체험해보고 극도의 형식미를 추구하는 문체로 자신의 논지를 가감 없이 표현해낸 유협의 사고와 표현의 탁월성도 느껴보기 바란다.

중국문학이론이 논리적일까 하는 의문이 드는 독자는 이 책을 꼭 읽어보라고 권하고 싶다. 방대한 체계로 다양한 주제의 이론을 전개하면서도 확실한 이론의 골격을 구성하고 있다는 것에 놀라게 될 것이다.

# 『문심조룡』과의 만남

　중국 고대의 문학이론서인 『문심조룡』은 간단한 소개를 통해서 보았듯이 중국문학도가 아닌 일반 독자들에게 잘 알려져 있지도 않으며 수월하게 읽히는 책도 아니다. 필자가 처음 『문심조룡』을 접했을 때의 느낌도 일반적인 독자들과 조금도 다르지 않았다.

　필자가 어떠한 계기로 『문심조룡』에 대한 이해와 애정을 도모하게 되었는지, 도대체 어떠한 매력이 있어서 평생의 연구대상으로 삼았으며, 일반 독자에게까지 『문심조룡』의 가치와 의미를 소개하게 되었는지 말해보려 한다.

## 교양 한문강좌로 인해 맺어진 중국문학과의 인연

필자가 대학을 다니던 시절에는 학과로 진학을 하지 않고 인문계열이나 사회계열 등 계열단위로 학생들을 모집했다. 인문계열을 지망하면 일 년간 교양과목들과 전공탐색과목을 듣다가 2학년 때부터 전공을 정하고 학과에 소속되어 3년을 보내는 방식이다.

대학교 1학년 2학기 때 무슨 생각에서인지 필자는 교양한문이라는 강좌에 호감을 가지고 수강을 하게 되었다. 생각해 보면 그 때부터 중국문학과의 인연이 시작된 것이었다.

당시 교양한문의 강좌를 맡아주신 분은 지금 이화여대 국문과에 계신 이혜순 선생님이셨다. 교양강좌였음에도 굴원의 「어부사」라는 중국 고대의 유명한 시가까지 줄줄 외우도록 하셨던 선생님의 열성적인 강의를 통해서 한자에 흥미를 가지게 되었고, 한자로 이루어진 문장의 매력을 어렴풋하게나마 느끼게 되었다. 교양한문을 수강한 것이 계기가 되어 마침 새롭게 학과를 시작하는 중어중문학과를 지망하게 되었다.

2학년 때 이혜순 선생님의 '역대산문선독'이라는, 중국의 고전산문을 공부하는 강좌를 다시 듣게 되었고 중국 고대의 유명한 산문들을 외우면서 다시금 한문의 매력을 느끼게 되었다. 3학년이 되었을 때 지금 이대 중문과에 계신 이종진 선생님께서 부임해오셨고 '중국문학사'와 '당시(唐詩)' 등의 과목을 담당해주셨다. 문학사의 흐름을 배우고 당시(唐詩)를 외우고 여러 분야의 강의를 들으면서 중국문학의 영역이 생각보다 훨씬 넓다는 것도 알게 되었다.

## 『문심조룡』이라는 책을 처음 보던 날

중어중문학과를 지망할 때부터 대학원에 진학하여 중국문학을 계속 공부하겠다는 꿈을 가지고 있었으므로 3학년 말쯤에는 진로문제를 고민하게 되었고, 당시의 지도교수님이셨던 이종진 선생님께 의논을 드리게 되었다. 선생님을 연구실로 찾아뵙고 대학원에 진학하고 싶은데 어떤 전공을 선택해야 할지 고민이라고 말씀드렸더니, 서가에서 책을 한 권 뽑아 보여주시며 "자네가 공부하는 것을 지켜보았는데 자네는 문학이론을 공부해보는 것이 좋을 것 같네"라고 하셨다. 중국문학사를 통해 책이름과 어떠한 내용을 담고 있는 책인가는 대충 알고 있었지만 한자로 된 원문이 실린 『문심조룡』을 본 것은 처음이었다. 선생님의 연구실에서 카키색의 반짝이는 표지로 되어 있던 『문심조룡』을 처음 보았던 기억이 아직도 선명하다. 선생님의 말씀은 마치 주술처럼 작용하여 나 스스로 문학이론을 전공하기에 적합한 소양을 지녔다고 여기게 되었다. 이때부터 필자의 마음에는 문학이론과 『문심조룡』이라는 단어가 선명하게 각인되기 시작했다.

## 『문심조룡』의 매력을 일깨워주신 스승과의 만남

이후 여러 준비와 절차를 거쳐 대만으로 유학을 떠나게 되었다. 대만생활을 막 시작했을 무렵에는 대만대학 중문과 대학원 입학시험준비며 새로운 외국생활에 적응하느라 분주했으므로 필자는 잠시 문학이론과 『문심조룡』이라는 단어를 잊고 지냈다. 그래서인지 대학원에 와서 무엇을 공부할 것인가를 써내는 연구계획서에 소설이나 산문을 공부하겠다고 썼다.

운이 좋아 대만대학 중문과 대학원에 무난히 합격을 하였고 석사 반에서 공부하게 되었다. 석사 반 학생들에게 필수과목인 '중국문학비평사'를 수강하면서 문학이론과 『문심조룡』이라는 단어를 선명하게 떠올려주는 한 분의 스승을 만나게 된다. 요위경(廖蔚卿) 선생님, 이 분은 필자의 학문 생애에 선명한 지표를 제시해주셨을 뿐만 아니라 필자를 문학이론과 『문심조룡』이라는 분야에서 영원히 떠나지 못하도록 강한 매력으로 붙들어주신 분이시다.

그 분 강의의 매력에 이끌려 학부에 개설된 『문심조룡』이라는 강좌도 청강하게 되었다. 요위경 선생님은 '중국문학비평사' 첫 시간에 인류 문화의 일환으로서 언어문자 활동이 있고 이로 인해 문학작품이 탄생하고 비평 활동이 진행되는 것이라며, 문학 활동은 인류 문화 활동의 매우 중요한 부분임을 강조하셨다. 요 선생님은 강좌를 통해서 문학 활동은 인간의 의식과 감정과 사상을 표현하고 감상하고 비평하는 활동이라고 말씀하시면서 문학 현상을 설명하실 때 항상 인간과 자연과 사회와의 연계를 강조하셨다. 유협처럼 매우 본질적인 입장에서 문학 현상을 설명해주셨던 것이다.

## 주제발표를 위해 처음으로 읽은 『문심조룡』

'중국문학비평사' 강좌는 시대별로 주제를 정해서 수강하는 학생들이 돌아가면서 발표를 하고 그에 대해 토론을 하는 형식으로 진행되었다. 필자는 『문심조룡』 가운데 작가의 개성이 작품에 미치는 영향을 다룬 「체성(體性)」편의 내용을 분석하여 발표하게 되었다. 유학시절의 첫 학기였고, 듣고 말하고 쓰는 능력이 매우 부족한 상태였기 때문에 중국고전작품의 원전을 읽고 중국어로 발표를 한다는 것이 쉽지 않았다.

그러나 이를 계기로 처음으로 『문심조룡』 원문을 읽게 되었고 『문심조룡』에 막연하나마 흥미를 느끼게 되었다. 발표 준비를 위해 『문심조룡』 가운데 4편 정도를 읽었는데 읽기가 쉽지 않아서 현대 중국어로 번역된 내용을 주로 참조하면서 원문을 읽어내려 갔다. 그 때 흥미를 느낀 것은 오랜 시간과 공간의 차이가 있음에도 불구하고 『문심조룡』에서 다루고 있는 문학에 관련된 이론들이 현대의 관점에서 보아도 충분히 공감이 가능하며, 나아가 활용이 가능한 보편적인 내용을 담고 있다는 점이었다. 지금 돌이켜보면 마침 필자가 다룬 편들이 보편적인 논지가 많은 부분들이어서 더욱 쉽게 공감을 느끼지 않았을까 생각된다. 만일 중국 고대의 독특한 글쓰기 양식을 다루고 있는 장르론의 편들을 처음 접했다면 그리 흥미를 느끼지 못했을지도 모른다는 생각이 든다.

『문심조룡』을 처음 읽어갈 때는 수많은 전고와 비유적인 표현들로 이루어진 변려문에 기가 질려서 현대 중국어 번역문을 참조한다 해도 과연 내용 파악이 제대로 이루어질까 의문이 들었다. 당시로서는 필자가 맡은 발표 내용만 준비하기에도 벅차서 『문심조룡』의 전체적인 내용을 이해한다는 것은 요원하게만 느껴졌다.

그러나 요위경 선생님은 난해하게만 느껴지는 『문심조룡』의 전체적인 맥락을 간략한 도표로 설명해주시고 중요한 편들을 뽑아 주제별로 발표하게 함으로써 『문심조룡』을 체계적이고 종합적으로 이해할 수 있도록 해주셨다.

## 다방면으로 적용이 가능한 『문심조룡』의 내용

요위경 선생님을 통해 알아가기 시작한 『문심조룡』은 점차 필자에게 더 없는 매력으로 다가왔다. 어쩌면 필자는 요 선생님의 인품과 조리 있고 생동감 넘치는 강의내용에 더욱 매력을 느꼈는지도 모른다. 『문심조룡』에 대한 이해도 부족하고 원문을 제대로 파악하고 있지도 못한 상태였지만 필자는 망설임 없이 『문심조룡』을 관통하는 문학관인 '통변관'을 석사논문의 주제로 정했다. 전체를 관통하는 주제를 정해야 『문심조룡』을 전체적으로 파악해볼 수 있을 것이란 생각에서였다. 그리고 전통의 계승과 현대적인 조류에 맞는 새로운 변혁이라는 의미를 담고 있는 '통변'이라는 관점이 동서고금의 모든 문화현상을 해석할 수 있는 매우 보편적인 관점이라는 점도 마음에 와 닿았다.

『문심조룡』에는 문학 활동과 관련해 동서고금에 두루 통용될 수 있는 보편적인 내용도 많지만 중국 고대 문학현상의 다양한 측면을 알아볼 수 있는 역사적인 내용도 많이 담겨 있다. 누군가 필자에게 『문심조룡』의 가치를 물어오면 한마디로 답할 수가 없어서 난감한 경우가 많다. 『문심조룡』에 담긴 내용이 너무나 광범위하고 문학에서 생각할 수 있는 다양한 관점들을 대부분 포괄하고 있어, 어느 하나만을 강조해서 설명할 수 없기 때문이다. 그러나 그러한 상황에서도 필자가 『문심조룡』의 중요한 가치로 『문심조룡』에 담긴 문학이론의 보편성을 가장 먼저 제시하게 되는 것을 보면 『문심조룡』을 처음 연구하기 시작할 때 지극히 보편적인 문학관으로 『문심조룡』 전체를 조망해서 그런 것이 아닌가 생각된다.

석사논문의 주제를 정하고 논문 준비를 시작할 때는『문심조룡』이 워낙 방대한 내용을 담은 서적이고 연구자들도 많아서 과연 제대로 연구할 수 있을까 하는 걱정이 앞서기도 했지만 지도학생을 받지 않는 것으로 유명한 요위경 선생님의 지도학생이 된 것만도 매우 기뻐서 그런 염려는 곧 사라졌다.

『문심조룡』을 연구하는 많은 연구자가 있지만 그 연구의 가능성 또한 무한하기 때문에 얼마든지 열린 연구가 가능한 분야라는 사실을 깨달은 것이 내가 대만유학생활 8년 동안 깨달은 바이며 그러한 열린 생각을 가지도록 이끌어주신 분이 바로 요위경 선생님이시다.

요 선생님은 필자가 석사와 박사논문을 쓸 때에 이미 60세를 훨씬 넘기셨지만 함께 학문적인 토론을 하다보면 세대차이를 거의 느낄 수 없었다. 그리고 요 선생님은『문심조룡』에 워낙 정통하신 분이어서인지 삶의 어떠한 내용도『문심조룡』의 구절을 인용해서 풀어내곤 하셨다.『문심조룡』은 동서고금을 관통할 수 있는 보편적인 이론들을 많이 제시하고 있어 문학을 이해하고 해석하는 데 유용함은 물론이고, 보편적인 문화현상 전반을 해석하는 데에도 손색이 없음을 선생님을 통해 배우게 되었다.

논문을 쓰다가 생각의 실마리가 풀리지 않거나 문제가 있어 찾아 뵈면 선생님 자신의 견해를 필자에게 주입시키는 식이 아니라 필자의 생각을 충분히 듣고 질문을 통해 필자가 풀지 못하는 문제를 스스로 풀어내도록 유도해주셨다. 선생님과 토론을 하고 나면 마음은 언제나 뛸 듯이 기뻤고, 그때마다 『문심조룡』에 대한 새로운 관점과 시야가 열리는 것을 느낄 수 있었다. 열린 마음과 합리적인 사고로 함께 토론하는 사람의 의견을 최대한 존중하면서 이상적인 방향으로 사고를 유도해주시는 선생님의 식견에 늘 감탄하곤 하였다.

## 박사과정 진학 후 『문심조룡』을 더욱 깊게 이해하다

박사과정에 진학하기 위해서도 역시 연구계획서를 제출해야 한다. 박사과정에 진학하면서 필자는 이미 박사논문의 주제를 정한 상태였다. 요위경 선생님과 의논하여 정한 주제였다. 석사논문을 쓰면서 『문심조룡』의 전체적인 내용을 살펴보기는 하였지만 아직은 많이 부족했고, 더욱 깊은 이해가 필요하다고 생각되어 박사논문 주제도 『문심조룡』으로 선택했다. 이번에는 『문심조룡』의 핵심적인 주제를 요약하고 있는 책이름과 『문심조룡』 전체를 관통하는 또 하나의 관점인 '정채관(情采觀)'을 연계시켜 문예미학서로서 『문심조룡』의 가치를 밝혀보기로 하였다.

박사과정에 진학한 후 필자는 새로운 지도교수님을 만났

다. 현재 대만사범대학 명예교수이신 황경훤(黃慶萱) 선생님
이시다. 늘 세심한 지도와 배려로 필자를 보살펴주셨다. 황
선생님께 박사논문의 지도를 받으면서도 요위경 선생님의
지도 역시 받고 싶다는 말씀을 드렸더니 황 선생님은 요 선생
님이야말로 『문심조룡』의 대가이시니 그렇게 하는 것이 마
땅하다며 흔쾌히 허락해주셨다. 박사논문을 쓰면서도 석사
논문을 쓸 때와 마찬가지로 요 선생님과 자주 토론했다. 변함
없이 막히고 답답한 필자의 생각들을 새롭게 유도해주시고
격려해주셨다.

　학문연구나 인품에서 두 분 선생님은 필자에게 많은 귀감
이 되어주셨다. 필자의 논문을 한 자 한 자 처음부터 끝까지
읽어주신 분들 역시 두 분 선생님이시다. 중국고전문학과 사
상서들에 대한 해박한 지식과 조예를 갖춘 두 분 선생님께서
는 말 그대로 '고전의 향기' 를 풍기시는 분들이었다.

　필자가 한자와 한문에 매력을 느끼고 중어중문학과에 진
학하여 『문심조룡』을 전공하게 되고, 기꺼운 마음으로 그 책
을 사랑하게 되고 의미 있는 동양의 고전으로 소개하고 있는
지금이 있기까지는 네 분 은사님의 지도와 사랑 가득한 보살
핌이 있었기 때문임을 이 책을 통해 밝히고 싶다. 좋은 은사
님을 만난다는 것이 얼마나 큰 축복인지, 그리고 그 은사님을

통해 새로운 세계를 알게 되고 고전 속의 수많은 인물들을 알아간다는 것이 얼마나 경이롭고 매력적인 일인지 이제 고전을 조심스레 들추는 독자 모두에게 큰소리로 알려주고 싶다.

돈황(敦煌)에서 발견된 당(唐)대의
『문심조룡』 필사본.

원(元)대의 『문심조룡』 판본.

중국대륙에서 출판된 『문심조룡』 관련 연구 저작물들.

대만에서 출판된 『문심조룡』 관련 연구 저작물들.

『문심조룡』 일본어 번역본들.

『문심조룡』 영어 번역본.

『문심조룡』 이태리어 번역본.

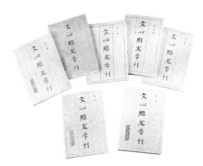

『문심조룡』에 관한 전문적인 연구논문집-『文心雕龍學刊』.

중국 강소성(江蘇省) 진강(鎭江)
에 『문심조룡』을 기념하여 세운
'문심각(文心閣)' 옆의 '조룡지
(雕龍池)', 누각의 현판에 '지음
(知音)'이라는 글씨가 보인다.

# 2장
## 유협은 왜 『문심조룡』을
## 지었는가?

# 작가 유협의 생애
―불후의 저작을 남긴 소외된 지식인 유협

위진남북조 시기 중국 남조의 양나라 역사를 서술해놓은 역사책인 『양서(梁書)』에 간략하게 소개되어 있는 유협의 전기 및 유협 자신이 『문심조룡』의 서문인 「서지」편에서 밝히고 있는 창작동기와 목적에 근거하여 유협의 생애를 살펴보고, 『문심조룡』 탄생의 시대배경을 알아보기로 하자.

유협이 살았던 남조(南朝) 사회는 계층의 구별이 엄격하여 같은 지식인(士人)이라 해도 사회적인 명망과 지위의 높고 낮음에 따라 사족(士族)과 서족(庶族)으로 나뉘었다.

유협은 부귀와 명망을 누리지 못하는 소외된 지식인 계층에 속하는 서족의 집안에서 태어났다.(465년경) 유협은 어려서 부친을 잃고 홀어머니 밑에서 궁핍한 생활을 하였다. 그러나 어려운 환경 속에서도 공부하기를 좋아하였다. 20세 무렵 어머니마저 세상을 떠나고 관직도 없는 가난한 선비의 처지가 되었다.

가난하여 결혼도 하지 못하고 있었던 유협은 당시 유명한 승려인 우(佑)를 만나게 된다. 승려 우는 황실의 도서관에 버금가는 수준의 장서를 갖춘 정림사(定林寺)라는 절의 주지였다. 유협은 승려 우의 도움으로 정림사에 들어가 불경을 필사하고 정리하는 일을 한다. 이때가 대략 487년 전후로 유협의 나이 23, 24세 때였다. 방대한 서적을 보유하고 있던 정림사에서 불경을 정리하는 10여 년의 기간 동안 유협은 불경뿐만 아니라 경전과 역사서, 사상서, 문학전집류 등 다양한 서적들을 섭렵하였다. 중국고전에 대한 해박한 지식은 『문심조룡』 저작에 커다란 밑거름이 된다. 유협은 비록 절에 기거하고 있었지만 승려는 아니었으며 '입신양명'을 생애의 목적으로 삼는 유가적인 가치관을 가지고 있었다.

유협은 30대 초반(496년경)에 입신양명을 기대하며 『문심조룡』을 쓰기 시작하여 4~5년 정도의 시간을 들여 완성한다.(501년경) 유협은 『문심조룡』의 서문에서 『문심조룡』이 유가적인 문학관을 근거로 채색 구름처럼 아름다운 문장에 대해 논의하는 글임을 자신의 꿈 이야기를 들어 암시하고 있다.

유협이 일곱 살 때 꿈속에서 비단처럼 펼쳐진 아름다운 채색 구름을 보고 하늘로 올라가 그것을 땄다고 한다. 그리고 30세를 넘은 어느 무렵에 붉은 칠을 한 제기를 손에 들고 공자를 따라 남쪽으로 가는 꿈을 꾸었는데 깨고 보니 기쁘기도 하고 이상하기도 하였다고 한다.

유협은 공자와 같은 성인의 사상을 밝히는 가장 좋은 방법은 유가의 경전에 주를 달고 해석하는 것이라고 생각하였다. 그러나 이미 한나라 때에 경전을 연구하는 학자들이 상세하게 주를 달고 해석하였기 때문에 자신이 비록 경전에 대한 깊은 이해가 있다고 하더라고 스스로 일가를 세우기는 어렵다고 판단했다. 그래서 자신은 문학을 연구하고자 생각했다는 것이다. 유협은 성인의 사상도 문장에 의해 표현되는 것임을 인식했으며, 성인의 저서인 경서가 가장 이상적인 문장이라고 생각했다. 예부터 문장은 나라를 안정시키는 데 큰 작용을 하였지만 세월이 흘러 후대로 올수록 문장은 날로 신기함만을 추구하면서 경박한 방향으로 흐르게 되었다. 그래서 유협은 바람직하지 못한 문학풍조를 개선하고 체계적인 문학이론서를 완성하기 위하여 『문심조룡』을 집필하게 되었던 것이다.

유협은 유가적인 문학관에 입각하여 『문심조룡』을 저술하였다. 유가(儒)·불가(佛)·도가(道) 사상의 조화를 꾀하던 당시의 사조를 고려해볼 때, 유협이 불가와 도가의 사유방식에 적잖은 영향을 받은 것은 사실로 보인다.

문(文)에 비중을 두고 심(心)의 활동을 논의한 『문심조룡』의 내용은 인류의 문화와 언어문자의 효용성을 적극적으로 긍정한 유가의 문학관을 골격으로 하고 있으며, 전체적인 서술체계면에서는 불가의 인명학(因明學)(일종의 논리학)이 영향을 받았고, 사유방식에 있어서는 도가에서 현상과 본질에 대한 논의를 기본으로 하는 본말(本末)사상의 영향을 받고 있음을 볼 수 있다.

절에서 고적들을 정리하는 소외된 지식인의 신분으로 유협은 중국고대문학 이론을 집대성한 『문심조룡』을 완성한다. 유협은 스스로 지은 책에 대해 자부심을 가지고 있었다. 그러나 사람들에게 인정을 받을 길은 막막했다. 어떻게 하면 이 저술을 세상에 알릴 수 있을까를 생각하다가 당시 유명한 문인인 심약(沈約)을 떠올린다. 그러나 심약은 신분과 지위가 높은 사족이라서 쉽게 만날 수가 없었다. 유협은 자기 나름대로 방법을 생각해내었다. 『문심조룡』을 짊어지고 심약이 살고 있는 곳에서 멀지 않은 도로 변에서 그를 기다렸다. 심약이 외출할 때 책을 파는 행상인으로 위장하여 『문심조룡』을 그에게 바쳤다. 심약은 『문심조룡』을 읽고 "문학의 이치를 깊이 터득하고 있다"고 말하면서 『문심조룡』의 가치를 높이 평가하였다.(502년경)

심약이 유협의 문학적인 재능을 인정하여 황제에게 추천

을 하게 된다. 30대 후반의 나이에 처음으로 관직생활을 시작하게 된 것이다.(503년경) 이후 차바퀴를 관리하는 일 등 작은 벼슬을 맡아 수행한다. 511년에는 태말현의 현령이 된다. 현령으로 있는 동안 청렴하였으며 공적도 많았다고 한다. 그러나 유협은 여러 관직 가운데서도 문장능력이 뛰어나지 않으면 담당하기 어려운, 문서를 처리하는 직책을 자주 맡아서 수행한다. 황제의 명령으로 정림사에서 불경목록을 작성하는 일에도 참여하고 황태자의 공문서를 처리하는 직책도 맡게 된다. 이때의 황태자는 황제의 큰아들인 소통으로, 후에 그를 소명태자라고 칭하였다. 소통은 중국 역대의 시문을 모아 편집한 『문선(文選)』을 편찬하는 일을 주관하였다. 소통은 유협을 매우 총애했다. 『문선』에 반영된 문학관이나 장르분류 등이 『문심조룡』의 그것과 거의 동일한 것을 보아도 소통이 유협의 문학적인 견해를 매우 중시했음을 알 수 있다.

승려 우가 죽자 유협은 승려 우의 비문을 쓴다. 유협은 문장력이 뛰어나서 당시 절의 탑이나 유명한 승려의 비문은 유협이 거의 도맡다시피 하였다. 승려 우가 죽고 나자 정림사의 많은 불경들을 정리해야 했다. 황제는 명령을 내려 유협이 승려 혜진과 함께 정림사로 가서 불경을 정리하도록 하였다.

불경의 정리를 마친 유협은 황제에게 상소를 올려 출가를 허락해주길 요청하고 자신의 굳은 뜻을 나타내기 위해 머리

카락을 모두 자른다. 황제는 이를 아름답게 생각하여 출가를 허락하였고 혜지(慧地)라는 법명도 내려준다. 그러나 출가한 지 일 년이 못되어 위대한 문학이론가 유협은 세상을 떠나게 된다.(520년경)

『문심조룡』을 제외한 유협의 저작 중 오늘날까지 남아 전하는 것은 「멸혹론(滅惑論)」과 「양건안왕조염산석성사석상비(梁建安王造剡山石城寺石像碑)」 두 편이다.

# 『문심조룡』 탄생의 시대배경
— 개인의 자아각성과 미와 예술에 대한 중시

유협은 어떻게 해서 『문심조룡』에 반영되어 있는 그의 문예관을 지니게 되었는가?

사실 어떠한 예술이론 저작도 모두 특정 시대의 산물이며 당대(當代)의 미의식과 예술에 대한 인식을 반영하고 있다. 동시에 당대의 사상적인 조류와 밀접한 관계를 맺고 있으며, 그 사유방식의 영향을 받게 된다.

유협은 『문심조룡』의 「서지」편에서 그가 『문심조룡』을 저술한 주관적인 동기와 객관적인 동기 및 목적을 밝히고 있다. 유협의 저작 동기와 목적은 유협의 『문심조룡』이 당대의 사조와 문예 관념의 영향을 깊이 받고 있음을 말해준다.

『문심조룡』에 나타난 저작 목적과 당시의 시대배경을 관

련지어 살펴봄으로써 『문심조룡』에 나타나 있는 문학 관념
과 이론의 탄생 원인을 밝혀보자.

## 개인의 감정과 개성을 중시함

한(漢)나라 말기에서 육조에 이르는 시기는 정치·사회상
으로는 매우 혼란한 시기였으나 사상과 문화와 예술 면에서
는 다양한 발전을 이룩한 시기이다. 당시의 지식인들은 혼란
한 시대와 개인의 비극적인 운명 앞에서 과거의 전통사상과
관념들에 대해 회의하기 시작하였으며, 자아와 생명의 본질
에 대한 이해를 갈구하였다. 이러한 과정 속에서 육조 시대의
지식인들은 개인보다는 단체가 우선이었던 이전 가치의 속
박으로부터 벗어나 개인적인 삶의 가치를 추구하게 되었으
며 개인의 감정을 긍정하고 중시하게 되었다. 이것이 바로 육
조 시대에 새로운 사조를 여는 데 원동력이 된 '개인의 자아
각성'이다.

개인에 대한 각성으로 말미암아 사상적으로는 한나라 이
래 통치이념으로 받들어졌던 유학이 쇠퇴하고 개인의 정신
세계에 비중을 두는 현학(玄學)과 불학(佛學)이 성행하였다.
현학은 도가(道家)사상에서 비롯된 것으로서 시대의 혼란과
불행한 운명을 초월하고자 하는 개인의 정신적인 자유를 중
시하였다.

육조의 지식인들은 생명의 무상함을 깊이 느끼고 있었다. 그러나 단지 비관적이고 소극적인 한탄에만 머물러 있지 않고 더욱 적극적으로 짧은 인생의 시간 동안 체험할 수 있는 삶의 의의와 가치의 극한을 추구하였다.

예술을 창작하고 감상하는 행위는 작가나 독자의 개성과 뗄 수 없는 관계에 놓여 있으므로 인간을 개인적인 감성을 지닌 존재로 인정하는 것은 필연적으로 예술 활동의 발전을 촉진시키게 된다. 개인의 감정을 자각함으로써 외부 사물에 대한 감상과 품평, 그리고 이에 대한 묘사도 중시하게 되었다. 개인의 자아는 감상활동의 주체가 되었으며, 외부의 사물이나 현상은 감상활동의 객체가 되었다. 육조 시대의 지식인들이 외부의 사물에 대한 감상을 즐긴 것은 고통스럽고 짧고 덧없는 인생에서 정신적인 즐거움을 추구하는 일종의 방식이었다고도 할 수 있다.

**저작을 통해 정신생명의 불후를 추구**
**－『문심조룡』 저작의 주관적인 동기와 목적**

육조의 지식인들은 자아생명의 의의를 찾는 또 하나의 방식으로 저작을 통한 정신생명의 불후를 추구했다.

조조의 아들인 조비(187~226)는 "달과 해는 하늘 위에서 저물고 사람의 육체는 땅에서 쇠하여 간다(日月逝於上, 體貌

衰於下)"는 인생무상의 슬픔을 느끼고 정신생명의 불후를 이루는 데 있어서 저서의 효용을 크게 강조한다. 중국문학이론의 본격적인 발전을 이루는 데 선구적인 역할을 한 「전론논문(典論論文)」이라는 글에서 조비는 전례 없이 문학의 가치를 높여 "문학은 나라를 경영하는 것과 같은 큰일이며 불후의 사업이다(蓋文章, 經國之大業, 不朽之盛事)"라고 말하고 있다.

육조라는 시대배경 속에 살았던 유협도 저작을 통해 정신생명의 불후를 이루려는 육조 시대의 지식인들과 동일한 생명의식을 지니고 있었다. 유협은 우선 성인(聖人)의 저작인 경서(經書)의 불후에 대해 말하고 있다. 「징성(徵聖)」편에서 유협은 빼어난 지성과 탁월한 재기(才氣)를 타고난 성인이 우주만물의 현상을 관찰하여 그 이치를 깨닫고 이를 문장으로 표현한 것이 경서이므로, 성인은 비록 돌아가셨지만 경서에 담긴 성인의 마음은 영원하다고 말하고 있다.

이러한 정신생명의 불후에 대한 관념은 「제자(諸子)」편에서도 보인다. 유협은 그 나름대로 일가를 이룬 제자백가의 사상서들은 재기(才氣)가 뛰어난 인재들이 만물의 이치를 탐구하여 자신의 뜻을 드러낸 글이므로 금이나 보석보다도 그 가치가 영원할 것이라고 말하고 있다.

천고에 이름을 드날리고자 하는 욕구는 유협 자신의 저작에도 반영되고 있다. 유협은 저작을 통해 일가의 학설을 이룸으로써 개인적인 자아성취를 이루려 하였던 것이다. 이것이 바로 유협이 「서지(序志)」편에서 밝히고 있는 『문심조룡』을 저작한 주관적인 면에서의 동기와 목적이다.

사람의 용모는 천지자연을 본보기로 하고 있는데 육체는 들풀처럼 약하다. 시간은 빠르게 흐르고 생명도 오래 지속되지 못한다. 그러나 인간은 마음을 지니고 있으므로 만물의 영장인 것이다. 그런데 사람들 가운데서도 뛰어난 인재가 있는가 하면 그저 평범한 사람도 있다. 많은 사람들 가운데서 뛰어나려면 지혜와 슬기를 갖추어야 한다. 탁월한 재기를 발휘하여 금석보다 견고한 불후의 명성을 드날릴 길은 저작뿐임을 유협은 거듭 강조하고 있다.

저작은 개인적인 재기(才氣)와 성정(性情)의 표현이며 성취이다. 따라서 삶의 의의와 가치는 저작을 통해 긍정되고 개인의 정신생명이 이로써 불후를 얻게 된다. 이러한 인식을 기반으로 문예창작활동 역시 절대적인 중시를 받게 된다.

## 감상을 즐기는 시대풍조

사상의 해방과 개인의 개성과 감정에 대한 중시 등은 각 개인의 독특한 사고와 감정이 생명이 되는 예술 활동이 활발히 이루어지는 요인이 되었다. 그리고 이러한 인간의 개성과 예술을 구가하는 풍조는 사회전반에 확산되어 미적인 분위기에 대한 선호가 만연하게 되었다. 이에 따라 육조 시대의 문인들은 사람의 아름다운 외모나 독특한 언행, 재기(才氣) 등을 선호했고 수려한 산수자연을 감상의 대상으로 삼았다.

위진(魏晉) 시대 인물들의 각종 언행에 관해 생동적이고도 선명한 기록을 남기고 있는 『세설신어(世說新語)』라는 책이 있다. 여기에 기록되어 있는 인물들의 언행은 모두 그 인물의 재기와 지혜를 나타내고 있다. 다시 말해서 외적으로 드러나는 인물의 자태나 생김새 및 말씨는 개인의 독특한 정신 상태로부터 우러나오는 분위기나 정조인 정신적인 미감을 표현하고 있다.

자연의 경치를 보고서 감흥을 느끼는 것은 산수자연을 감상할 때 나타나는 자연스러운 반응이라고 하겠다. 『세설신어』「언어(言語)」편에서 다음과 같이 말하고 있다.

위세마가 처음 강을 건너고자 했을 때 그의 모양새와 정신 상태는 초췌하고 참담한 상태였다. 좌우의 사람들에게 말하기를 "강의 망망함을 바라보니 나도 모르게 만감이 교차한다. 진실로 감정이 이는 것을 면하기 힘들다. 사실 누가 이러한 것(감정이 일어나는 것)을 떨쳐버릴 수 있겠는가"라고 하였다.(衛洗馬初欲渡江, 形神慘悴, 左右云. 見此茫茫, 不覺百端交集, 苟未免有情,

亦復誰能遺此.)

왕자경이 말하기를 "산음길을 따라 올라갈 때 산천이 서로 비추어 빛을 발하여 사람으로 하여금 이를 받아들일 겨를이 없게 만드니 가을과 겨울에 지나게 된다면 그 감동을 더욱 표현하기 힘들 것이다"라고 하였다(王滋敬云. 從山陰道上行, 山川自相映發, 使人應接不暇, 若秋冬之際, 尤難爲懷.)

육조 시대의 지식인들은 자연의 아름다움을 감상할 때 개인의 감정을 잊지 않았기 때문에 산수자연을 보고 감흥을 느끼는 가운데 자연미가 주는 즐거움과 감동을 모두 체험하고 있음을 보게 된다. 이는 산수자연을 감상함과 동시에 내적인 감정을 외재적인 경치와 사물로 개방한 결과이다. 산수자연을 보고 감흥을 받아 생겨나는 '표현하기 힘든 감동'은 바로 예술창작의 충동을 일으키는 감동인 것이다.

위진 시대 이래로는 도가의 영향을 받아 사람들이 자연을 그리워하게 되고 기꺼이 자연과 친밀해지고자 했다. 때문에 산수자연은 그 아름다운 자태로 인간의 내면을 파고들어 인간의 생명의식과 일체를 이룸으로써 사람들로 하여금 사물과 내가 하나가 되는 '물아교융(物我交融)'의 경지를 체험하도록 하였다.

감상활동의 주체인 개인의 감정에 대한 중시는 미적인 경험에 대한 지각을 의미한다. 이러한 지각은 미적인 경험을 일으키는 대상의 가치 역시 깨닫게 한다. 그러므로 감상활동의 주체인 개인의 감정에 대한 긍정은 '예술 활동을 위한 마음의 작용'에 대한 긍정을 의미하기도 하는 것이다. 중국의 미학자인 종백화(宗白華)는 『미학과 의경』이라는 책에서 예술을 위한 마음의 작용이 긍정된 이 시기의 시대적 특성을 다음과 같이 설명하고 있다.

> 한말 위진 육조 시대는 정치적으로는 가장 혼란스럽고 사회적으로는 가장 고통스러운 시대이다. 그러나 오히려 정신사적으로는 최고의 자유와 해방을 구가하고 지혜와 열정이 가장 풍부하고 농후했던 시기였다. 때문에 예술정신 역시 가장 풍요로웠던 시대였다.

## 감정을 중시하는 순수 문예 관념의 확립

육조 시대에 있어서 개인의 감정에 대한 중시는 자연과 인물을 감상하는 데 있어서 개인의 감정을 긍정했을 뿐만 아니라, 문학 감상과 창작활동에 있어서도 개인의 감정을 긍정했다.

육조 시대의 문예이론은 문학예술의 서정적인 특성을 매

우 강조하고 있다. 작가의 서정활동은 개성의 표현이며 생명의 본질에 대한 긍정이기도 하다. 또한 문예창작활동 자체가 작가에게 있어서는 내면의 많은 생각들과 울분이나 고민을 해소하는 통로이므로 창작을 하는 가운데 속이 후련해지는 기쁨을 체험할 수 있는 것이다.

육기(陸機, 261~304)는 문학창작의 과정을 상세하게 기술한 「문부(文賦)」에서 창작활동이 기쁨이 된다고 말하고 있다. 육기는 작가의 창작활동 과정을 비교적 자세하게 묘사하고 있다.「문부」에 의거해서 살펴보면, 문예창작의 과정―외부 사물에 감동되어(感物) 감정이 일어나는(緣情) 것에서 언어문자로 예술적인 표현을 하는 과정에 이르기까지―은 전부 미적인 체험에 입각한 활동이다. 작가가 사회생활과 산수 자연과 언어문자를 통해 느끼는 감동들은 문학창작의 과정에서 생겨나는 개인의 감정 활동이다. 그러므로 작가는 창작을 통해서 창조의 기쁨을 체험할 수 있는 것이다.

육기가 제시한 "외부 사물에 감동되어(感物) 감정이 일어난다(緣情)"는 견해는 바로 문예창작활동이 외부의 사물과 언어문자에 대한 미적인 체험을 바탕으로 이루어진다는 것을 말해준다. 육기의 이러한 견해는 육조 시대 문예계에 새로운 국면을 열었다고 하겠다. 육조 시대의 문인들은 모두 "문학은 감정으로 인해 탄생한다"는 '연정(緣情)' 관념을 인식하고 있었으며, 이러한 인식은 감정을 중시하는 순수문예이론을 탄생시키게 된다.

안지추(顔之推)(531~약590후)라는 문인도 『안씨가훈(顔氏家訓)』「무장(文章)」편에서 "본성과 심령을 도야하여 차분히 풍자하는 데 이르면 그 의미의 미에 돌입하게 되니 이 또한 즐거운 일이다(至於陶冶性靈, 從容諷諫, 入其滋味, 亦樂事也)"라며 창작의 기쁨에 관해 말하고 있다

중국 고대의 시가들을 비평한 『시품(詩品)』을 쓴 종영(鍾嶸)(약468~약518)은 『시품』의 서문에서 독자가 문학작품을 감상한 후에 경험하게 되는 미적인 감동을 다음과 같이 말하고 있다. "시가를 음미하는 자는 그 여운의 미감이 무한하며, 이를 듣는 자는 마음에 감동을 받게 된다."

작가가 창작활동을 통해서 느끼는 기쁨이나 독자가 감상활동을 통해서 느끼는 기쁨은 모두 언어문자를 주요대상으로 하는 미적인 체험에서 비롯된 것이다. 작가는 언어문자로 자신의 생각이나 감정을 표현하면서 적절한 표현이 이루어질 때 기쁨을 체험하게 되고, 독자는 언어문자로 이루어진 작품을 감상하면서 그 작품의 형식미와 내용이 어우러져 이루어내는 감동을 체험함으로써 기쁨을 느끼게 되는 것이다.

개인의 자아생명에 대한 각성을 이루었던 육조 시대의 사조는 유협으로 하여금 '저작을 통해 이름을 남기는 것'을

『문심조룡』 저작의 주관적인 동기 및 목적으로 삼도록 하였다. 그리고 개인에 대한 각성에서 비롯된 개인의 재기와 감정을 중시하는 육조 시대의 풍조는 『문심조룡』 문학이론의 내용과 범주에 영향을 미치게 된다.

## 형식미에 대한 자각

육조 문인들은 감상활동의 주체인 개인의 감정에 대한 각성으로 말미암아 '정신(神)' '뜻(意)' '감정(情)' 등 감상활동의 대상이 지니고 있는 정신적인 내용을 중시하였다. 동시에 감상활동의 대상이 되는 객체의 생김새를 비롯한 형식 자체, 즉 '외적인 모습(形)', '언어문자 표현 자체(言)', '언어문자의 수식적인 아름다움이나 외적으로 드러나는 여러 장식들(采)'의 미적인 특질도 중시하였다. 이러한 관점은 인물, 자연, 예술의 아름다움을 감상할 때 모두 공통적으로 반영되고 있다.

문학작품을 감상할 때도 개인의 감정과 특성이 드러나면서도 언어문자 표현이 아름다운 작품을 선호했다. 육조의 문인들은 사물의 형식 혹은 사물의 형상적인 아름다움에 대한 자각으로 말미암아 문학작품을 감상하고, 창작할 때 역시 언어문자 자체의 형식미(한자의 도안적인 아름다움 또는 음성적인 아름다움)가 연출해내는 시청각적인 미감에 주의하였다. 소명태자의 『문선(文選)』 서문에서 말하고 있는 "귀로 들어오는 즐거움(入耳之娛)" "눈을 즐겁게 하는 감상(悅目之翫)"이나 육기의 「문부」에서 말하고 있는 "아름다운 언어문자 표현이 눈에 넘치고 맑은 유률이 귀에 가득하다(文徽徽以溢目, 音泠泠而盈耳)" 등의 내용은 모두 이러한 관념을 반영하고 있다.

## 언어문자에 대한 반성과 고찰

이에 문인들은 문예활동의 매개체인 언어문자에 대한 반성과 고찰을 하였으며 이러한 과정들을 통해 작품의 예술적인 형식미를 다각도에서 추구하게 되었다. 육조의 문인들이 문예활동의 매개체인 언어문자의 활용문제에 대해 반성하였다는 것은 바로 문학의 형식미를 구성하는 언어문자의 예술적인 표현문제를 자각하게 되었음을 말해준다.

이러한 노력의 결정체가 육조 시대에 전성기를 누린 '변려문(騈儷文)'이다. '변려문'은 글자의 수가 대칭이 되도록 일정한 숫자의 글자 배열이 이루어지며, 역사적인 사실이나 전설, 또는 고서에서 나오는 구절을 인용하여 간명한 표현으로 작가의 깊고 많은 뜻을 전달하는 '전고(典故)'며, 중국문자의 고유한 특성인 '성률(聲律)'의 조화(언어의 성조를 리듬감 있게 배열하여 음성적인 아름다움을 추구하는 것) 등이 고려되는, 중국문자가 구가할 수 있는 미문(美文)의 최대치를 추구한 글쓰기 양식이다. 『중국미학사』를 저작한 이택후(李澤厚)는 변려문에 대해 다음과 같이 말하고 있다.

> 육조의 변려문은 심약(沈約)의 사성팔병(四聲八病)설[5]처럼 모두 상당히 자각적으로 한자의 수사에 나타나는 미적인 특성을 연구하여 이를 극도로 발전시켰다. 그들은 한자의 뜻과 음운의 대칭·균형·조화·복합과 통일 등 각종 형식미에 관한 규율을 적극적으로 발굴하여 활용하였다. 그들은 외재적인 형식면에서 문학에 대한 자각을 표현하였던 것이다.

변려문의 극성은 당시 문인들의 언어 활용이 이미 상당히 성숙된 기교를 구사하는 단계에 도달해 있었음을 말해준다.

유협은 변려문이 한창 성행했던 제나라와 양나라 시기에 걸쳐 살면서 당시 문학풍조의 영향을 받아 『문심조룡』 전편을 미려한 변려문으로 써냈다. 유협은 성률·대구·전고의 사용, 아름다운 어휘의 구사 등 변려문을 구성하는 형식적인 요건들을 매우 중시하여 『문심조룡』의 많은 부분에서 이들에 대해 언급하고 있다.

## 문학의 '새로운 변화(新變)'를 중시하는 풍조

육조 시기의 문인들은 문학에 고도의 예술성을 요구했으

며 특별히 예술적인 형식의 표현을 중시했다. 문학예술의 발전에 있어서 형식은 가장 민감하고 가장 생동감 있는 요소이다. 형식은 항상 문학예술의 창조적인 변화를 선도하며 새로운 문학풍조를 구체화하는 중요한 관건이 된다.『문심조룡』에서 논의하고 있는 문학예술의 형식미와 관련된 각종 서술들은 당시 문예계의 풍조와 그들이 이룩한 문외예술의 수준과 불가분의 관계에 놓여 있다.

육조 시대에는 순수문예에 대한 자각과 개인의 재기와 지혜에 대한 긍정으로 말미암아 개인의 감정을 담아내는 개성적인 언어표현을 선호하게 되었다. 이에 따라 육조 시기의 문예계에는 예술적인 언어 표현의 참신화를 끊임없이 시도하는, '새로운 변화(新變)'를 중시하는 풍조가 조성되었다. 육조 시대에 "문학은 감정으로 인해 탄생한다"는 말로 순수문예관을 정착시킨 육기는「문부」에서 다음과 같은 말로 '새로운 변화'의 필요성을 강조하고 있다.

> 아침에 피었던 꽃은 (즉 이전 사람들이 이미 사용했던 언어표현) 시들어버리니, 아직 피지 않은 저녁 봉오리(즉 이전 사람들이 사용하지 않았던 언어표현)를 피어나게 해야 한다.(謝朝花於已披, 啓夕秀於未振.)

역사서에 실려 있는 문학론에서도 '새로운 변화'를 중시하고 있다.

소자현(蕭子顯)(489~537)은 『남제서(南齊書)』「문학전론(文學傳論)」에서 "새로운 변화가 없이는 이전의 걸출했던 작품들을 대신할 수 없다(若無新變, 不能代雄)"고 말하고 있다. 문학에 있어서 '새로운 변화'에 대한 인식이 이루어짐에 따라 문학예술의 스타일이 다양해지고 언어문자의 활용면에서 기교가 더욱 세련되어 갔다.

## 문학 유산에 대한 비평과 반성

문학에 대한 가치가 새롭게 인식되고 문예 관념이 성숙해짐에 따라 선진 시대 이후로 축적되어 온 문학 유산과 당대의 저작들에 대한 비평과 반성이 이루어졌다.

유협이 활동했던 제나라와 양나라 시대에는 한편으로는 형식 표현의 참신함과 화려함을 추구하는 문예풍조가 보편화되어 있었고, 또 다른 한편에서는 전통을 중시하는 유가사상이 새롭게 고개를 들면서 당시의 문학풍조에 대한 반성을 촉구하였다. 때문에 유협은 당시의 문학풍조를 반성함과 동시에 당시의 화려한 형식미를 중시하는 문학풍조의 영향을 받았다.

유협은 「통변」편에서 "오늘날을 살펴서 신기한 표현들을 구사하고 이전 것을 참조하여 작법을 확정한다" "문장의 체제를 정함에 있어서는 일정한 법식이 있으나 문장 표현을 구사함에 있어서는 일정한 법식이 없다"는 견해를 제시하였다. 이와 같은 유협의 통변론(通變論)은 바로 옛것을 숭상하는 유파와 새로운 변화를 주장하는 유파간의 논쟁인 문학의 신구(新舊)논쟁을 배경으로 생겨난 것이라 할 수 있다. 또한 유협이 제시한 통변론은 유협이 제나라와 양나라 시기의 신구논쟁에 대해, 다른 두 관념을 단순하게 조합시키는 입장을 취한 것이 아니고 다른 두 관념을 창의적으로 융합시켰음을 나타내 준다. 이것은 바로 유협이 문학을 논할 때 취한 기본적인 태도인 '절충(折衷)'의 결과이다. 「서지」편에서 유협은 『문심조룡』에 드러난 자신의 문학적인 견해나 평가가 신파와 구파 어디에도 구애됨이 없이 작품 자체를 세밀하게 관찰한 후 나온 공정한 것임을 밝히고 있다.

단순한 조합이 아닌 공정한 평가를 지향하는 '절충'은 유협이 문학을 논하면서 일관되게 유지한 기본방법이자 태도이다. 또한 유협이 이러한 '절충'의 방법으로 문학을 논했기 때문에 유협이 논한 문학의 많은 문제들에 대한 그의 관점이 비교적 전면적이며 객관적일 수 있었던 것이다.

## 『문심조룡』 저작의 객관적인 동기와 목적
### ─완전한 체계를 갖춘 문예이론의 정립

유협은 문학이 선진 양한 시대를 거쳐 위진남북조 대에 이르면서 많은 발전을 이룩하고 문학 나름의 독립된 영역을 획득하였음을 인식하였다. 이와 동시에 "문학 장르의 기본적인 체제가 흐트러지고 작가들이 기이한 표현만을 좋아하여 실속 없고 들뜬 언어문자 표현들을 귀하게 여기는" 당대 문예풍조의 문제점들도 알고 있었다. 이로 인해 유협은 고대로부터 유협의 당대에 이르기까지 모든 문학 장르에 대한 검토를 대대적으로 시행한 후에 각종 문학 장르의 기원과 각 문학 장르 본연의 창작규범을 밝히고자 하였다.

육조 시대에는 문학의 발전과 문학풍조의 변화로 말미암아 많은 문학이론서들이 출현했다. 유협은 단지 육조 문예풍조의 전반에 대해 반성하였을 뿐만 아니라 육조 시대에 출현한 많은 문학이론서들에 대해서도 비평과 반성을 하였다.

유협은 문학이론서들의 장단점을 평가했다. 그러나 이들 문학이론서에 대한 종합적인 평가는 "각각 부분적인 고찰은 이루었으나 종합적인 통찰은 희박하며" "선철의 가르침을 전하지도 못했으며 후학들의 문학탐구에 유익함을 제공하지도 못했다"이다. 유협은 이들 문학이론서들이 전면적이지 못하고 객관적이지 못하며, 공평치 못하며 계통적이지 못하다고 비판하였다.

유협은 유행하는 문학풍조만을 좇기에 급급하여 전통을 잊어가는 당시의 잘못된 문학풍조와 체계적이지 못한 당시의 문학이론들에 대해 반성하고 이에 "붓을 잡고 먹을 갈아 문학을 논하기 시작하였다."

유협은 역대의 문학작품을 두루 살펴 문학 현상을 역사적으로 관찰한 이후에 문학 활동의 이치를 면밀하게 연구하였다. 유협이 문학을 관찰한 중점은 문예의 본질인 인간의 마음(心)과 예술적인 언어문자 표현(文)에 있었다.

유협은 이전의 창작성과와 문학평론들을 총괄하고, 여기에 자기 나름의 창조적인 견해들을 더하여 이를 체계화함으로써 마침내 비교적 완전한 체계를 갖춘 문예이론을 정립하고자 하였다. 이것이 바로 유협이 『문심조룡』을 저작한 객관적인 동기이며 목적이다.

유협은 문예 관념이 발전된 육조 시대의 문학풍조 하에서 역대의 문예활동에 대한 유협 나름의 반성과 사색을 통하여 『문심조룡』이라는, 체계가 분명하며 내용이 객관적이고 토론한 범위가 전면적인 문예이론서를 창작해내었다. 이로써 '선철의 가르침을 기술하고' '후학의 문학탐구에 보탬이 되는' 문학이론을 정립하고자 했던 객관적인 면에서의 저작 목적을 달성하였다. 동시에 저작을 통해 정신생명의 불후를 이루고자 했던 주관적인 면에서의 저작 목적도 이루었다.

유협이 「서지」편에서 밝히고 있는 『문심조룡』을 저작한 동기와 목적은 그 주관적인 면이나 객관적인 면을 불문하고 모두 개인의 자아각성과 미와 문학예술에 대한 자각을 이룬 당대의 사조를 반영하고 있다.

# 3장

# 『문심조룡』
# 깊이 읽기

# 『문심조룡』의 핵심주제 1
—문학 활동에 있어서의 마음의 작용(文心)

　　『문심조룡』의 문예이론은 '심(心)'과 '문(文)'에 대한 논의를 중심으로 전개된다. 『문심조룡』이라는 서명 자체가 이미 '심'과 '문'의 문제가 전체 내용의 핵심임을 말해주고 있다. 특히 '문심(文心)' 아래에 '조룡(雕龍)'이라는 두 글자를 더함으로써 『문심조룡』에서 논의되고 있는 '문(文)'은 "예술적인 마음의 작용에 의해 이루어지며 용을 조각하는 것에 비유될 만큼 수식적인 아름다움을 추구하는 문학"임을 시사하고 있다.

　　「원도」「징성」「종경」「정위」「변소」이 다섯 편은 『문심조룡』 이론의 중추적인 역할을 하는 편들이다. 유협은 「서지」편에서 "『문심조룡』을 지으면서 도를 근본으로 하고 성인을 스승으로 삼고 경서를 문학체제의 근간으로 하였으며 문학용어의 활용에 있어서는 위서를 참조했고 문학의 변혁은 초사에서 배웠으니 문학의 핵심에 대해서는 다 말하였다"고 하였다.

『문심조룡』에서 '도'(道)와 '성인'(人)과 '경전'(文)의 삼자 관계를 논의할 때 본체론의 측면에서 성인의 창작을 위한 구상과정과 이로부터 탄생된 경서의 문화가치를 밝히고 있다. 그리고 여기에서 "마음으로부터 문학작품이 생겨난다(由 '心' 生 '文' )"는 창작의 기본원리를 도출해내고 있다. 그리고 「정위」와 「변소」편에서는 작품의 창조적인 변화를 가능하게 하는 요인과 규율을 밝히고 있다. 이상은 '문(文)'과 '심(心)'에 대한 핵심적인 논의라고 할 수 있다.

사실 유협이 「서지」편에서 밝히고 있듯이 '문심(文心)'은 '문학 활동에 있어서 마음의 작용(爲文之用心)'을 의미하므로 언어문자를 매개로 하여 이루어지는 표현의 문제를 다룬 '조룡(雕龍)'에 관한 논의는 '문심'에 대한 논의에 포함된다고 할 수 있다. 그러나 『문심조룡』이라는 서명이 말해주듯이 『문심조룡』의 내용 전체에서 언어문자의 예술적인 활용문제에 상당한 비중을 두어 다루고 있으므로 '조룡'에 대한 논의로 독립시켜 살펴보기로 한다.

유협은 『문심조룡』의 앞 다섯 편에서 『문심조룡』 전체의 이론적인 근거를 수립하고 있으며, 「정채(情采)」편에서 한 걸음 더 나아가 언어문자를 표현 매개체로 하는 문학예술의 특성에 기초하여 문학예술의 기본적인 요소와 그 활용의 문제를 다루고 있다.

즉 유협은 『문심조룡』의 핵심적인 논의에 속하는 「원도」에서 「변소」까지의 다섯 편과 「정채」편에서 '문심'과 '조룡'에 관한 기본적인 논의들을 중점적으로 다룸으로써 『문심조룡』 문예이론의 입론 근거와 기본적인 체계를 밝히고 있는 것이다.

## 미(美)를 추구하는 본능과 문학예술의 탄생

미(美)라는 가치는 인간의 마음을 대상으로 하여 성립되는 것이다. 유협은 이러한 미적인 가치의 근원적인 특성을 잘 파악하고 있었으므로 미를 논의하는 곳곳에서 미와 인간의 마음(心)을 연결시켜 다루고 있다.

사실 유협은 '미'라는 단어를 거의 사용하지 않았으며 '문(文)'이나 '채(采)'라는 용어로 이를 대신하고 있다. 이는 유협이 시각이나 청각과 같은 감각기관으로 파악할 수 있는 감각적인 아름다움에 비중을 두고 있음을 말해준다. 「원도」편에서 묘사하고 있는 '문(文)'의 의미를 살펴보면 마치 미적인 사물들로만 세상이 이루어져 있는 듯한 착각에 빠질 정도이다.

문채(文采: 감지가 가능한 사물의 형상·소리·빛깔 등)의 효용
은 대단하다. 그것이 천지와 더불어 생겨난 것은 어째서인가?
하늘의 검은 빛과 땅의 누런 빛이 섞여 있고 땅은 모지고 하늘
은 눙글게 형제가 나뉘어 있나. 해와 딜은 고리모상의 욱울 겹
쳐 놓은 듯이 하늘에 매달려 있는 형상으로 드리워져 있으며 산
과 내는 그 빛나는 아름다움으로 땅의 모습을 널리 장식하고 있
으니, 이것이 자연적인 이치에 따라 본래적으로 형성된 천지자
연의 문채인 것이다. 위로는 해와 달과 별이 빛을 발하는 것을
볼 수 있고 아래로는 산천이 아름다운 무늬를 지니고 있음을 살
필 수 있으니, 이에 따라 높고 낮은 위치가 정해짐으로써 우주
를 통솔하는 두 가지 요소(二元: 天地)가 생기게 된 것이다. 단
지 사람만이 여기에 천지와 나란히 참여하여 마음과 정신을 모
았으니 이 셋을 '삼재(三才: 天·地·人)'라고 부른다.
사람은 천지만물의 정화며 천지의 핵심이다. 마음에 느낌이 생
기면 언어로 확립되고 언어가 확립되면 문장으로 표현되는 것
은 자연스러운 이치인 것이다. 널리 만물을 살펴보면 동물이나
식물이나 모두 아름다운 무늬를 지니고 있다. 용과 봉황은 그림
같은 아름다운 무늬로 상서로움을 나타내고 범이나 표범도 아
름다운 문채로 자태를 이루고 있다. 구름과 놀의 오묘한 빛깔은

그림 그리는 사람의 능란한 색상을 능가하고 꽃으로 장식된 풀
과 나무는 비단 짜는 사람의 솜씨를 기다릴 것이 없다(그 자체
로 아름답다).

이러한 것들이 어찌 외부에서 가한 장식이겠는가. 모두가 자연
스럽게 이루어진 것이다. 숲 속의 바람소리가 울려 퍼지면 조화
롭기가 피리와 거문고의 곡조 같고, 냇물이 바윗돌에 부딪혀 이
루어지는 울림은 옥경쇠와 종고소리와 같은 화음을 이룬다. 즉
형체가 확립되면 형체에 따른 아름다운 무늬가 이루어지고 소
리가 나면 조화로운 음이 이루어진다. 아무런 의식이 없는 사물
도 풍부한 외적인 장식을 지니고 있는데 심정을 지닌 인간이 어
찌 문채가 없겠는가.

「원도(原道)」편에서 유협이 논의하고 있는 '문(文)'은 시
청각적인 아름다움을 지닌 자연만물의 형상임을 알게 된다.
그리고 넓은 의미의 '문'에서 출발하여 좁은 의미의 '문'(文
學, 文章)을 논의하는 과정을 살펴보면, 『문심조룡』에서 논
의하려는 '문'은 그 주요대상이 언어문자로 이루어진 '문
(文)'임을 알게 된다.

「원도」편에 의하면 만물의 본체인 '도(道)'는 고정불변하
는 하나의 존재가 아니라 우주만물이 형성되고 변화되는 자
연적인 이치이다. 사람을 하나의 자연물로 본다면 그 형체 자

체는 일종의 '문(文)'이라고 할 수 있다. 그러므로 사람 역시 '도'를 통해 생겨났다고 할 수 있다. 그러나 사람이 기타의 의식이 없는 사물과 다른 점은 사람은 마음(心)을 가지고 있고 사람의 마음 자체가 창조적인 능력을 구비하고 있다는 데 있다는 것이다. 「서지」편에서도 사람이 만물보다 뛰어난 것은 마음을 지니고 있기 때문이라고 밀하고 있다.

사람은 마음을 지니고 있으므로 천지의 화육에 참여한다. 때문에 사람만이 능동적으로 나름의 '문(文)'(人文:인류의 문화)을 창조한다. 마음으로 천지만물의 '현상(文)'을 관찰하여 '본질적인 이치(道)'를 체득하고 '도(道)'가 천지만물의 생성변화를 이루어내는 것과 같이 사람은 그 마음을 움직여 '인류문화(人文)'를 창조한다. 그러므로 '인류문화'의 본체는 사람의 '심(心)'(마음)인 것이다.

유협은 문학작품이 언어문자로 이루어진 인류문화 활동의 중요한 영역임을 분명하게 인식하고 있었다. 또 유협은 사람이 태어날 때부터 감수성과 창조의 능력을 갖추고 있다고 생각했으며, 이를 전제로 "마음에 느낌이 생기면 언어로 확립되고 언어가 확립되면 문장으로 표현된다"는 명제를 제시하고 있다.

유협은 「명시(明詩)」편에서도 사람은 원래 다양한 감정을 타고나므로 외부의 사물을 접하게 되면 감동을 받게 되고 감동을 받으면 그 마음을 읊조리게 되는 것이 자연스러운 현상이라고 말하고 있다. 문학작품은 마음으로 말미암아 생겨나는 것이다. 그러나 사람이 아무런 동기나 이유 없이 작품을 창조해내는 것은 아니다. 외부 세계에 대한 미적 체험을 통해 문학창작의 충동을 느낀 후에야 비로소 "언어가 확립되고 문장으로 표현된다." 여기서 유협은 마음의 능동적인 작용을 강조하고 있는데 이는 창작활동의 특성에 중점을 둔 견해이다.

유협이 말하는 '감정(情)'은 외계의 사물이나 현상에 감응할 수 있는 감수성을 말한다. 천지자연은 본래적으로 감지 가능한 형상적인 아름다움을 지니고 있다. 유협은 유래 없이 '문(文)'의 미적인 가치를 돌출시켜 강조하고 있다. 그러나 천지자연의 아름다운 형상이나 소리도 사람의 감각기관이나 마음으로 감상될 때만 미적인 의의와 가치가 생겨나는 것이다. 천지만물의 '문(文)'에서 사람의 마음에 의해 창조되는 '문'에 이르기까지 '문'이 '문'이 되게 하는 중개자는 사람의 마음(心), 그 중에서도 감정인 것이다.

『문심조룡』에서 말하고 있는 모든 우주만물의 본체는 '도(道)'이다. 그러나 현상을 통해서 '도'를 인식하는 주체는 마음을 지닌 사람(有心之器)이다. 그러므로 모든 '미(美)' 의식의 주체도 마음을 지닌 사람인 것이다. 즉 '천지만물의 현상(道文)'은 객관적인 존재이고 '인류의 문화(人文)'는 주관적인 제작인데 주관적인 제작을 통해 천지만물의 현상인 '도문(道文)'의 가치가 비로소 나타나게 되는 것이다.

유협은 사람이 외부의 사물이나 현상에 감동되어 이를 언어문자로 아름답게 표현하는 것은 매우 자연스러운 현상이라고 말하고 있다. 유협은 여기에서 사람의 타고난 감수성과 감정을 표현하는 창작의 능력과 합리성을 긍정하고 있다. 그러므로 유협은 「정채(情采)」편에서 '정문(情文)'이라는 용어로 사람의 마음에서 비롯된 일체의 문학작품을 총괄하고 있다. 이러한 관점은 위진 시대 이후의 '문학은 감정으로 인해 탄생한다'는 순수문예관을 반영하고 있는 것이다.

## 문예 기원의 주체와 전범(典範)

'인문(人文)'은 인류가 창조한 문화의 총칭이다. 유협은 본체론적인 입장에서 사람의 탄생과 문학의 탄생을 탐구함과 동시에 중국 고대의 역사적인 문화현상을 근거로 하여 문학의 탄생을 구체적으로 논의하고 있다.

유협은 천지만물의 '현상(文)'과 '인류문화(人文)'를 결합시켜 설명하고 있는데 이러한 결합의 주체를 성인(聖人)이라고 보았다. 성인은 만물이 형성되고 변화되는 이치를 터득한 후에 "성정을 다듬고 언어문자를 활용하여" 문장을 창조하였다. 그리고 이 문장으로 사람의 마음을 교화시키고 우주(天地)

와 인간사회의 조화를 도모했으며 문장의 아름다움을 완성했다. 그러므로 도(道)는 성인에 의해 문장으로 표현되고, 성인은 문장을 통해 천지자연의 이치인 도를 밝혀 드러낸 것이다. 유협은 이와 같은 논리를 통해 천지자연의 이치인 도(道)와 성인(人)과 문장(文)의 관계를 밝히고 있다.

경서(經書: 유가의 경전인 「시경(詩經)」 「서경(書經)」 「역경(易經)」 「예기(禮記)」 「춘추(春秋)」의 5경을 말함)는 성인이 천지자연의 이치를 예리한 지혜로 살펴서 창작한 것이므로 불멸의 위대한 가르침을 담고 있으며 하늘과 땅과 인간 사이의 항구불변한 이치를 모두 포괄하고 있다. 또한 경전은 성인이 마음의 심오한 경지를 통찰하여 문장의 핵심을 남김없이 드러낸 것이다. 그러므로 경서는 천하를 고무시키는 문장의 효용을 다할 수 있는 것이며, 천하를 고무시킬 수 있는 근본 요인은 성인이 체득한 도를 언어문자로 표현해내었다는 데 있다. 구체적으로 말해서 각 구획을 순서를 세워 바르게 다스리고 변하지 않는 법도를 제정하여 사업을 발전시키는 것 등과 같은 경서의 여러 가지 효용들은 기본적으로 뚜렷하게 아름다운 모습을 지닌 문장의 언어표현과 거기에 담긴 내용에 의해 완성된다는 것이다.

「징성(徵聖)」편에서 "창작가는 성인(聖人)이라 하고 그것을 서술한 자는 명철(明哲)이라 한다"고 하였다. 그리고 경서의 체제를 완성한 주체로는 성인 공자(孔子)를 들고 있다. 성인 공자는 "성정을 도야하여 언어표현을 이루었으며", 그 언어표현은 아름다운 문채를 지닌 언어예술의 위대한 성취를 이룩하고 있다. 이에 「정채」편에서 "성현의 글들을 모두 문장이라 일컫는 것은 그들이 아름다운 언어표현을 지니고 있기 때문이 아니고 무엇이겠는가"라고 히 었다.

유협은 문장을 표현하는 가장 기초적인 방식으로 자세하게 설명하는 표현법(繁)이나 간략하게 서술하는 표현법(略) 그리고 명확하게 의미를 전달하는 표현법(明)이나 은유적으로 의미를 전달하는 표현법(隱)을 들고 있다. 그리고 문장표현의 네 가지 기본적인 방식을 시의적절하게 활용한 사례는 경전에서 찾을 수 있다고 말하고 있다. 이 네 종류의 언어문자 표현 형식을 통해 경전의 언어예술이 이루어진 것이며, 경전을 문장의 기원으로 삼는 후대의 문장들에 나타나는 표현방식도 이 네 종류의 표현 형식을 기본으로 하고 있음을 밝히고 있다.

『시경(詩經)』『서경(書經)』『역경(易經)』『예기(禮記)』『춘추(春秋)』, 이 다섯 가지의 경전은 성인의 교화를 편다는 근본적인 면에서는 일치하지만 그 방식과 용도에 따라 다섯 부분으로 나뉜 것이다. 이에 따라 경서는 그 체제 면에서 각기 다른 언어문자 표현의 스타일을 이루게 된다. 유협은 이로부터 문학 장르의 분류가 이루어지게 된다는 점을 강조하고 있다.

유협은 「징성」편에서 "성인의 문장은 아려(雅麗)하다"(내용이 진실하면서도 그 언어표현이 아름답다)고 말하고 있다. 이는 유협이 추구하는 문예작품의 이상적인 스타일을 보여준다. 이러한 관념을 바탕으로 유협은 언어표현과 수식에 있어서 반드시 경서를 본받아야 한다고 주장하고 있다. 다시 말해서 경서는 내용과 언어표현이 적절한 조화를 이룬 이상적인 문예작품의 모범이라고 할 수 있다.

이상에서 살펴본 바에 의하면, 성인이 성인일 수 있는 것은 마음(心)으로 만물의 현상(文)을 관찰하여 만물의 이치(道)를 체득하고 이를 경서로 창조해내었다는 데 있다. 그리고 경서가 경서일 수 있는 것은 뚜렷한 아름다움을 지니는 언어표현과 내용으로 도를 체득한 성인의 마음을 나타내었으며, 천하를 고무시키는 문장의 효용과 힘을 지니고 있다는 데 있다. 즉 유협은 문예 기원의 주체와 전범으로 성인과 경서를 들고 있다.

유협이 유가가 다시 일어나는 당시 시대적인 사조의 영향을 받아 유가의 경전 및 성인에 대하여 어느 정도 절대적인 가치를 부여한 것은 사실이다. 그러나 유협은 유래 없이 경서의 언어문자 표현에 중점을 두어 경서를 문학적인 각도에서 새롭게 고찰하고 있다. 유협은 경전의 사상이나 내용을 분석하고 해석하는 데 중점을 둔 것이 아니라 「서지」편에서 밝히고 있듯이 경전의 문장표현에 중점을 두어 철저하게 문학적인 입장에서 경전을 고찰하고 있다.

유협은 『문심조룡』에서 중국 최초의 저서인 경전 유협 당대까지 이루어진 일체의 서적들을 '문학 활동에 있어서의 마음의 작용(분심)'과 '언어문자의 예술적인 표현(조룡)'의 입장에서 재조명하여 그들의 문학적인 특성과 역사적인 의미를 총괄하고 있는 것이다. 이 중에서도 중국 최초의 서적들이라고 할 수 있는 유가 경전의 언어문자 표현에 이상적인 가치를 부여하여 모든 문학 장르의 기원이자 내용과 형식이 적절하게 조화를 이룬 이상적인 작품 스타일을 연출한 모범으로 삼고 있다. 이를 통해 유협은 자신이 생각하는 이상적인 문예 작품의 미적인 가치를 표현하고 있음과 동시에 그 가치의 의미를 제고시키고 있다.

## 문예활동의 창조적인 변화와 발전의 규율

문예활동은 인문 활동의 중요한 일환이다. 때문에 문예활동도 일반적인 인문현상과 마찬가지로 부단히 변화하여 새롭고 창조적으로 되기를 모색한다. 『문심조룡』에 의하면 문예의 창조적인 변화를 유도하는 주체는 작가 개인의 재기(才氣)와 사상을 포함하는 예술적인 개성이다. 그리고 문예의 창조적이면서도 새로운 면모는 언어문자의 활용을 통해 이루어지는 작품 표현의 특색을 통해 실현된다.

유협은 「변소」편에서 중국문학사상 최초의 개인작가라 할 수 있는 전국 시대의 굴원(屈原)과 그의 작품인 「이소(離騷)」를 들어 문예의 창조적인 변화와 발전의 규율 및 그 관건이 되는 요인을 논하고 있다. 유협은 우선 문예활동에 있어서 새롭고도 창조적인 변화를 가능하게 하는 요인으로 굴원의 개인적인 재능과 독특한 작품 스타일을 긍정했다.

굴원은 재주가 많아 경전의 체제를 기본으로 하고 나름대로 독특한 언어표현을 이루어 미적인 언어표현의 절정을 이룸으로써 함께 논할 작가가 없을 정도로 놀라운 예술적 성취를 이루었다. 즉 굴원은 언어문자를 개성적이고도 독특하게 운용하여 작품의 기세와 힘은 고인을 능가하고 작품의 미적인 언어표현은 창조적이면서도 새로운 면모를 이루도록 한 것이다. 굴원의 예술 성취는 그가 작품 표현에 있어서 언어문자를 탁월하게 활용한 데서 비롯된 것임을 알게 된다. 굴원은 언어문자의 활용 면에서 재능을 발휘하여 이로부터 독특한 작품 스타일을 창조해낸 것이다.

유협은 굴원의 작품이 대표하는 남방시가의 총집인 『초사(楚辭)』 중에서 경전의 전통적인 내용과 표현 형식에 부합되는 부분들을 네 가지 들면서 『초사』가 경전의 전통을 계승하고 있음을 말하고 있다. 유협은 다시 『초사』가 지니고 있는 경전과는 다른 특색을 네 가지 들고 있는데, 이는 굴원이 언어문자의 활용 면에서 발휘한 독창성에 중점을 둔 부분이다. 유협은 굴원이 전통을 계승하면서도 자신만의 독특한 예술적 성취를 이루어 후대의 작가들에게 새로운 창작의 길을 열어 보여 주었다는 점에서 굴원의 문학사적인 지위를 긍정하고 있다.

또한 유협은 후세의 작가들도 굴원과 같이 전통을 계승하여 문학의 본질을 확립하고 언어문자의 활용면에서 독창성을 발휘하면 "신기하고 화려한 표현을 구사하면서도 진실한 내용을 잃지 않는 문예의 최고치를 이룰 수 있음"을 주장하고 있다.

이렇게 본다면 「서지」편에서 말하고 있는 "경전에 근본을 두고 「이소」에서 변화를 추구한다"는 내용은 문예의 창조적인 변화를 이루기 위한 하나의 규범이라고 할 수 있다. 이는 다름 아닌 유협이 「통변」편에서 말하고 있는 "전통을 계승하면서도 당대(當代)에 맞는 변화를 추구한다"는 통변(通變)의 방법인 것이다.

「통변」편의 "문예의 규율은 끊임없이 유동하여 날로 성과를 새롭게 한다"는 통변의 이치는 문학사에 나타나는 필연적인 현상을 말하고 있다. 문학은 변화를 통해 새로움을 추구함으로써 문학 활동이 끊이지 않고 이어지는 것이다. 또 한편으로는 대를 이어 전해지는 문예의 규율에 익숙해야 전통과의 단절로 인한 결핍을 면할 수 있는 것이다. 문예의 창조적인 변화와 발전의 규율은 「통변」편에서 말하는 "오늘날을 살펴 독특하고 개성적인 표현들을 창작해내고, 이전 것을 참조하여 문예활동의 기본적인 법칙을 확정한다(望今制奇, 參古定法)"로 요약될 수 있다. 유협은 이로써 문예의 창조적인 변화와 발전의 규율을 명백하게 제시하고 있는 것이다.

작가가 창작을 할 때 문장의 양식은 정해진 체제를 따른다. 그러나 거기에 운용되는 언어문자의 활용에는 정해진 법칙이 없다. 작가가 처한 시대나 작가의 개성에 따라 사상과 감정도 달라지고 제재나 내용도 차이가 나고 이에 따라 각기 다른 '개성적인 문예언어'를 표현해낸다. 이것이 바로 문예에 창조적인 변화를 일으키고 독창적인 면을 연출하게 하는 요인인 것이다.

사실 모든 예술의 창조는 사람의 마음에서 비롯된다. 각 예술의 분야를 구분지어 주는 것은 예술을 표현하는 매개체이다. 문학은 언어문자를 매개체로 하는 예술 활동이다. 때문에 참신한 면모를 표현해내기 위해 언어문자를 어떻게 운용할 것인가가 문학의 성취를 결정짓는 관건이 되는 것이다. 그러므로 「총술(總術)」편에서 작품의 창작을 위해서는 마음과 언어문자를 활용하는 방법을 연구하고 깨우쳐야 함을 강조하고 있다.

「정위」편을 살펴보면, 위서(緯書)는 경서의 내용을 신학적인 미신사상으로 신비화하여 해석한 책이다. 유협은 위서가 경서의 내용을 혼란시킬 수 있다는 점에 대해서는 경계하는 입장을 취하고 있다. 그러나 위서에 서술되어 있는 이야기 가운데 상상력을 느낄 수 있는 부분과 언어문자 미적인 특성을 활용한 부분에 대해서는 긍정적인 평가를 내리고 있다. 그리고 이러한 성과를 문예의 창조적인 변화를 가능하게 하는 요인들과 연계시켜 논술하고 있다. 즉 위서의 언어문자 표현과 이야기들은 작가의 상상력을 확대시키고 언어문자의 활용능력을 강화시키는 역할을 한다고 보았다. 때문에 예전부터 작가들은 위서의 화려한 표현들을 주워 모았다고 말하고 있다.

# 『문심조룡』의 핵심주제 2
## ―언어문자의 예술적인 표현(雕龍)

### 문학예술의 특성

　「정채」편은 『문심조룡』에서 전문적으로 문학예술에 있어서 언어문자 표현의 문제를 논의한 부분이므로 『문심조룡』 전체 내용의 핵심적인 편에 속한다. 「정채」편의 첫 단락에서 "성인들의 글을 모두 문장(文章)이라 일컫는다. 이는 성인의 글들이 미적인 언어문자의 표현(采)으로 이루어져 있기 때문이 아니고 무엇이겠는가"라고 말하고 있다.

　'문장(文章)'이란 말의 뜻을 살펴보면, 본래는 형상과 색채가 다양하게 섞여 있고 소리와 리듬(운율)이 조화를 이루고 있는 아름다운 수식을 갖춘 사물들을 말하는 것이었다. 그런데 중국 고대의 성현들이 이를 저술과 언론의 대명사로 삼았으며 마침내는 작품의 미적인 언어문자 표현을 지칭하게 된 것이다. 이렇게 볼 때 유협이 성인의 글인 경서를 문장으로 지칭하는 것을 「정채」편의 첫머리에 서술한 것은 유협이 미적인 언어문자 표현에 매우 주의를 기울이고 있음을 보여준다.

유협은 '미(美)'라는 어휘를 거의 사용하지 않고 '문(文)'이라는 말로 '미'라는 어휘를 대신하고 있다. 유협은 사람의 감각기관에 호소하는 선명하고도 생동감 있는 미감(美感)을 매우 중시했다. 「원도」편의 '문'에 대한 묘사를 통해서도 유협의 감각적인 미감에 대한 중시를 분명하게 볼 수 있다. 유협은 '문(文)'과 더불어 '채(采)'라는 용어를 사용해 감각기관에 호소하는 아름다움을 더욱 강조하고 있다.

「종경(宗經)」편에서도 "오경(五經)은 아름다운 수식(文)을 갖추고 있다"고 하였다. 이는 미적인 언어표현을 중시하는 관점에서 비롯된 견해라고 하겠다. 유협은 문학의 본질을 '정(情: 감정)과 채(采: 수식적인 표현)'로 표현하고 있다. 이는 문학이란 감정(情)을 미적인 언어문자(采)로 표현한 것임을 말해준다. 유협은 문학을 논의하면서 '정'과 '채'를 모두 중시했다. '정'은 '채'의 내적인 본질이고 '채'는 '정'의 표현 형태이다. '정'과 '채'는 서로 표리를 이루어 결합함으로써 작품의 전체적인 미감을 구성해낸다. '정'을 본질로 한다는 전제 하에 '채'는 상대적으로 독립적인 가치를 지니게 된다. 이는 언어문자를 표현 매개체로 하는 문학예술의 미적인 특성을 말해준다.

유협은 「정채」편에서 우선 사물의 일반성을 근거로 하여 '형식미와 실질(文質)'의 문제를 논하고 있다. 유협은 사물의 내재적인 실질과 외재적인 형식미의 통일이 자연스럽고 보편적이며 객관적인 이치임을 설명하고 있다. 실질적으로도 '문(文)'은 완전한 아름다움에 도달해 있는 모든 자연계의 사물들이 구비하고 있는 것이며 '문(文)'과 '질(質)'의 통일은 자연이 도달하고자 하는 이상적인 상태인 것이다.

사람이 창조한 문학을 논하면서 유협은 문학은 사람에 의해 창조된 것이므로 자연계의 사물이 지닌 문채보다 더욱 뚜렷하게 아름다운 문채를 지녀야 함을 강조하고 있다. 유협이 문학에 요구하는 이러한 문채는 언어문자의 예술적인 아름다움을 의미한다. 이는 문학예술이 미적인 가치를 지니게 되는 결정적인 요인이 된다. 유협은 문학을 창작하는 데 있어서 미적인 언어문자의 표현을 추구해야 함을 말하고 있을 뿐만 아니라, 더 나아가 언어문자의 미적인 표현을 위한 마음의 작용까지를 언급하고 있다. 언어문자의 미적인 표현인 문채(文采)는 작가의 '문예창작을 위한 심적인 활동'의 산물이다. 즉 작가는 마음을 서술하고, 사물의 형상을 묘사하기 위해서는 세심하게 작품을 구상하고 이를 언어문자로 적절하게 활용하는 과정을 거치게 된다. 그리고 이러한 과정을 통해 언어문자의 예술적인 아름다움인 문채가 이루어지는 것이다.

유협은 「정채」편에서 문채가 이루어지는 방식을 형문(形文), 성문(聲文), 정문(情文)이라는 '문(文)'의 세 가지 형태를 통해 분석하고 있다. 여기서 유협이 말하고 있는 형문(形文)은 시각에 호소하는 자연의 아름다움을 의미하며, 성문(聲文)은 청각에 호소하는 자연의 아름다운 음향을 말하고, 정문(情文)은 다섯 가지 본성을 기초로 하여 다양한 사상과 감정을 지니게 되는 사람의 마음을 언어문자로 아름답게 표현한 것을 말한다. 이는 「원도」편의 "문(文)은 모든 현상의 본질을 이루는 자연스러운 이치에 의해 형성된 것이다"라는 내용을 더욱 구체적으로 설명하고 있다.

『문심조룡』의 전체적인 내용을 통해 살펴보면, 유협은 문학 이외의 회화나 음악 등의 기타 예술방면에도 상당한 조예가 있음을 알게 된다. 그러나 유협이 『문심조룡』을 통해 논의하고자 하는 대상은 문학예술이다. 그러므로 세 가지 종류의 '문'에 대한 분석을 다른 측면에서 고찰해본다면, 유협이 말하는 형문, 성문, 정문을 중국문자가 본래적으로 지니고 있는 형상과 성률의 속성과 그 표의성(形, 音, 義)으로 해석해볼 수도 있다. 이러한 유추가 가능한 이유는 유협은 『문심조룡』

의 「연자(練字)」편과 「성률(聲律)」편 등을 통해서 구체적으로 언어문자의 형상적인 아름다움(形象美)과 음성적인 아름다움(聲律美)을 분석하고 있기 때문이다. 또한 이러한 형상적인 아름다움과 음성적인 아름다움을 지니고 있는 언어문자는 각각 그 나름의 뜻을 담고 있다. 문자 자체가 사람의 마음에서 비롯된 일종의 창조물이기 때문에 각각의 문자는 모두 '마음의 소리(心聲)'를 담고 있다. 그러므로 타고난 감수성이 발동되어 이루어진 '정문'은 한자의 형(形)·음(音)·의(義)의 특성을 '감정(情)'으로 통일시켜 예술적으로 표현해낸 문학작품을 말한다.

유협은 감정(情)의 표현을 위해서는 반드시 형식미(采)가 필요하다는 것을 인식했다. 때문에 감정(情)은 감동을 이끌어내는 작품의 내용이 되고 채(采)는 작품의 미적인 형식이 된다. 이것이 바로 유협이 파악한 문학예술의 특성이자 본질적 속성인 것이다.

### 언어문자의 예술적인 활용 규범

문예작품으로 감정을 전달하고자 하면 반드시 언어문자의 표현을 통해야 한다. 때문에 「용재(鎔裁)」편에서도 "만 가지 정취가 모여 문장을 이루나 이 모두가 언어문자의 표현과 감정을 떠나지 못한다"고 하였다. 「정채」편에서도 감정과 언어문자 표현이 문예의 핵심임을 말하고 있다. 유협은 문학예술의 본질적 속성인 '정'과 '채'를 파악하고 있을 뿐만 아니라 '정'과 '채'의 활용 규범에 대해서도 분명한 견해를 피력하고 있다.

「정채」편에서 감정을 작품으로 표현할 때의 규범으로 유협은 "감정을 위해 언어문자의 미적인 표현을 구사해야" 함을 주장하고 있다. 여기서 논의의 초점은 언어문자의 표현 문제에 있다. 언어문자의 표현은 감정을 서술하기 위해서이다. 그러므로 그 표현은 요약적이어야 하며 진실한 내용을 담고 있어야 한다. 즉 문학작품을 통해 감정을 표현할 때의 규범은 '간결함'과 '진실성'인 것이다.

『문심조룡』에 의하면 문예창작에 있어서 감정의 표현은 내적인 감정이 넘쳐서 표현하지 않을 수 없는 지경에 이르러 자연스럽게 이루어져야 한다고 말하고 있다. 그러므로 「양기(養氣)」편에서도 "가슴에 답답하게 쌓인 울분을 펼쳐 써낸다"라고 하였다. 다시 말해서 작가가 참으로 내적으로 넘쳐나는 감정이 있을 때 이를 언어문자로 표현해야 한다는 것이다

유협은 내용의 진실함과 언어표현의 간결성을 연결시켜 말하고 있으나 여기서의 '간결성'은 언어문자의 미적인 표현을 배제한 건조체를 말하는 것이 아니고 정당하고 정확하

며 사족이 없는 표현을 말한다. 그리고 '진실함'이란 현상적인 사실을 말한다기보다는 예술작품에서 보여줄 수 있는 현실생활의 본질이나 사람의 기본적인 정서에 합치되는 내용을 말한다.

결론적으로 말해서 "감정을 위해 언어문자의 미적인 표현을 구사하는" 작가는 감정이 언어표현에 앞서 발동되어 마음속에 쌓여 있는 것들을 쏟아내게 된다. 즉 감정이 자연스럽게 언어문자로 표현되는 것이다. 이러한 창작의 과정은 유협이 말하는 문예 탄생의 규율인 '자연스러운 이치(自然之道)'에 합치된다. 감정이 자연스럽게 흘러나와 이루어진 작품이라야 비로소 진실한 감정을 담게 되고 독자를 감동시키는 힘을 지니게 되는 것이다. 유협은 "감정을 위해 언어문자의 미적인 표현을 구사한다"라는 명제를 통하여 작품의 진실성, 작품의 성패, 작가의 창작태도, 작가와 독자간의 공감 등 문학예술활동에 있어서의 중대한 문제들을 유기적으로 통일시키고 있다.

이제 언어문자의 미적인 표현인 문채(文采)를 어떻게 활용할 것인가에 관해 유협이 제시한 규범을 살펴보자. 문학예술은 언어문자의 표현을 통해서 감정을 전달하고 미적인 형식을 이루는 분야이다. 언어문자의 미적인 표현을 적절하게 구사하면 「징성」편에서 말하는 것과 같은 "진실한 감정과 교묘한 언어표현"을 얻게 되어 독자에게 감동을 주는 작품을 창작하게 된다. 그러나 언어문자의 미적인 표현이 부적절하게 이루어지면 지나친 수식과 이상한 단어들로 인해 전달하고자 했던 참된 감정을 가리게 된다. 유협은 언어문자의 수식이 지나쳐서 실질을 잃는 작품을 경계하고 있다.

때문에 유협은 「정채」편에서 이러한 현상을 개탄하여 "감정의 진실성에 중점을 둔 작품은 나날이 줄어들고 화려한 수식만을 추구하는 작품이 갈수록 성행하고 있다"고 말하고 있다.

유협은 "문장은 뜻을 서술함을 본질로 한다"는 전제 하에 "아름다운 수식이 표현하려는 내용의 본질을 없애지 않고 잡다한 표현이 나타내려는 마음을 매몰시키는 일이 없도록 해야 한다"고 말함으로써 수식을 제대로 구사하기 위한 방식을 제시하고 있다.

작품은 언어문자의 미적인 표현을 어떻게 구사하느냐에 따라 성패가 결정된다. 유협은 화려한 언어문자의 표현을 결코 반대하지는 않았다. 단지 수식으로 인해 실질이 소멸될 정도의 지나친 수식을 반대했다. 다시 말해서 유협은 미적인 언어문자의 표현을 구사하는 표준을 '적절함'에 두고 있다.

이상의 감정과 언어문자 표현의 활용 규범에 대한 논의를 통해서 유협은 감정이나 언어문자의 표현이 자연스럽고 적절하게 이루어져야 함을 말하고 있다. 이러한 과정을 통해 창작된 작품이라야 아름다운 언어문자의 표현과 바른 뜻을 지니게 되며 언어문자의 표현이 화려하거나 특이해도 실질을 잃지 않게 된다는 것이다. 그리고 이러한 작품은 내용과 형식이 적절하게 조화되어 이상적인 스타일을 이루게 되는 것이다.

「정채」편에 근거하여 독자의 입장을 고려해본다면, 번잡한 수식만 있고 참된 감정이 결여되면 그러한 문학작품의 맛을 음미하는 이들에게 반드시 싫증을 일으키게 된다. 진실한 감정(내용)과 적절한 형식미가 조화를 이루고 있는 작품이야말로 독자에게 무한한 여운의 미(味)를 느끼게 하는 것이다.

이상을 종합해서 살펴보면, '정채론(情采論)'의 중점은 '언어문자의 미적인 활용(敷采)'의 문제에 있다. 즉 문예언어의 문제를 중점적으로 논의하고 있는 것이다. 문예언어는 단순히 말을 아름답게 꾸미는 것으로 이루어지는 것이 아니라 반드시 진실한 감정이 포함되어 있어야 한다. 이러한 관념을 전제로 할 때 비로소 문예언어로 예술적인 구상을 펼칠 수 있는 것이다. 즉 진정한 문예언어는 감정을 꿰고 있는 생명력이 있는 언어이다. 미적인 언어문자가 생명력 있는 감정을 담고 있을 때 비로소 미감을 갖춘 예술언어로 성립되는 것이다.

『문심조룡』의 핵심론을 구성하는 앞 다섯 편과 「정채(情采)」편은『문심조룡』문예이론의 기본적인 체계를 밝힌 중요한 편들이며, 이 가운데 논의되고 있는 문예의 기본원리와 특질은『문심조룡』전체 이론의 뼈대를 이루고 있다. 성인이 경전을 창조하는 과정과 「정채」편의 문예언어(文采)를 이루어가는 과정을 통해서는 창작활동의 기본적인 도식을 말해주고 있다. 경전의 표현 특징에 대한 묘사와 작품 표현에 있어서 감정(情)과 수식(采)의 활용 규범을 통해서는 유협이 생각하는 작품의 이상적인 스타일을 제시하고 있다. 경서가 천하를 고무시킬 수 있는 근거가 미적인 표현과 진실한 뜻에 있다는 「원도」편의 내용과 「정채」편의 작품을 감상할 때의 느낌을 말한 부분(味에 대한 서술)을 통해서는 독자의 감상활동을 다루고 있다.

이상과 같은『문심조룡』문예이론의 기본적인 체제는『문심조룡』의 문예이론이 포괄하는 범위가 작가와 작품과 독자에까지 이르고 있음을 말해줌과 동시에 각 범주에서 논의되는 기본적인 주제도 시사하고 있다.

# 작가의 문예구상과 상상력

『문심조룡』에서는 성인이 경전을 탄생시킨 '마음의 작용(用心)'을 문예창작을 위한 심적인 활동의 표준양식으로 삼고, '신사론(神思論)'이라는 문예구상론을 통해 더욱 심도 있게 작가의 창작을 위한 '마음의 작용'을 다루고 있다.

## 외부 사물에 대한 감동과 표현 욕구의 발생

『문심조룡』에 의하면 문예창작활동은 작가가 외부 사물에 대해 미감을 경험하고— '감(感)', 이를 표현하고자 하는 창작 욕구가 일어나는 것— '흥(興)'으로부터 시작된다.

창작충동은 작가와 외부 사물간의 상호작용에 의해 일어나는 것이라고 할 수 있다. 「전부」편에서 "감정을 가지고 사물을 바라보면 사물에 의해 감정이 일어나게 된다"고 말하고 있다.

그러므로 유협은 창작을 위한 미적 체험이 원활히 진행되기 위해서는 작가가 미를 감상하는 능력과 미를 감상할 수 있는 마음의 상태를 구비하고 있어야 한다고 생각했다.

『문심조룡』에서 말하는 미를 감상하는 능력을 살펴보자면, 일반적으로 미를 감상하는 능력은 사람이 태어날 때부터 잠재적으로 지니고 있는 것이다. 미를 감상하기 위한 조건과 능력이란, 「양기」편에서 말하는 아름다움을 일차적으로 체험하는 시각·청각 같은 감각기관, 그리고 「명시」편에서 말하는 아름다움을 마음으로 체험할 수 있는 타고난 감성들, 다음으로는 「물색」편에서 말하는 미적인 감동을 다양하게 증폭시킬 수 있는 상상력 등을 의미한다고 할 수 있다.

예술 활동과 관계가 깊은 위와 같은 천부적인 조건과 능력들은 미적 체험이 원활하게 진행될 수 있는 최적의 마음상태에서 가장 잘 발휘될 수 있다.

## 미적 체험을 위한 최적의 마음상태

그렇다면 미적 체험을 위한 최적의 마음상태는 어떠한 상태를 말하는가? 『문심조룡』에서는 미적 체험을 위한 집중이 가능하도록 마음의 상태를 잘 다스려야 함을 강조하고 있다. 유협은 「신사」편에서 '고요하고 청정한 마음의 상태(虛靜)'

와 '집중력(凝慮)'을 강조하고 있다. 마음을 청정한 상태로 비우고 일상생활의 모든 잡념으로부터 벗어나서 감상의 대상이 되는 것의 가장 세밀한 부분에까지 주의를 기울일 때 작가 나름의 개성적이고 독특한 관조를 이루게 된다는 것이다.

작가가 미를 감상하는 능력과 미적 체험을 위한 최적의 마음상태를 구비하고 있다고 하여도 창작충동을 촉발하는 객관적인 사물을 떠나서는 미적 체험을 한다는 것은 불가능하다.

## 미적 체험의 진행과정

그렇다면 작가의 외부 사물에 대한 미적 체험은 어떻게 진행되는가? 유협은 「물색」편의 "감정이 무언가를 선물하듯 사물에게로 향하면 사물은 이에 답하는 듯이 감흥을 선사한다"는 구절을 통해 작가와 사물간의 상호작용을 명확히 밝히고 있다. 작가의 외부 사물에 대한 미적 체험은 '반응'이 아닌 '감응'이라는 의미이다. 『문심조룡』에 의하면 작가에게 감응을 일으키는 대상은 주로 계절에 따른 자연경관의 다양하고도 아름다운 모습을 의미하는 '물색(物色)'임을 알 수 있다. 유협은 『시경』 이후 나타난 굴원(屈原)의 시가와 육조(六朝) 시기에 유행하던 산수시(山水詩)에 묘사된 '물색'의 성공적인 표현들을 근거로 자연경관의 아름다움이 작가의 창작충동을 적극적으로 유도한다는 점을 긍정하고 있다. 유협은 『문심조룡』에서 '물색'을 편명으로 삼아 자연환경의 변화에 따른 작가의 미적 체험 문제를 집중적으로 고찰하고 있다.

계절이 바뀌고 음양이 뒤섞이는 것은 자연의 생명력인 '기(氣)'의 변화라고 할 수 있다. 사실 천지자연 및 동식물과 인류는 모두 본래의 생명력인 '기'를 가지고 있다. 『문심조룡』의 「원도」편에 근거하여 살펴보면 천지만물은 모두 '도'로부터 파생된 것이다. '도'는 바로 음과 양으로 대표되는 만물의 자연적인 변화의 이치를 의미한다. 그러므로 '도'로부터 파생된 모든 우주 만물의 생명활동에 자연스럽게 변화가 나타난다. 의식이 없는 미소한 곤충도 사계절의 기후를 감지하는데 지혜로운 마음과 맑은 기질을 지닌 인간은 말할 것도 없이 자연경관의 변화와 그 모습에 대해 타고난 예민한 감각을 발휘하게 된다는 것이다. 그러므로 "나뭇잎 하나에도 생각이 일어나고 벌레소리에도 마음이 이끌리게" 된다. 즉 사계절의 변화와 계절마다 다른 자연경관은 자연의 생명력인 '기'의 움직임을 대표한다. 그리고 우주 자연만물에 속하는 인간은 이에 감동을 받고 인간생명의 본질인 '기'가 움직이게 되는 것이다. 유협은 여기에서 사물에 감동하여 문예창작 충동이 일어나는 것은 '자연적인 이치(自然之道)'임을 다시금 강조하고 있다.

그렇다면 타고난 감수성을 지닌 작가가 '물색'에 대해 미적 체험을 하는 구체적인 과정은 어떻게 전개되는가? 「원도」편을 근거로 하여 살펴보면, 유협은 자연의 다채로운 아름다움을 시각에 호소하는 '형상적인 아름다움(形文)'과 청각에 호소하는 '음성적인 아름다움(聲文)'으로 묘사하고 있다.

'물색(自然美)'이 인간에게 감동을 일으키는 최초의 단계는 그 형상과 음향의 아름다움으로 작가의 생각을 일으키고 마음을 끌어당기는 것으로 시작된다. 「물색」편에서 말하고 있는 것처럼 "나뭇잎 하나 떨어져도 감정이 일어나고 벌레 울음소리로도 충분히 마음을 끌 수 있는 것이다."

작가의 자연경관 및 사물에 대한 감동은 가장 먼저 시각이나 청각을 통해 외부 사물의 형상과 음향을 감지하고 시청각적인 미감을 경험하는 것으로 시작된다. 그렇기 때문에 눈과 귀가 외부 사물의 형상(形文)과 음향의 아름다움(聲)을 감지하는 것으로부터 비롯되는 연상활동 역시 시청각적인 형상이나 음향과 더불어 진행되는 것이다. 「물색」편에서 "이런 까닭으로 『시경』의 시인들은 자연에 감동하면 끝없이 연상을 펼치곤 하였다. 그들은 모든 현상 사이를 돌아다니면서, 보고 들은 것들을 깊이 음미하고 즐겼던 것이다"라고 말하고 있다.

때문에 작가가 "모든 현상 사이를 돌아다니면서, 보고 들은 것들을 깊이 음미하고 즐길 때" 동반되는 "기후와 사물의 생김새를 표현하고" "수사를 다듬고 음률을 안배하는" 표현을 위한 구상 역시 눈과 귀가 파악한 사물의 형상과 음향의 미적 특성과 밀접한 관련이 있다.

이렇게 본다면, 『문심조룡』에서 유협이 비록 미적 체험을 위한 감각기관에 대해서 전문적으로 논의하지는 않았지만, 작가의 외부 사물에 대한 미적 체험은 눈과 귀라는 감각기관을 통해 우선적으로 이루어진다는 것을 분명히 인식하고 있었음을 다음과 같은 구절들을 통해 알 수 있다.

> 사물은 눈과 귀를 통하여 정신과 접촉된다.(物沿耳目)「신사」
> 눈으로 자연을 접한다.(目旣往環)「물색」
> 눈으로 사물을 감상하게 되면 창작충동이 일어난다.(覩物興情)「전부」

이는 유협이 여러 감각기관 중에서도 시각과 청각에 특별히 주목하고 있음을 보여준다.

## 미적 체험에 있어서 감정의 작용

그렇다면 눈과 귀에 의한 미적 체험이 내재화되면서 심적인 미감을 일으키게 되는 주된 원인은 무엇인가? 이는 감정이 미적 체험에 개입되기 때문이다. 「명시」편에서 밝히고 있듯이 인간은 본질적으로 감정을 지니고 있으므로 외부 사물에 대해 감동하는 것이 가능하다. 미적 체험을 진행시킬 때 감정은 늘 감동과 상상력의 원동력이 되어준다. 미적 체험에 있어서 감정은 눈과 귀를 통한 미적 체험을 가능하게 할 뿐만 아니라 마음으로 느끼는 미적 체험도 유도해낸다. 다시 말해서 눈과 귀라는 감각기관의 쾌감을 기초로 심적인 만족을 추구하는 것이다. 감정은 미적 체험을 진행시키는 과정에서 활약상이 가장 큰 요소이다. 감정은 다른 심리적인 요소들에 두루 개입하여 미적 체험의 전체적인 과정에 감정적인 색채를 부여한다. 감정은 다양한 심리요인들을 유도해내기도 하고 사고의 발전을 촉진시키기도 한다.

이렇게 본다면 유협이 「정채」편에서 설정해놓은 미(美: 文—采)의 계통과 그 범주(形文·聲文·情文)가 상당히 보편적인 미학적 의미를 지니고 있다고 할 수 있다.

유협은 작가의 외부 사물에 대한 미적 감동을 다룰 때 그 주요 대상을 '자연경물(物色)'로 삼았다. 그러나 작가에게 감흥을 일으키는 대상이 자연경물이나 계절의 변화에 한정되는 것이 아님을 유협도 알고 있었다.

『문심조룡』에서는 문학과 외부 현상과의 관계 문제를 두 방면으로 나누어 논의하고 있다. 하나는 문학과 자연(물색)의 관계이고, 다른 하나는 문학과 인간사의 관계이다. 전자는 작가의 감정이 자연경관과 그 변화에 대해 감동을 받고 미적 체험을 전개하게 된다는 내용으로 논의되고 있다. 후자는 「시서」편에서 주로 논의되고 있는 바와 같이 '시대의 변화(時序)' 및 '세상의 인심(世情)'이 작품의 스타일에 미치는 영향을 중심으로 설명되고 있다.

유협은 자연현상 외에 인간사의 각종 일들, 즉 정치·사회·현실에 대한 불만, 뜻을 펴지 못한 안타까움, 사별 등으로 인한 애상과 이로 인해 촉발되어진 창작충동 및 표현 욕구를 인식하고 있었던 것이다.

『문심조룡』에 의하면 문예창작을 위해서 작가는 가장 먼저 외부 사물에 대한 미적 체험을 통하여 표현 욕구를 느껴야 한다. 이 단계를 거치고 나서야 비로소 창작을 위한 구상과 상상활동이 펼쳐지는 "상상력을 동원한 문예구상(神思)"의 단계로 진입할 수 있는 것이다

## 상상력을 동반한 문예구상의 과정

문예창작을 위한 심적인 활동은 작가가 언어문자로 예술형상을 창조하기 위해 진행하는 사유 활동이다. 그리고 그 과정에는 창조를 위한 상상활동이 필수적이다. 작가는 감각기관을 통하여 외부의 사물에 감응하게 되고, 이로부터 사물에 대한 인상과 감정을 얻게 된다. 이러한 인상과 감정이 그것을 예술화하는 과정에서 생동감 있게 표현되고 작가의 의도가

제대로 반영되기 위해서는 작가의 풍부한 상상력이 요구된다. 그러므로 작가의 창작활동에서 상상력이란 창조를 생명으로 하는 예술을 예술답게 만드는 가장 중요한 요소이자 근원이다.

## 상상 사유의 특징

유협은 '신사(神思)'라는 개념을 사용하여 상상 사유의 특징을 밝히고 있다.「신사」편의 첫 단락에서 "옛 사람이 이르기를 '몸은 강이나 바닷가에 있어도 마음은 높은 궁궐에 있다'고 했는데 이것이 상상력을 말한 것이다"라고 하였다. 유협은 문예구상에 있어서 상상력의 범위는 참으로 요원하기 때문에 조용히 생각을 모으면 천 년의 세월도 접할 수 있고 천천히 얼굴을 움직이면 만 리를 내다볼 수도 있다고 하였다. 글을 읊조리는 가운데 주옥같은 소리가 나오며 생각을 모으는 가운데 눈앞에는 바람과 구름의 변화 많은 모습이 펼쳐지기도 하는데 이 모든 현상들이 바로 상상력이 극에 달한 것이라고 하였다.

몸은 움직이지 않아도 마음과 정신은 한없이 떠돌 수 있는 육체와 정신의 분리현상으로, 유협은 상상 사유(神思)의 기본적인 의미를 설명하고 있다.

천 년의 세월은 시간적으로 무한함을 말한 것이고, 만 리는 공간적으로 끝없음을 말한 것이다. 이는 상상활동이 시공의 제한을 받지 않음을 의미한다. 그리고 이러한 상상활동 가운데 진행되는 시각과 청각의 미적 체험 역시 직접 보고 듣는 것에 국한되는 것이 아님을 알 수 있다. "글을 읊조리는 가운데 주옥같은 소리가 나온다." 이는 청각의 미적 체험에 대해 말한 것이고, "생각을 모으는 가운데 눈앞에는 바람과 구름의 변화 많은 모습이 펼쳐지기도 한다." 이는 시각의 미적 체험에 대해 말한 것이다.

여기에서 말하는 시청각적인 미감은 외부의 사물을 직접 보고 듣는 것이 아니라 상상활동 속에서 이루어지는 시각과 청각의 미적 체험을 의미하는 것이다. 「성률」편에서 유협은 문예 상상활동이 전개되는 가운데 작가의 마음속에서 생겨나는 음향에 대한 미감을 '내청(內聽)'이라고 하면서 사람이 외부의 음향을 귀로 직접 듣는 '외청(外聽)'과 구별하고 있다. 음향에 대한 감각을 내외로 구분하는 이치에 근거하여 본다면 상상 속에서 전개되는 형상에 대한 미감은 '내시(內視)'라고 할 수 있을 것이다.

이렇게 본다면 '내청(內聽)'과 '내시(內視)'는 사람의 감각기관으로 직접 체험한 것이 아니라 문예 상상력을 펼치는 가운데 경험하게 되는 시청각적인 미감인 것이다.

이처럼 자유롭게 펼쳐지는 상상활동의 근원은 외부의 사

물에 감동되어 일어나는 각종의 다양한 연상들이라고 할 수 있다. 유협은 「물색」편에서 "『시경』의 시인들은 자연에 감동하면 끝없이 연상을 펼치곤 하였다. 그들은 모든 현상 사이를 돌아다니면서, 보고 들은 것들을 깊이 음미하고 즐겼던 것이다"라고 상상활동(신사)의 근원에 대해서 말하고 있다.

문예 상상활동은 외부의 사물에 의해 촉발된 연상 작용에서 비롯되는 것이므로 강렬한 감정과 함께 진행된다고 할 수 있다. 유협은 「신사」편에서 "산에 오르면 감정은 산에 대한 것으로 가득 차고, 바다를 바라보면 생각이 바다에 대한 것으로 넘쳐흐른다"며 문예 상상활동이 펼쳐지는 과정을 설명하고 있다.

다시 말해서 사물에 감동되어 생겨나는 정서반응은 마음속에 광활하게 펼쳐져 있는 상상의 공간과 연결되어 처음에 감동을 일으켰던 대상에게 농후한 감정적인 색채를 부여하게 된다. 「신사」편의 "상상은 형상(形象)과 통하며 심정의 변화에 의해 생겨나는 것이다"라는 구절은 바로 상상활동에 있어서 감정의 능동적인 작용을 말하는 것이다. 이는 상상활동이 진행되는 가운데 작가에게 감동을 주었던 외부 사물의 본래적인 형상은 작가의 감정과 뒤섞이면서 작가의 감정이 충만한 형상으로 새롭게 이루어진다는 것을 의미한다. 이것이 바로 모든 작가의 문예구상이 각기 개성적인 특색을 지니게 되는 중요한 원인이다.

유협은 상상활동의 원인인 외부 사물에 대한 감동(感物)과 연상은 모두 작가의 감성활동과 밀접한 관계를 맺고 이루어지는 것임을 말하고 있는 것이다.

'작가 내면의 문예형상(意象)' 이 창조되는 과정

신사 활동은 문예구상 활동에서의 상상활동을 말하며, 그 최종목적은 언어문자로 구체화된 문예형상인 작품을 창조하는 데 있다. 귀와 눈으로 체험한 사물의 형상과 음향의 아름다움 및 다양한 감정과 지각의 재료들은 광범위하게 전개되는 연상활동과 자유롭게 펼쳐지는 상상활동을 통해 작가의 마음과 사물이 서로 융합되는 경지를 이루게 된다. 문예형상은 이러한 경지에서 생겨나게 된다. 유협은 문예구상 과정에서 생겨나는 작가 내면의 문예형상을 '의상(意象)' 이라고 말하고 있다. '의상' 은 외부의 사물과 이로 인해 생겨난 작가의 감동에 주관적인 감정이 결합되어 이루어지는 작가 내면의 문예형상이라고 할 수 있다.

'의상' 을 창조하는 구체적인 과정에 대해 유협은 「신사」 편에서 다음과 같이 말하고 있다.

작가의 '정신(神: 心)' 이 눈과 귀의 감각에 의해 감지되는 외부 사물과 더불어 노니는 과정에서 '의상' 이 탄생된다. 문학예술의 형상을 창조하기 위해 전개되는 상상활동은 두 가지 요소가 서로 관련되어 이루어지게 된다. 하나는 작가의 '신(神: 마음)'의 본질적인 특성과 관련이 있는 '사고와 기질(志氣)'이고, 다른 하나는 시각과 청각으로 외부 사물을 감지하는 것과 연관되는 '사령(辭令: 언어문자)'이다.

문예적인 상상을 유도하는 주관적인 조건 — 작가의 사고와 기질

작가의 문예 상상활동을 주도하는 '사고와 기질(志氣)'에 대해 말하자면, '지(志)'는 작가의 사상과 의식이라고 할 수 있고, '기(氣)'는 작가의 개성적인 생명력이라고 할 수 있다. '지(志)'는 작가마다 각기 다른 개성적인 기질을 통해 표현되는 것이다. 작가의 각기 다른 개성적인 기질이 밖으로 표현되면 재기(才氣)로 드러난다. 그러므로 여기에서 말하는 개성적인 기질(氣)은 그 안에 재능의 의미도 담고 있다고 할 수 있다. 그러므로 지(志)와 기(氣)는 본질적으로 작가가 문예 상상활동을 통해 창조해내는 문예형상의 개성을 결정짓는 요인이 된다. 「체성(體性)」편에서 유협은 "기질이 사고에 열매를 맺게 하고 사고는 언어표현을 결정짓는다"고 말하고 있다. 이는 유협이 '지기(志氣)'가 예술의 특성인 독창성과 부합된다는 것에 대해 깊이 이해하고 있음을 말해준다. '신(神: 마음)'은 작가의 문예창작활동의 핵심이며, 문예형상을

창조하는 근원이다. 그러나 그 활동은 반드시 작가의 사상의
식과 재능의 발휘가 바탕이 되어야 가능한 것이다. 그러므로
'지기(志氣)'가 '신(神: 마음)'을 통솔하는 관건이 된다고 말
하고 있다.

## 문예적인 상상활동에 있어서의 영감의 문제

작가의 '지기(志氣)'가 신사(神思: 구상 및 상상) 활동을
이끌기는 하지만 문예형상을 창조하는 과정에는 말로는 설
명하기 힘든 자발성과 우연성 역시 존재한다. 이것이 바로 유
협이 말하는 '신사(神思)'의 트임과 막힘의 문제이다.

문예구상 및 상상활동의 원활한 진행여부는 '지기(志氣)'
의 트임과 막힘에 의해 결정된다. 그러므로 문예구상 활동의
자발성 문제는 작가의 재기와 관련되며, 작가의 재기는 문예
구상의 속도 문제와도 연계된다. 「신사」편에서 "작가가 부여
받은 문학적인 재기에 따라 문예구상의 완만함과 신속함의
차이가 나뉜다"라고 말하고 있다.

「양기(養氣)」편에서도 "문예구상에는 예리함과 둔함이 있
고 영감이 도래하는 시기에는 통할 때와 막힐 때가 있다"라
고 말하고 있다.

문예구상의 트임과 막힘, 속도의 느림과 빠름은 영감의 문
제와 관련이 있다. 영감이란 문예구상을 진행하는 가운데 돌

연히 나타나는 독창적인 사고의 흐름을 말한다. 그러나 영감이 예술창작을 위한 상상활동 자체는 아니다. 영감으로부터 촉발된 사고의 흐름이 창작으로 발전하려면 반드시 상상을 포함한 문예구상 활동의 과정을 거쳐야 한다. 그러므로 영감은 신사(神思)와 동일한 개념은 아닌 것이다. 영감은 예술구상을 진행하는 가운데 우연히 출현하여 신사 활동을 원활하게 해주는 사고의 특수한 현상이라고 할 수 있다.

유협은 비록 영감의 문제를 하나의 주제로 삼아 토론하고 있지는 않지만 영감의 내재적인 규율을 연구했을 뿐만 아니라 영감이 촉발되기 위한 보조적인 요건에 대해서도 탐색하고 있다.

유협은 「물색」편에서 "사물에는 한결같은 모습이 있으나 사고에는 일정한 법칙이 없기 때문에 때로는 갑작스럽게 떠오른 생각이 깊은 표현을 이루기도 하고, 때로는 깊게 생각할수록 하고자 하는 표현과 더욱 멀어지기만 할 때도 있다"면서 왕래가 일정치 않은 영감의 내재적인 규율을 말하고 있다

영감의 왕래로부터 영향을 받아 이루어지는 문예구상의 막힘과 트임, 느림과 빠름은 작가의 재능(才)·기질(氣)·학식(學)·문장수련의 습관(習) 등과 밀접한 연관이 있다. 영감의 왕래가 본질상 우연성에 기초한다고 하여도 영감의 도래가 아무런 준비 없이 이루어지는 것은 아니며, 오랜 예술수양

과 천부적인 재기가 바탕이 될 때 비로소 출현하는 것이다. 그러므로 작가의 재(才)·기(氣)·학(學)·습(習)은 영감의 도래를 준비하는 보조적인 요건이라고 할 수 있다.

문예구상의 느림과 빠름에 대해 「부회(附會)」편에서도 "부여받은 재기가 같지 않으므로 사유의 실마리도 각기 다르다"고 말하고 있다. 「체성」편에서도 "훌륭한 창작의 성과는 학문을 쌓음으로써 이루어지고 내면에 잠재해 있는 재능은 선천적인 기질에서 말미암는다. 기질이 사고에 열매를 맺게 하고 사고는 언어표현을 결정하므로 아름다운 문예작품을 창작함에 있어서 작가의 개성과 감정을 반영하지 않는 경우는 없다"고 말하고 있다.

문예구상 활동에서 재능의 차이는 구상 활동에서의 느림과 빠름의 차이를 낳는다. 「신사」편에서 "구상이 민첩한 작가는 마음속에 창작의 요점을 잡고 있어서, 예민한 감각이 구상을 앞질러 글을 쓸 기회를 만나면 곧바로 결단을 내린다. 깊이 생각하는 사람은 마음속에 여러 생각들이 가득 차서 의심되는 것을 거듭 살피고 깊게 사고한 후에 마침내 결정을 내린다. 기회포착에 민감하므로 순식간에 작품을 완성하고, 구상하면서 고려하는 것이 많아 장시간을 소비해야 작품을 이룬다. 어렵고 쉬운 차이는 있어도 모두 넓은 학식과 오랜 수련을 기초로 하고 있다. 학식은 천박한데 공연히 시간을 늦추기만 하거나 재능도 없으면서 속도만 내는 것, 이렇게 하여 훌륭한 작가가 되었다는 것은 아직 들어본 일이 없다"고 말하고 있다.

이렇게 본다면 작가의 문예구상이 넓은 학식과 오랜 수련(博練)을 기초로 하고 있는 경우에는 속도의 느림과 빠름에 관계없이 모두 훌륭한 작품을 창작할 수 있다. 그러나 그 가운데서도 '구상에 민첩한 작가'가 영감의 왕래에 더욱 민감하며, 사유의 흐름이 더 신속하므로 '쓸 기회를 만나면 곧바로 결단을 내려' '순식간에 작품을 완성'할 수 있는 것이다. 여기서의 '기회의 포착에 민감하다'는 것은 천부적인 재능을 의미한다. '깊이 생각하는 사람'은 장시간의 숙고를 거친 후 비로소 글을 쓴다. 그 사유의 흐름은 완만하고 느리다. 학식에 의존하여 문학적인 재능을 연마해낸다. 그러므로 문예사유의 느림과 빠름은 영감의 왕래에 대한 기민함과 완만함에 의해 결정되는 것이라 할 수 있다.

문예구상에 있어서 영감의 출몰은 작가의 주관적인 의지의 방향대로 이루어지는 것이 아니다. 그러므로 유협은 「은수(隱秀)」편에서 영감은 "열심히 연구하고 깊이 생각한다고 하여 구할 수 있는 것이 아니다"라고 하였다. 「양기(養氣)」편에서도 "자연스러운 사고의 조화로운 흐름에 따르면 사유논리에 융통성이 생기고 감정은 시원스레 드러나게 된다. 그러나 과도하게 깊이 생각하면 정신이 피로해지고 기력이 약해진다. 이것은 마음의 법칙이다"고 말하고 있다.

이상 '신(神)'과 '지기(志氣)'에 관한 유협의 탐색은 작가가 문예구상을 진행하면서 체험하게 되는 마음의 특성에 초점을 맞추고 있다.

문예창작을 위한 구상과 상상활동 자체는 작가의 마음과 사물과의 상관관계 속에서 발생한다. 유협은 이 점을 명확히 인식했으므로 문예창작을 위한 상상활동과 관계되는 '지기(志氣)'의 역할이 문예창작활동의 본질적인 특성이자 원동력이라는 것에 주의하였다.

## 문예적인 상상을 진행하는 객관적인 도구─언어문자

그러나 유협은 여기서 그치지 않고 작가의 눈과 귀가 외부적인 사물을 감지하는 데 관계되는 '언어문자(辭令)'의 문제에도 주의를 기울였다.

작가가 외적인 사물을 감지하고 '의상'을 창조하는 과정은 또한 '의상'을 묘사하는 언어문자 표현들이 탄생하는 과정이기도 하다. 만약 합당한 언어문자 표현들이 작가의 마음속에 부단히 떠오르면 이는 곧 외부 사물에 대한 미적 체험과 문예형상을 창조하는 문예구상 활동이 순조롭게 진행되고 있음을 의미한다. 그리고 이러한 과정에서 감지된 외부 사물의 형상은 문예언어로 남김없이 표현된다. 이것이 바로 「신사」편에서 말하는 '표현기구(언어문자)가 잘 소통되면 사물의 모습은 숨김없이 나타나게 된다'는 의미이다.

'의상'이 이루어지는 과정에 대해 다시 말해보자면, 상상 활동이 시작되어 수많은 생각들이 다투어 생겨날 때 작가 마음속에서는 일정하지 않고 보이지도 들리지도 않았던 생각들이 보이고 들리기 시작하면서 문예형상들이 이루어져 간다.

'의상' 자체는 작가의 주관적인 마음과 객관적인 사물이 서로 연관되어 탄생되는 것이며, '의상'이 창조되면서 동시에 문예언어도 이에 따라 만들어지는 것이다. 그러므로 「물색」편에 말한 바대로 문예구상의 과정에서 문예언어가 탄생되는 "기후와 사물의 생김새를 묘사하고, 수사를 정돈하고 음률을 안배하는" 과정은 바로 마음과 사물이 연결되는, "경물을 따라 천천히 생각하고 마음속으로 오래도록 고려하는" 과정이기도 한 것이다.

문예 상상활동인 신사 활동은 언어문자와 더불어 진행된다. 작가는 언어표현의 문제를 고려할 때 마음속에서 먼저 표현을 구상한 다음에 구체적인 표현을 하게 된다. 그러므로 문예 상상활동을 진행시키는 과정에서 자연스럽게 "성률을 고려하니 음률이 내 마음에서 생겨나게" 되는 것이다.

유협은 작가의 문예구상에서 이루어지는 문예형상을 '의

상(意象)'이라고 칭한다. 이를 문자로 구체화하여 표현하면 감상이 가능한 문예형상이 되는 것이다. 그 구체적인 표현 과정이 바로 「신사」편에서 말하는 "성률을 따라 문자로 표현하며, 의상(意象)을 살펴 창작을 진행시키는" 과정인 것이다. 그리고 이것이 바로 언어문자를 예술적으로 활용하는 '조룡(雕龍)'의 과정이라고 할 수 있다.

이렇게 본다면 작가의 예술성취의 성패는 작가의 예술구상과 상상활동의 진행상황에 달려 있다고 할 수 있다. 그러므로 「신사」편의 찬(贊)에서 말하기를, "생각을 모아 적절한 문예구상을 이루면 휘장을 늘어뜨리고 승리를 얻게 된다"라고 하였다.

## 작가 수양론

유협은 「신사」편에서 원활한 문예구상을 이루기 위한 작가 수양에 대해 말하고 있다. 문학적인 구상을 연마하는 데 있어서는 고요하고 빈 마음의 상태를 가장 귀하게 여긴다. 그러므로 마음을 깨끗이 하고 정신을 맑게 하고, 독서와 연구를 통하여 학문을 쌓고 이를 통해 작가의 타고난 재능을 충분히 활용할 수 있도록 평소에 훈련을 게을리 하지 않을 것을 강조하고 있다. 평소의 문학적인 수양을 통해 닦인 심정으로 구상을 전개하고 어휘를 선택하여 문학적인 이미지들을 이루어가도록 하는 것이야말로 글을 가장 잘 짓도록 하는 최고의 방법임을 설명하고 있는 것이다.

## 고요하고 빈 마음의 상태(虛靜)를 유지할 것

앞서 살펴본 바와 같이 '고요하고 빈 마음의 상태(虛靜)'는 미적 관조를 이루기에 가장 이상적인 상태일 뿐만 아니라 상상력의 발휘나 영감의 도래, 언어문자의 표현활동에 이르는 문예구상과 창작의 전 과정을 통해 지속적으로 견지해야 할 심적인 상태라고 할 수 있다.

유협은 문학은 적극적인 창조활동을 통해 이루어지는 것이며, 문예의 매개체인 언어문자와 작가의 사상의식과 개성적인 기질에 의해 '의상(意象)'이 이루어지고, 이로부터 작품의 미감이 이루어진다는 것을 명백하게 인식하고 있었다. 언어문자는 문예적인 상상을 진행하는 객관적인 도구며 작가의 사상의식이나 개성적인 기질은 언어문자를 활용하여 문예적인 상상을 유도하는 주관적인 조건이라고 할 수 있다.

그러므로 유협은 문예적인 상상활동에는 작가의 재능과 학식이 중요한 역할을 한다고 설명하였다. 그리고 작가의 재능과 학식은 고요하고 사심이 없는 마음의 상태에서 가장 잘 발휘될 수 있다고 말하였다. 다시 말해서 작가가 비록 풍부한 생활경험과 학식과 수양을 갖추고 있다고 해도 구체적인 문예구상의 단계에서는 반드시 미적 체험을 위한 마음의 태도를 지니고 있어야 외부의 자연이나 상황에 감동하는 것이 가능해지며, 작가의 학식과 재능을 동원하여 문예구상을 전개시킬 수 있게 된다는 것이다.

이것이 비로 유협이 「신사」편에서 말하는 핵심적인 내용인 "마음과 외적인 사물이 만나 노닐게 된다(神與物遊)"의 '노닐다(遊)'의 경지라고 할 수 있다. '노닐다(遊)'라는 것은 자유롭고 자연스러운 경지라고 할 수 있다. 그러므로 문예구상에 있어서의 '노닐다'의 경지는 '허정(虛靜)'의 심리상태라야 비로소 도달할 수 있는 창작을 위해 가장 이상적인 마음의 상태라고 할 수 있다.

이렇게 본다면 '허정'은 문예구상에 결정적인 역할을 하는 작가의 사상의식과 언어문자의 운용이 막힘없이 순조롭게 진행되도록 하기 위해 작가가 지녀야 할 심적인 상태인 것이다.

### '허정(虛靜)'을 위한 수양방법

그렇다면 작가가 '허정'의 상태를 유지하고 작가의 사상의식과 언어문자의 운용이 원활하게 이루어지게 하기 위한 구체적인 수양방법은 무엇일까? 유협은 개성적인 기질을 잘 다스려 키우는 것(養氣)과 풍부한 학식을 쌓는 것(積學)을 수양방법으로 제시하고 있다.

## 개성적인 기질을 잘 다스려 키우기(養氣)

먼저 개성적인 기질을 잘 다스려 키우는 것에 대해 말해보자면, 작가의 사상의식은 문예구상의 관건이 된다. 그러나 사람의 사상과 의식은 늘 정돈되어 있기가 힘들다. 눈에 보이는 온갖 현상들은 마음을 분산시키며 갖가지 생각은 뒤얽혀 정신을 산란하게 한다. 만약 재능이 부족하면 정신활동의 기운이 쇠하게 되어 사상의식의 작용도 원활하지 않다. 사상의식이 분명하면 감응이 민첩해져서 취하고 버릴 것에 대한 판단이 명확해진다. 그러므로 문예구상을 원활하고 순조롭게 진행시키기 위해서는 개성적인 기질을 잘 다스려 키워야 하는 것이다.

「양기」편을 근거로 살펴보면, 마음의 생각과 언어는 정신활동의 결과이다. 그러므로 마음의 뜻에 자연스럽게 따르면 이치가 명백해지고 감정도 안정되지만 지나치게 파고들다보면 정신도 피곤해지고 기력도 떨어지게 되는 것이 마음 작용의 법칙인 것이다. 양호한 정신상태는 문예구상을 원활하게 전개하는 조건이 된다. 그리고 이러한 조건은 작가 자신의 원기를 보호하려는 주관적인 노력에 의해 가능해진다.

사실 작가의 사상활동은 작가의 사상의식과 자질에 달려 있다고 할 수 있는데 작가의 사상의식과 자질은 연령에 따라서도 다르게 드러나게 된다. 일반적으로 살펴볼 때 젊은 사람은 식견은 짧지만 사상의식의 활동은 왕성하고 나이든 사람은 분별력은 강하지만 기운이 약하다. 사상의식의 활동이 왕성한 사람의 생각은 민첩하고 재치가 있어서 피곤함을 느끼지 않지만 기운이 약한 사람이 주도면밀하게 생각을 하다보면 정신이 손상되기 쉽다. 그러므로 정열을 지나치게 소모한다면 자연스런 기운이 제대로 펼쳐지지 않아 원고를 들고 목숨을 재촉하게 되니 이것은 글을 창작하는 올바른 자세라고 할 수 없다는 것이다.

사람마다 주어진 정신력에는 한계가 있는데 지력을 쉼 없이 사용하다보면 마치 다리 짧은 오리가 다리가 긴 학을 흠모하여 학의 걸음을 좇으려 하는 것처럼 과도하게 문예구상에 심혈을 기울이게 된다. 이렇게 되면 정력이 소진되고 정신이 피곤해져서 마침내는 근심과 두려움에 휩싸여 질병을 자초하게 된다. 그러므로 자신의 재능과 시기를 살피지 않고 정신이 혼미할 때도 계속 생각에 몰두하게 되면 혼란만 가중될 뿐이니 이것은 문예구상을 위한 좋은 방법이라고 할 수가 없다. 정신이 맑은 상태에서 문예구상을 해야 좋은 결과를 얻을 수 있다는 것이다.

그러므로 창작을 할 때 반드시 정신이 절제 있게 펼쳐질 수 있도록 심경을 청정하고 평화롭게 유지해야 하며 기운이 조화롭고 막힘이 없도록 해야 한다. 마음이 어수선하면 즉시 생각을 멈추어 사색이 막히지 않도록 하며, 문장의 구상이 무르익으면 붓을 들어 감정을 서술하되, 사리가 잘 펼쳐지지 않으면 붓을 내려놓고 다시 생각하지 말아야 한다고 강조하고 있다.

개성적인 기질을 잘 다스려 키우는 양기의 수양은 바로 평안한 마음과 조화로운 기운으로 머리를 맑게 함으로써 어지러운 생각이 끼지 않도록 하는 것이다. 그렇지 않으면 아무리 고민을 하며 구상에 몰두한다 해도 영감은 떠오르지 않게 되니 작품을 구상하여 언어문자로 표현한다는 것은 어불성설이 되고 마는 것이다. 그러므로 유협은 「신사」편에서도 마음을 잡고서 창작의 방법을 단련하고자 할 때에는 지나친 고심은 불필요하며, 창작의 규칙을 장악하는 데에 굳이 마음을 수고롭게 할 것은 없다고 다시금 강조하고 있다. 이렇게 볼 때 개성적인 기질을 잘 다스려 키우는 '양기(養氣)'의 수양은 맑은 정신상태로 영감을 느끼고 문예 상상활동의 진행이 순조롭도록 하는 데 절대적으로 필요한 것이다.

문예구상에 있어서 '양기'의 수양을 통한 맑은 정신상태가 필요함은 바로 일반적인 사유의 특징과 예술적인 사유의 특징이 다르다는 것도 말해준다. 학업의 성과는 근면에 달려 있으므로 송곳을 가지고 자신의 넓적다리를 찌르면서라도 열심히 자신을 독려해야 한다. 그러나 문예창작은 마음에 쏟아내지 않으면 안 될 만큼 맺혀 있는 것들이 많아 이를 시원하게 쏟아내는 것을 목적으로 하기 때문에 조급증을 버리고 감정의 흐름에 느긋하고 편안하게 따라야 하는 것이다.

그러므로 문예구상을 위해서는 우선 피곤을 제거해야 하는데 이를 위한 좋은 방법으로 유협은 산책과 담소를 권하고 있다. 산책이나 담소를 통해 정신적인 피로를 풀게 되면 여유롭고 편안한 마음으로 영감이 모아지는 적절한 때를 기다릴 수 있는 것이다. 유협은 「원도」편에서 문학창작이 자연의 법칙(自然之道)에 따른 것이라고 말한 바 있다. 그러므로 유협은 작가가 창작을 하는 목적도 마음 가득 차오르는 진실한 감정들을 자연스럽고도 적절하게 토로하는 데 있다고 말하고 있다. 이는 앞서 살펴본 「정채」편에서 말하고 있는 감정표현의 규칙―진실한 감정을 표현하기 위해 글을 쓴다는―을 다시금 상기시켜주는 대목이다. 그러므로 작가는 진실한 창작 충동을 따라 물 흐르듯 자연스럽게 구상이 전개되도록 하고 언어문자의 표현이 적절하게 이루어지도록 하기 위해 평소에 개성적인 기질을 잘 다스려 키워야 한다.

## 풍부한 학식을 쌓아 재능을 연마함

다음으로 풍부한 학식을 쌓는 것과 이를 통해 재능을 연마하는 수양 방법에 대해 살펴보기로 하자. 풍부한 학식을 쌓는 것은 사실 유협이 『문심조룡』 전편을 통해 문예창작을 위해 작가가 구비해야 할 조건으로 내내 강조하고 있는 요소이다. 「사류(事類)」편에서 유협은 다음과 같이 말하고 있다.

문학창작은 학식에 의해서 지탱되고 창작의 능력은 천부적인 것이다. 재능은 인간의 내면에서 솟아나고 학식은 외적인 노력에 의해 완성된다. 작가 가운데는 넘칠 정도로 학식은 갖추고 있으면서도 재능이 결핍된 사람이 있고 재능은 풍부하면서도 학식이 빈약한 사람도 있다. 학식이 빈약한 사람은 묘사할 사실을 찾는 데 힘겹고 재능이 결핍된 자는 타당한 감정 표현에 힘겨워 한다. 이것은 선천적으로 내재한 것과 후천적으로 형성되는 작용의 차이인 것이다. 주역과 보좌역이 호흡을 같이할 때 문장이 뛰어나게 되고 반대로 재능과 학식이 편협하게 되면 비록 형식은 아름답다 할지라도 성공작은 못되는 것이다. 이렇게 볼 때 천재성도 중요하지만 후천적인 학습도 매우 중요하다. 풍부한 학식을 쌓아 창작 재능을 키워갈 때 비로소 성공적인 작품이 이루어지는 것이다.

작가의 '양기(養氣)'와 '적학(積學)'의 수양 정도에 따른 문예구상의 속도 및 영감이 떠오르는 문제는 서로 밀접하게 연관되어 있다. 그러므로 각 작가의 타고난 개성과 후천적인 수양 정도에 따라 각기 다른 작품의 스타일을 연출하게 된다. 유협은 「체성」편에서 선천적인 작가의 재능과 기질 및 후천적인 학식 정도와 문장 수련의 습성에 따라 작품의 개성적인 스타일이 결정된다고 말하고 있다. 작품의 의의와 인용문(用事)의 천박함과 심오함이 작가의 학문과 동떨어진 예는 들어본 적이 없으며, 체제와 격식의 고상함과 비속함은 작가의 습관과 반대되는 경우가 드물다고 한 것으로 보아 작품의 내용과 형식의 안배문제나 언어문자의 구체적인 활용기교 등은 학문과 문장수련의 습성에 의해 결정된다고 할 수 있다. 문학 자체가 문예 매개체인 언어문자의 활용을 통해 예술적인 가치를 완성하는 영역이므로 학문과 문장수련의 습성과 관련된 작가 수양은 절대적인 중요성을 지니게 된다.

이렇게 볼 때 풍부한 학문을 쌓아 재능을 키우는 수양방법은 문예구상 활동 가운데서도 언어문자의 운용이 원활하게 이루어지느냐의 여부와 밀접한 관련이 있는 것이다. 유협은 「신사」편에서 다음과 같이 말하고 있다.

식견을 넓히는 일은 내용의 빈곤함을 구할 수 있고, 전체를 하나로 꿰뚫는 요령을 장악하면 난삽함을 치료할 수 있다. 만약 식견이 넓으면서도 하나로 꿰뚫을 수 있는 요령까지 지니고 있다면 창작의 구상에 커다란 도움이 될 것이다.

# 언어문자의 예술적인 활용

문예창작에 있어서 언어문자는 작가 내면의 감정이나 사고를 구체화하여 예술적으로 표현하는 매개체이다. 그러므로 언어문자가 문예언어로 거듭나기 위해서는 감상이 가능한 작품의 표현구조를 정립하는 과정이 필요하다. 다시 말해서 문예작품이 창작되어 독자로 하여금 그것을 감상하게 하기 위해서는 언어문자로 작가 내면의 정서 및 사상을 표현하는 과정이 필요하며, 이러한 표현과정을 통해 달성되는 미적 효과는 문예 매개체인 언어문자를 예술적으로 활용한 결과라고 할 수 있다.

유협은 「서지」편에서 "예로부터 문장이란 아름답게 다듬어 꾸미는 것(雕縟)을 본질로 하고 있다"라고 말함으로써 문예언어의 본질적인 특성을 명확하게 규정하고 있다. 유협은 이러한 인식을 바탕으로 「신사」편에서 작가의 문예구상 및 표현의 과정을 논의할 때 삼(麻)을 베틀에서 공들여 제작하면 뚜렷한 문채를 지니는 삼베(布)가 되는 것을 비유로 들어 언어문자의 예술적인 가공의 문제를 강조하고 있다.

『문심조룡』에 의하면 유협이 말하는 '조욕(雕縟)'이라는 단어는 「종경」편에서 말하는 "언어문자를 수식하여 글을 완성한나"는 '건언수사(建言修辭)'의 의미를 지닌다고 할 수 있다. 다시 말해서 『문심조룡』에서 말하는 '조욕'이라는 단어에는 단순한 수식의 의미만 있는 것이 아니라 언어문자 자체가 본래 지니고 있는 미적인 속성을 예술적으로 활용하여 문예언어의 미적 효과를 극대화시키는 것에 대한 일체의 논의를 포함하고 있다고 볼 수 있다.

## 언어문자의 속성: 형(形) · 음(音) · 의(義)

어떤 방식으로 언어문자를 구성해야 독자의 감동을 불러일으키는 문예언어를 다듬어낼 수 있을 것인가? 이는 바로 『문심조룡』에서 말하는 '조욕(雕縟)'의 문제—언어문자의 예술적인 활용론으로 직결된다. 문예의 형식미를 창출해내는 방법과 기교를 탐구하기 위해서는 먼저 언어문자의 속성을 이해해야 한다. 유협은 언어문자의 본질적인 특성에 대해 비교적 명확하게 인식하고 있다. 물론 유협이 파악하고 있는 언어문자는 중국의 한자를 말한다.

「서기(書記)」편에서 양웅(楊雄)의 말을 인용하여 언어는 마음의 소리며 문자는 마음의 그림이라고 하였다. 「성률(聲律)」편에서는 언어라는 것은 문장 구성의 관건이며 정서와 사상을 드러내는 핵심적인 기구가 된다고 말하고 있다. 그리고 「연자(練字)」편에서 마음은 음성이 되어 언어로 나타나고 언어는 다시 문자가 되어 형체를 드러낸다. 글을 읊조릴 때는 궁(宮)·상(商) 등의 음률(音律)이 이어지고 눈으로 글을 대할 때는 자형(字形)으로 문자표현의 효과 여부가 귀결된다. 그러므로 언어문자의 소리와 형상이 적절하고도 뚜렷하게 드러나면 먹의 문채(필체)가 약동하게 될 것이라고 말하고 있다.

유협은 언어와 문자의 다른 점도 인정하고 있다. 즉 문자는 시각에 호소하는 부호이므로 '마음의 그림(心畵)'이라고 하였고, 언어는 청각에 호소하는 소리이므로 '마음의 소리(心聲)'라고 하였다. 유협이 『문심조룡』의 전편을 통해 논의하고 있는 '문(文: 운문)'과 '필(筆: 산문)'(論文敍筆)은 선진시대 이후의 서면(書面)언어를 대상으로 하고 있다. 그러므로 유협이 언어와 문자를 구별하여 논하는 목적은 중국문자가 지니고 있는 형상적인 아름다움과 음성적인 아름다움의 속성을 돌출시키려는 데 있다고 할 수 있다.

작가가 창작과정에서 언어문자를 예술적으로 활용하는

궁극적인 목적은 작가의 감정과 사고를 담은 마음을 표현하는 데 있다. 언어문자가 작가가 전달하고자 하는 내용을 표현할 수 있는 것은 언어문자가 지니고 있는 '의미를 드러내는(表意)' 속성 때문이다. 유협은 언어문자의 형상과 소리의 미적 속성과 더불어 의미를 드러내는 표의의 속성을 명확하게 인식하고 있었으므로 「연자」편에서 중국문자의 변화과정을 논의할 때 문자의 훈고(訓詁)문제에 주의를 기울여 "문자의 의미는 시대에 따라 흥성과 소멸을 반복하면서 다르게 쓰인다"라고 말하고 있다.

이렇게 볼 때 「정채」편에서 말하는 형문(形文), 성문(聲文), 정문(情文)은 중국의 언어문자의 속성인 형(形)·음(音)·의(義)를 기본으로 하여 발전된 논의라고 할 수 있다.

유협은 한자의 형(形)·음(音)·의(義)의 미적 속성을 최대로 발휘한 변려문이 극성했던 남조의 제나라와 양나라 시기에 살았으므로 중국 언어문자의 미적 속성을 명확하게 파악하고 이를 예술적으로 활용하는 방법과 기교까지 탐구하는 것이 가능했던 것이다.

## '형문(形文)'과 '성문(聲文)'의 특성 및 미적 효과

먼저 시각에 호소하는 문자의 형상적인 아름다움(形文)에 대한 유협의 견해를 살펴보자.

'형문(形文)'에 대한 상세한 논의는 「연자」편에서 볼 수 있다. 「연자」편은 자형(字形)에 착안하여 문자의 도안적인 특성이 시각에 호소하는 미적 효과를 다루고 있다.

유협은 문예창작에 있어서 형상적인 아름다움을 추구하기 위한 네 가지 표준을 다음과 같이 말하고 있다. 이상한 글자를 피한다, 연이어져 나오는 동일한 변의 글자를 생략한다, 중복을 조절한다, 단순한 글자와 복잡한 글자를 조화롭게 배치한다.

독자가 글을 읽을 때 매우 드물게 보는 글자나 이해하기 힘든 글자를 대하게 되면 "스승이 없이는 그 단어를 해석할 수 없고, 박학(博學)한 자가 아니면 그 논리를 종합할 수가 없게" 된다. 그러므로 「장구(章句)」편에서도 "구절이 청신하고 빼어나려면 문자를 함부로 쓰지 말아야 한다"라고 말하고 있다. 이렇게 본다면 이상한 글자의 사용은 문자의 의미를 이해하는 데 어려움을 줄 뿐만 아니라 자체의 괴이함으로 작품의 전체적인 화면을 망쳐버림으로써 시각적인 미감을 일으키지 못하는 결과를 낳는다. 그러므로 유협은 "글자를 엮어 한 편의 문장을 지을 때는" 반드시 "이상한 것을 피해야" 한다고 강조하였다.

작품의 구절 속에 동일한 변방의 글자가 계속해서 출현하면 화면을 지루하고 단조롭게 하여 독자로 하여금 시각적인 아름다움을 느끼지 못하게 하므로 이 역시 피해야 한다고 말하고 있다.

또 유협은 작품의 구절에서 문자를 배치할 때 중복을 피해야 한다고 주장하고 있다. 「용재(鎔裁)」편에서도 "같은 언어 문자 표현이 중복된 구절은 문장의 불필요한 혹과 같다"고 말하고 있다. 작가가 동일한 글자의 중복 출현을 피할 수만 있다면 작품의 구절은 늘어짐이 없이 더욱 생동감이 넘치게 될 것이다. 그리고 한 구절에서 글자의 중복을 피하게 되면 독자는 각기 다른 문자로 변화 있게 구성되는 화면이 주는 시각적인 아름다움을 경험하게 된다.

한자의 자형(字形)에는 획수가 많은 것과 획수가 적은 것이 있다. 문자를 조합하여 문장을 구성할 때 만일 모든 문자가 획수가 적은 문자거나 혹은 모든 문자가 획수가 많은 문자라면 작품 전체 화면의 균형이 무너지게 된다. 이렇게 되면 독자가 보기에 눈에 거슬리고 균형감에 의한 시각적인 미감의 효과도 얻지 못하게 된다. 그러므로 적은 획수의 문자와 많은 획수의 문자를 적절하게 배치해야 작품 전체 화면에 균형의 미가 이루어진다고 말하고 있다.

작품의 형상적인 아름다움(形文)은 문자가 지니는 형상의 속성에서 비롯된다. 유협이 제시한 네 가지 표준은 '형문(形文)'의 특성을 말해주고 있음과 동시에 시각적인 미감의 효과를 연출하기 위한 문자 활용의 규범을 보여주고 있다. 같은 변방의 글자나 동일한 글자의 중복사용을 줄이고, 눈에 거슬리는 괴이한 자체를 배제하고, 문자의 형체를 고려하여 변화 있는 배치와 균형을 이루게 되면 구슬을 꿰어놓은 것과 같은 시각적인 미감의 효과를 거두게 된다는 것이다.

유협은 문자의 도안적인 특징을 예술적으로 활용함으로써 얻게 되는 시각적인 형상의 미감에 대해 논술하는 것에 그치지 않고, 청각에 호소하는 음성적인 아름다움(聲文)에 대해서도「성률(聲律)」편에서 상세한 논의를 전개하고 있다.

유협은「성률」편에서 각종 발음기관의 작용에 대해 밝히고 있을 뿐만 아니라 높고 낮은 소리, 날아오르는 듯한 소리와 가라앉는 듯한 소리, 동일한 모음의 반복이나 동일한 자음의 반복 등과 같은 어음(語音) 현상에 대해서도 설명하고 있다. 그리고 문예언어에 있어서 '조화로운 리듬(和韻)'의 아름다움을 느끼게 하는 리듬(운율)형식의 중요성도 설명하고 있다. 즉 "옥이 서로 부딪히는 듯한 낭랑한 소리"와 같은 청각적인 미감을 통해 작품의 '여운의 미'와 '감동'을 이끌어내는 '조화로운 리듬(和韻)'의 의의를 강조하고 있는 것이다.

유협은 문예언어의 음률이 본래 사람의 음성에서 비롯되는 것이라고 말함으로써 문예언어의 음률적인 아름다움이 자연의 이치에 부합된다는 것을 밝히고 있다. 즉 사람의 음성

역시 자연계의 소리들처럼 일종의 자연적인 소리라는 것이다. "숲 속의 바람소리가 울려 퍼지면 조화롭기가 거문고의 곡조와 같고, 냇물이 바윗돌에 부딪혀 이루어지는 울림은 옥경쇠와 종고소리와 같은 화음을 이루는 것"처럼 "소리가 나면 조화로운 음률이 이루어지는 것"을 자연스러운 현상으로 보았다. 즉 '성문(聲文)'이 대표하는 음률이 조화된 미감은 바로 자연의 이치에 따른 것이라는 것이다. 그러므로 사람의 음성을 조합하여 문예언어의 음률을 구성할 때 그 규율은 자연스러운 음률을 이루도록 하는 데 있다. 이로써 유협은 문예언어에 있어서 청각적인 미감의 속성인 음률의 유래를 분석하고 있다.

문예언어의 음률적인 아름다움은 읊조릴 때 가장 잘 드러난다. 그러므로 「신사」편에서도 "읊조리는 가운데 주옥과 같은 소리가 나온다"고 말하고 있으며, 「연자」편에서도 "글을 읊조릴 때는 궁(宮)·상(商) 등의 음률(音律)이 이어진다"라고 말하고 있다. 즉 읊조리는 가운데 "성조가 입 속에서 매끄럽게 이루어져" "그 말이 귀에 화음으로 전달되면", 이로부터 음률의 조화로 인한 청각적인 미감을 체험하게 되는 것이다.

음성은 비록 사람의 마음에서 나오는 것이지만 문자를 빌어 조화를 도모한다는 것은 쉽지가 않다. 즉 내심의 감각에만 의지해서는 확실한 조율을 이루기 어렵다. 그러므로 문예언어의 리듬감을 살리기 위해서는 음률적인 미감을 가능케 하는 객관적인 규율을 파악해야 한다. 문예언어의 음률적인 미감은 문자의 성조를 활용하여 평측(平仄: 平〈1성과 2성〉성과 仄〈3성과 4성〉성을 번갈아 사용함으로써 조화로운 리듬이 이루어지도록 하는 것)의 조화와 '끝소리를 맞추는 것(押韻)'으로 완성된다. 이것이 바로 유협이 제시한 문예언어에 있어서 '성문(聲文)'의 특성이자 청각적인 미감의 효과를 위한 활용규범이라고 하겠다.

유협은 언어문자의 속성에 의해 이루어지는 문예언어의 형상적인 아름다움과 음률적인 아름다움 자체의 특성과 그 예술적인 활용 규범에 주의하였을 뿐만 아니라 역대의 문예작품들 속에 드러나는 '형문(形文)'과 '성문(聲文)'의 미적 효과 및 그 전개과정도 고찰하였다.

문예언어의 '형문'과 '성문'의 효과는 자연경치를 묘사한 작품에서 두드러지는 경향을 볼 수 있다. 육조의 문인들은 이미 자연의 아름다움을 감상하고 즐기는 것에 대한 자각이 있었으며, 문예표현의 매개체인 언어문자의 미적 속성에 대해서도 분명한 인식을 하고 있었다. 때문에 소리의 높낮이, 리듬, 대우 등 언어문자의 형상과 성률의 특성을 활용하여 산수자연의 형상과 소리를 눈으로 보고 귀로 듣는 듯 구체적으로 표현해냄으로써 정교한 문예형식미를 이루어내고 있다.

앞에서 살펴보았듯이 유협은 「원도」편에서 이미 자연미가 연출하는 '형문'과 '성문'의 특색을 묘사하고 있다. 동시에 「연자」편과 「성률」편 등에서 언어문자가 만들어낼 수 있는 형상적인 아름다움과 음률의 아름다움에 관해 논하고 있다. '형문'과 '성문'을 구비한 자연 경물은 그 자체로 이미 사람의 눈과 귀를 즐겁게 한다. 그리고 「신사」편에서 말하고 있는 것처럼 "외부의 사물이 눈과 귀를 통해 정신과 접촉될 때 언어는 그것을 표현하는 기구가 되므로" 언어문자로 자연 경물을 묘사할 때는 문예언어가 시각과 청각에 호소하는 미적 효과를 고려하지 않을 수 없게 된다. 때문에 문예언어를 창조할 때 작가는 언어문자가 지니고 있는 형(形)과 성(聲)의 속성을 최대한 활용하여 「변소」편에서 말하고 있는 것과 같이 "음률을 따라 모습을 알게 되고 언어문자 표현을 따라 시절을 보아내는" 예술적 효과를 달성함으로써 독자의 "눈과 귀를 놀라게" 할 수 있도록 해야 하는 것이다. 유협은 『문심조룡』에서 언어문자를 예술적으로 활용함으로써 이루어지는 '형문'과 '성문'의 미적 효과가 중국 역대의 산수시문(山水詩文)의 문예언어들 속에서 극대화되었음을 밝히고 있다.

유협은 '형문'과 '성문'이 문예 매개체인 언어문자 자체가 구비하고 있는 미적 속성으로부터 연유된 것이며 문예언어의 형식을 이루는 기본적인 요소임을 명확하게 인식하고 있었으

므로 자연 경물의 미적인 특징에서 작가의 구상 활동 및 언어
문자의 예술적인 활용 문제에 이르기까지 모든 논의에서 '형
문'과 '성문'에 대한 주의를 놓치지 않고 있다. 유협은 '형
문'과 '성문'에 대한 논의를『문심조룡』전편에 걸쳐 부분적
으로 언급하는 것에 그치지 않고, 특별히「연자」편과「성률」
편을 설정하여 '형문'과 '성문'의 특성과 활용규범을 구체적
으로 밝히고 있다. 이를 통해 언어문자를 예술적으로 활용하
는 데 있어서 '형문'과 '성문'의 적절한 활용의 필요성과 문
예언어의 구성에서 차지하는 비중을 다시금 확인하게 된다.

　물론 문예언어의 구성요소가 '형문'과 '성문'에 그치는
것은 아니다. 문예형식미를 이루기 위해서는 각종의 예술기
교와 작품 전체의 구조적인 질서 등이 필요하다. 그러나 이러
한 요소들은 모두 '형문'과 '성문'을 기초로 운용되는 설계
라고 할 수 있다.

## 작품 전체의 구조적인 질서와 예술기교

### 작품 전체의 윤곽

　유협은 이상적인 문예언어는 작품구성의 질서와 문학적
인 이미지를 강조하는 각종 예술기교를 통해 이루어진 선명
하면서도 생동감 있는 형상과 풍부한 의미에 의해 완성된다
고 보았다. 때문에 유협은 문예언어를 이루어가는 전 과정에

서 가장 먼저 작품 전체의 구조적 질서를 중시하고 있다. 사실 작품의 구조라는 것은 문예구상에 있어서 작품의 각 부분들이 유기적으로 조화를 도모하게 하는 작품의 전체적인 윤곽이라고 할 수 있다. 그러므로 「부회」편에서 작품을 구성하는 요소들을 적절하게 안배하여 수미가 상응하고 질서가 분명하여 다양한 요소들을 통일시켜 변화가 있는 가운데서도 완진한 소화를 이루도록 해야 한다고 강조하고 있다.

그리고 이러한 작품의 전체적인 윤곽의 조화에 대한 요구는 바로 문예 형식과 내용이 적절하게 결합될 때 달성되는 것이라는 점도 잊지 않고 있다. 때문에 유협은 「부회」편에서 "반드시 나타내려는 사상과 감정으로 정신을 삼고, 글에 인용될 내용들을 골격으로 삼으며, 미적인 언어문자 표현을 피부로 삼고, 성률을 소리로 삼는다. 그런 연후에 채색을 베풀 듯 문장의 수사를 다듬고, 조화로운 운율의 아름다움을 도모하여 쓸 것은 쓰고 버릴 것은 버려서 체제의 균형을 잡아야 한다"고 말하고 있다. 다시 말해서 적절한 형식표현으로 표현하고자 하는 내용이 분명하게 전달되는 이상적인 문예작품을 이루기 위해서는 작품의 구조적인 질서가 바로 서야 한다는 것이다.

그렇다면 어떻게 적절한 언어문자 표현으로 표현하고자 하는 내용을 시원스럽게 전달할 수 있을 것인가?

유협은 「부회」편에서 무수한 생각들을 일치되게 정리하여 여러 가지 논리가 번잡하게 섞여 있어도 의미가 뒤집히는 착오가 없고, 갖가지 말을 늘어놓아도 실이 꼬인 것 같은 어지러움은 없게 해야 한다고 말하고 있다. 나무들이 해를 향해 가지를 뻗는 것처럼 명확하게도 하고, 해가 지면 자취를 감추는 것처럼 함축적이게도 하여, 수미가 긴밀하면서도 표리가 일체화되도록 하는 것, 이것이 문장의 이치를 총괄하고 시작과 끝을 통일시키며, 어떤 것을 쓰고 말 것인지에 대해 확정하고, 문장의 각 부분을 통합시키고 작품 전체를 종합하여 내용이 풍부하면서도 산만하지 않게 하는 '부회(附會)'의 방법이라고 말하고 있다. 만일 문장을 통괄하는 실마리를 잃어버리면 의미가 혼란스럽게 되고, 내용의 맥락이 통하지 않으면 작품이 반신불수가 되어 버린다는 것이다.

그러므로 유협은 작품구조의 전체적인 미적 효과를 위해 부분적으로 잘된 부분을 희생시킬 줄 아는 것이 바로 창작상의 기본 원리임을 강조하고 있다. 이렇게 하여야 비로소 수미가 긴밀하면서도 표리가 일치하는 작품을 창조할 수 있으며 조화를 이룬 음악의 소리처럼 마음의 소리가 어울려 만나는 작품이 완성된다고 하였다. 다시 말해서 '부회'란 작품의 전체적인 윤곽을 조화롭게 이루어내는 것을 말하며 작가는 작품을 구상하면서 마땅히 전체적인 윤곽을 조화롭게 구성하도록 힘써야 한다는 것이다.

그러나 「용재(鎔裁)」편에서 유협은 다음과 같이 말하고 있다.

작가가 막 문예구상을 시작할 때는 다양한 표현들이 번잡하게 떠올라 고심을 하게 된다. 사람의 마음은 저울이 아니기 때문에 전체적인 구조의 안배에 있어서 균형을 잃기가 쉽다. 생각이 한쪽으로 치우치기도 하고 언어문자 표현이 번잡해지기도 하는 것이다. 그러므로 작품의 내용과 형식을 조화롭게 통일시키기 위해서는 작품의 내용을 바르게 안배하여 골격을 세우는 '용법(鎔法)'과 쓸모없는 표현들을 제거하여 알맞은 표현을 이루는 '재법(裁法)'을 강구해야 한다.

먼저 전체적인 구조의 안배를 잘하기 위한 '용법'을 실행하기 위해서는 다음의 세 가지 규칙을 세워야 한다. 먼저 표현하고자 하는 심정에 입각해서 체제를 정해야 한다. 다음은 내용에 합당한 사례들을 찾아야 한다. 마지막으로는 요점을 잘 표현해낼 수 있는 언어문자 표현을 찾아야 한다. 이렇게 한 다음에 구체적인 서술로 살을 붙이고 언어문자 표현을 다듬어 가야 한다고 말하고 있다.

언어문자 표현을 이상적으로 다듬어가기 위한 방법이 다

름 아닌 '재법'이다. 같은 표현이라도 작가의 창작개성에 따라서 간략하게 표현되기도 하고 자세하게 표현되기도 한다고 말하면서 작가에 따른 언어문자 표현의 다양성을 충분히 긍정하고 있다. '재법'은 작가의 창작개성을 인정한 상태에서 작품에 사용되는 표현 가운데 필요한 부분들을 첨가하거나 불필요한 부분들을 과감하게 삭제해감으로써 표현하고자 하는 내용이 빠지거나 언어표현이 중복되는 등의 폐단이 생기지 않도록 하기 위한 방법이다. '재법'이 제대로 실행될 때 작가는 「풍골(風骨)」편에서 말하고 있는 것처럼 다른 글자로 대체하거나 이동시킬 수 없을 정도로 글자 하나도 매우 적절하게 사용된 이상적인 문예언어를 이루게 되는 것이다.

### 단락과 구절의 작용

유협은 '용법'과 '재법'의 필요성을 강조하고 작품의 전체적인 표현 면에서 어떻게 '용법'과 '재법'을 활용할 것인가를 제시하는 것에 그치지 않고 작품을 구성하는 더 작은 단위라고 할 수 있는 단락과 구절의 작용에 관한 논의도 펼치고 있다. 유협은 문학작품을 구성하는 최소단위인 글자에서 구절과 단락 및 작품 전체의 구조적인 질서에 이르기까지 작품을 구성하는 일체의 단위들에 대해 자세한 고찰을 하고 있다. 이에 유협은 「장구(章句)」편을 따로 두어 한 편의 작품을 이루는 데 있어서 구절과 단락의 작용을 설명하고 구절과 단락의 이상적인 배치 방법을 제시하고 있다.

유협은 한 편의 글이 이루어지기까지 글자 하나에서 구절과 단락 및 작품의 전체적인 구조까지가 유기적인 관계를 맺으면서 긴밀하고 소화롭게 결합되어야만 "외형으로는 수사의 아름다움이 교차하고 안으로는 뜻이 맥락을 이루어 마치 꽃잎과 꽃받침이 물가분의 관계에 있는 것처럼 수미가 상응하는" 이상적인 문예언어를 이루어낼 수 있음을 누구보다도 명백하게 인식하고 있었다.

유협은 구체적인 언어문자의 예술적인 표현과정에서 작품구조의 전체적인 질서와 내용과 형식의 이상적인 결합을 위해 글자에서 구절과 단락에 이르기까지 모든 구성요소들을 중시하였으며 각 구성요소들의 작용 및 이상적인 배치방식을 제시하고 있다.

## 비유법

『문심조룡』의 내용을 살펴보면 유협의 논의는 작품의 이상적인 짜임새에만 그치는 것이 아니라 이상적인 작품구조의 질서 속에서 드러나는 문학적인 이미지를 더욱 선명하게 드러내기 위한 다양한 예술표현기교에 대해서도 자세한 고찰을 하고 있다. 아름다운 수식과 적절한 비유법 등을 통한 문학적인 이미지의 고양은 감동적인 작품을 구성하는 데 절대불가결의 요소임을 유협은 명백하게 인식하고 있었던 것이다.

유협은 예술표현기교라는 것도 사실상 문예구상의 과정에서 특히 언어문자를 어떻게 예술적으로 활용할 것인가 하는 문제를 고려할 때 함께 생각되는 부분임을 알고 있었다. 문예구상이 주로 작가의 상상과 연상 작용을 통해 진행되는 사유활동이므로 그 가운데 고려되는 예술표현기교나 방법도 역시 상상이나 연상을 동원한 것이 많다고 보았다. 문예 상상활동에서 출발하여 문학적인 이미지를 구축하는 기본적인 표현방법을 유협은 '비흥(比興)'이라고 지칭하고 있다. '비흥'의 기법은 작가가 표현하고자 하는 내용을 직설적으로 표현하지 않고 사물이나 현상의 특징 등을 빌어 간접적으로 표현함으로써 문학적인 이미지를 만들어내고, 이로써 언어문자표현의 예술적인 효과를 극대화하는 표현법이라고 할 수 있다.

'비(比)'는 요즈음 일반적으로 많이 사용되는 비유법이다. 「비흥」편을 근거로 하여 살펴보면, 예를 들어 금석을 밝은 덕에다 비유하거나 빨지 않은 옷을 마음의 근심에 비유하거나 반딧불은 마치 모래에 금을 뿌린 것 같다 등의 표현법을 말한다. 그리고 비법(比法)을 구사함에 있어서 비유의 대상을 선정하는 방법은 여러 가지이다. 음성에 비유하거나 형체의 유사함, 혹은 심정에 비유하기도 하며 사태에 비유하기도 하는 등 다양한 비유의 방식이 존재한다.

'흥(興)'은 사물이나 상황에 의해 촉발된 미묘한 마음을 완곡한 비유를 통해 표현해냄으로써 다시금 흥이 일어나도록 하는 은유법이다. '흥'은 은유로 표현된 대상은 분명하지만 거기에 비밀스럽게 내장되어 있는 뜻은 불분명하므로 '비'보다 상징성과 암시성이 더욱 강한 표현법이다. '흥'은 다양한 연상의 가능성을 제공하며 중의적인 해석이 가능하다. 그러므로 유협은 처음에는 오나라와 월나라처럼 멀게 느껴져도 합치점을 찾기만 하면 간과 담처럼 가까운 것이 된다고 하였던 것이다. 『시경』에 사용된 '비'와 '흥'의 기법은 대상으로부터 촉발된 관조에서 생겨난 것이라고 보았다.

'비'에는 여러 가지 종류가 있으나 중요한 것은 정확한 비유를 선정하는 것이다. 백조를 새겼는데 오리를 닮은 것이 되어서는 아무 효과도 없다면서 '비'보다는 '흥'의 비유법을 더 가치 있게 생각하고 있다. 그러나 한대 이래로 산천을 묘사하고 자연을 묘사할 때는 반드시 '비'의 기법으로 화려함을 부연하여 사람들의 이목을 놀라게 하는 표현효과를 연출했음을 말하고 있다.

### 과장법

나아가 유협은 사물을 묘사할 때 비유를 통한 과장된 표현으로 사태를 절실하게 표현하는 '비'의 표현 특징에서 과장법을 유도해내고 있다.

과장법은 언어문자의 '형문'과 '성문'의 특징을 이용하여 과장된 묘사를 함으로써, 즉 과장된 비유법을 사용함으로써 의미를 미화하고 작품의 이미지를 선명하고 생동감 있게 조성해내는 기법이다. 유협은 귀머거리와 장님을 놀라게 하는 강렬한 예술효과를 연출해내도록 과장의 표현법을 연출해야 한다고 말하고 있다.

유협은 「과식(夸飾)」편에서 창작을 하면서 과장된 수식을 사용하는 것은 매우 자연스러운 현상이라고 설명하고 있다. 그리고 형태와 소리를 지닌 사물을 과장된 언어로 묘사함으로써 사물의 형태와 소리를 실감나게 표현해내는 것이 과장법의 가장 중요한 작용임도 밝히고 있다. 그러므로 특별히 소리와 형태를 묘사할 때 과장법은 매우 자연스럽게 사용되어 왔다고 말하고 있다. 경서에서도 과장법을 사용하였고 소리와 형태로 산수의 아름다움을 묘사한 산수문학에서도 과장법은 늘 사용되어 왔다. 중국문자가 지닌 소리와 형태의 특성을 최대로 활용하여, 기쁨을 말하면 작품 속의 글자와 함께 웃고 슬픔을 말하면 글자의 음률에 따라 눈물이 나게 하는 것이 과장법의 효과임을 밝히고 있다.

그러나 무조건 과장되게 묘사한다고 이상적인 효과를 거

두는 것은 아니다. 과장법은 과장을 기본으로 하지만 객관적인 사리에 맞도록 구사되어야 하며 실제로 존재하는 사물이나 현상의 특징을 기본으로 하여 표현을 구사해야 한다. 과장의 정도가 적절하도록 사용해야 하며 거짓 없는 수식을 구사해야 한다는 점을 강조하고 있다.

이상에 살펴본 '비흥'과 '과식'은 구체적인 운용방식이나 예술효과는 각기 차이가 있지만 모두 상상과 연상에 의지하여 문학적인 이미지를 구축하는 언어문자의 예술적인 활용방법이라고 할 수 있다.

이외에도 유협은 고대의 서적에 실려 있는 인상적인 이야기나 역사적인 전설이나 신화 속의 일화나 사건 등을 인용하여 작가가 표현하고자 하는 내용을 압축적이면서도 상징적으로 나타내는 '전고'의 기법이나, 중국의 언어문자가 가지는 단음절성과 표의문자로서의 특징을 최대한 활용하여 대칭의 미를 추구하는 대구의 기법 등을 예술표현 기교의 일환으로 중요하게 다루고 있다.

## 전고(典故)의 사용

'전고'에 대해서는 「사류(事類)」편에서 자세하게 논하고 있다. '전고'라는 것은 외부에서 사실을 끌어와 그 개념을 유형화하고 옛것을 빌어서 현실을 설명하는 기법이다. 그러므로 때로는 역사적인 사건을 인용하여 추상적인 개념을 구체적으로 설명하기도 하고 성어(成語)를 인용하여 이치를 명확하게 밝히기도 한다. 이처럼 고전을 인용하여 작가가 작품을 통해 밝히고 싶은 개념이나 이치를 제대로 표현해내기 위해서는 적절한 고전의 인용이 이루어져야 한다. 적절하게 '전고'를 활용하기 위해서는 무엇보다도 많은 독서를 통해 깊이 있는 지식을 갖추어야 한다. 풍부한 학식을 바탕으로 제대로 적절하게 '전고'를 활용하기만 한다면 고인의 말을 인용하거나 역사적인 사건을 작품 속에 인용한다고 해도 마치 작가 자신의 말처럼 '전고'의 내용이 작품 속에 자연스럽게 녹아들어 표현효과를 배가시키게 된다고 말하고 있다.

## 대구(對句)법

'대구'에 대해서 유협은 「여사(麗辭)」편에서 자세하게 논하고 있다. '대구'란 짝을 이루는 구조를 지닌 두 개의 구가 서로 조화를 이루어 아름다운 형상과 조화로운 음률을 연출해냄과 동시에 의미의 상응관계까지 이루어내는 것을 말한다. 글자 수가 일정하며 구법이 일치하고 운율이 상대적으로 조화를 이루게 되어 대비나 대칭이나 평형의 미감을 연출하게 되는 것이다. 유협은 대구가 단지 인위적인 표현기교가 아니라 자연사물이 모두 쌍을 이루고 있으므로 이러한 자연현상으로부터 감응을 받아 문예구상을 전개하는 작가 역시 문예구상을 펼치면서 자연스럽게 대구를 추구하게 되는 것이라고 말함으로써 작품 속에 대구가 나타나는 것은 필연적이며 자연스러운 현상임을 강조하고 있다.

그러나 유협은 이렇게 자연스러운 흐름으로 이루어지는 대구라 할지라도 작가의 참신한 문예구상을 통해 끊임없이 새로운 맛을 추구하지 않으면 그 표현에 참신하고 개성적인 미감이 결여되어 독자의 졸음만 재촉하는 기계적인 나열에 그치게된다고 말하면서 예술적인 언어문자 표현과정에서 대구를 구사할 때의 유의점을 명확하게 밝히고 있다.

사실 유협이 「여사」편에서 강조하고 있는 대구는 유협이살았던 당시에 가장 유행했던 변려문에 대한 것이다. 변려문의 형식요건에는 대구 외에도 성률과 전고와 아름다운 수식이 포함된다. 그러나 대구야말로 변려문이 변려문일 수 있는가장 큰 특색이라고 할 수 있다.

이상에서 살핀 바와 같이 언어문자의 예술적인 표현과정에서 유협이 제시한 각종의 표현기교와 방법 및 활용규범은앞서 살펴본 「정채」편에서 제시하고 있는 감정의 진실성과수식의 적절함을 기본으로 하여 설정된 구체적인 기법들이라고 할 수 있다.

# 작품의 이상적 스타일

## —내용의 진실성과 예술적인 형식미의 결합

작가는 문예구상과 구체적인 표현의 과정을 거쳐 문예작품을 창작한다. 그리고 각각의 완성된 문예작품은 '내용과 형식이 어우러져 연출해내는 작품 전체의 미적인 분위기'를 지니게 되는데 이를 작품의 스타일, 곧 풍격(風格)[6]이라고 할 수 있다.

이렇게 본다면 작품의 '풍격(風格: 스타일)'은 작가의 입장에서는 창작의 효과이고, 독자의 입장에서는 작품을 통해 얻게 되는 "일종의 총체적인 감각 내지는 인상"이라고 할 수 있다. 독자는 작품의 전체적인 인상과 분위기를 통해 작가가 작품 안에 담아내고자 한 정취와 형식의 아름다움을 접하게 된다. 그러므로 작품의 풍격은 작가와 독자 사이의 교량 역할을 담당한다고 할 수 있으며, 동시에 작품의 예술적인 가치를 결정하는 관건이 된다고 할 수 있다. 일반적으로 말해서 문예작품의 예술적인 가치는 작품이 연출해내는 내용과 형식면에서의 미적 효과와 이로써 가늠되는 작품의 예술적 수준에 의해 결정된다고 할 수 있다.

유협은 『문심조룡』의 「정채」편에서 작품의 내용을 정(情)과 질(質)로, 작품의 형식(수식을 포함한 일체의 형식적인 요건들)을 문(文)과 채(采)로 표현하고 있다. 이어 유협은 정(情)과 채(采)가 적절하게 겸비된 이상적인 문예작품에 대한 분명한 인식을 바탕으로 문예작품의 이상적인 풍격과 그 요건들을 제시하고 있다.

## 내용의 진실성과 예술적인 형식미의 결합
### – '아려(雅麗)' 풍격의 경지

유협은 이상적인 문예작품이 구비해야 할 특징으로 내용의 진실성과 예술적인 형식미의 결합을 제시하고 있다. 그리고 이러한 이상적인 특징을 구비한 모범사례로 경서를 들고 있다. 때문에 유협의 관점에서 볼 때, 경서는 성인이 마음(心)으로 "문예활동을 포함한 일체 우주만물의 현상(文)"을 관찰하여 그 '근본이치(道)'를 깨달은 후, "뚜렷한 아름다움을 지닌 내용과 형식"으로 "만물의 이치를 깨달은 마음(道心)"을 드러낸 작품이다. 그러므로 경서에 나타난 언어표현의 특색은 "진실한 감정과 빼어난 언어문자 표현"이 되는 것이다. 경서는 그 내용(情)과 형식(采)을 통해 진실함(眞)과 아름다움(美)이 조화된 이상적인 경지를 이루게 되는데, 이것이 바로 "아름다운 수식을 머금고 진실한 내용을 지닌" '아려(雅麗)' 풍격의 경지이다.

이렇게 본다면 경서의 '아려(雅麗)' 풍격은 "마음에 느낌이 생기면 언어로 확립되고 언어가 확립되면 수식이 선명해진다"는, 문예 탄생의 '자연스러운 이치(自然之道)'에 따라 이루어진 작품의 이상적인 풍격이라고 할 수 있다. 그리고 문예작품의 이상적인 풍격을 연출하기 위해서는 그 작품이 반드시 "심정의 표현을 위해 문장을 수식하는" "감정을 본질로 하는 작품"이어야 함을 알게 된다. "심정의 표현을 위해 문장을 수식하는" 작품은 그 창작과정에서 "진실한 감정에 따라" "구상이 적절하게 이루어지는 시기에 순응하게 되므로" 감정이 진실하고 수사가 적절하게 운용된다. 이에 따라 내용과 형식이 자연스럽게 조화를 이루는 작품의 이상적인 풍격을 연출하게 되는 것이다.

'진실한 감정에 따른다는 것'은 "창작충동이 자연스럽게 일어나서 작품으로 표현되는 것"을 말하는데, 이는 진실한 작품내용(情)의 전제조건이 된다. '시기에 순응한다는 것'은 언어문자를 작품 구상의 자연적인 추세에 따라 적절하게 운용하는 것을 말한다. 이는 작품에 가장 적합한 형식과 수사를 구사하기 위한 전제조건이 된다. 유협의 관점에서 볼 때 문예작품의 이상적인 풍격은 내용 면에서의 진실성과 형식표현 면에서의 적절함이 연출해내는 작품 전체의 자연스러운 분위기 내지 풍모라고 할 수 있다.

## 작품 전체의 자연스러운 분위기 내지 풍모

물론 자연스러운 예술미라는 것은 장기간의 예술수양과 각고의 노력을 통한 결과물이다. 이렇게 볼 때 유협이 작품의 풍격에 대해 요구하는 '자연'(自然: 자연스러운 느낌)은 바로 고도의 예술수양의 표현이기도 하다. 그러므로 유협은 「체성」편에서 작가가 "여러 가지 풍격을 모방해봄으로써 자신에게 적합한 것을 익히고, 자신의 개성에 따라 재능을 연마하는" 등의 예술수양을 통해 작가의 표현능력이 숙련의 단계에 이르러야 함을 강조하고 있다. 「신사」편에서도 "가장 정밀한 경계에 이른 후에야 그 오묘함을 밝힐 수 있고, 일체의 변화를 체득한 후에야 다양한 기교를 밝혀 깨달을 수 있다"고 말하고 있다. 즉 작가는 문예창작의 규율과 고난도의 표현 기교를 장악하고 있어야 창작에 있어서 자유자재로 표현을 구사하는 경지에 다다르게 되며, 이렇게 창작된 작품은 마치 천연적으로 이루어진 것처럼 자연스러운 풍격을 지니게 되는 것이다.

『문심조룡』에 의하면 자연스러운 풍격을 연출하기 위해 가장 중시해야 할 점은 바로 '조화'이다. 유협의 '신사론'에서 볼 수 있듯이 문예작품의 내용(情)과 형식(采)이 자연스럽게 조화를 이룬 풍격은 바로 작가 내면의 각기 다른 요소들이 서로 보완되고 조화를 이룸으로써 달성된다. 이렇게 볼 때 유협이 "심정의 표현을 위해 문장을 수식한다는 것"을 강조할 때, 유협은 사실상 자신이 생각하는 문예작품의 이상적인 풍격의 요건을 제시한 것이라고 볼 수 있다. 유협은 "심정의 표현을 위해 문장을 수식한다는 것"의 창작규율에 충실히 따르면 감정이 자연스럽게 촉발되어 이루어지는 자연스러운 풍격의 문예작품을 창조할 수 있다고 생각했다. 그리고 이렇게 창작된 작품은 문예작품의 이상적인 풍격인 "진실한 감정과 빼어난 언어문자 표현"을 지닌 '아려(雅麗)'의 풍격을 연출하게 된다고 보았던 것이다. 이로써 유협이 제시한 '자연'이라는 개념은 단지 문예 탄생론이나 작가의 창작 구상론을 관통하는 것에 그치지 않고 작품의 이상적인 풍격 특징으로까지 이어지고 있음을 알 수 있다.

## 후대의 작가들이 학습하고 연마해야 할 풍격의 모범적인 사례
### – 경서의 '아려(雅麗)' 풍격

유협은 성인이 아름답고도 적절한 언어문자를 구사하여, 재기와 감정 및 사고를 표현한 경서야말로 "아름다운 수식을 머금고 진실한 내용을 지닌" 이상적인 '정문(情文)'의 전형이라고 생각했다. 그러므로 경서의 '아려(雅麗)' 풍격은 바로 후대의 작가들이 학습하고 연마해야 할 풍격의 모범적인 사례가 되는 것이다.

「체성」편에서 유협은 매 작가가 연출해내는 풍격이 "각자 자신의 개성을 따르게 되니 그 차이는 서로 얼굴이 다르듯 다양하다"는 것을 긍정하면서 작품 풍격의 기본유형을 여덟 가지로 분류하고 있다.

유협은 「체성」편에서 이 여덟 가지 풍격에 대해 명확한 가치판단을 하고 있지는 않으며, 이 여덟 가지 풍격은 선천적인 작가의 재능(才)과 기질(氣) 및 후천적인 학식정도(學)와 문장수련의 습관(習)의 차이에 따라 각기 다른 조합을 이루어, 다양한 풍격을 연출할 수 있음을 말하고 있다. 비록 가치판단은 내리고 있지 않지만 유협은 이 여덟 가지 풍격의 기본유형 가운데서 "경전을 전범으로 삼아 유가의 가르침과 궤를 나란히 하는" '전아(典雅)'의 풍격을 우선적으로 학습해야 할 모범적인 풍격으로 제시하고 있다.

다시 말해서 '전아(典雅)'의 풍격을 지닌 작품은 그 내용과 형식 면에서 모두 내용이 진실하고 언어문자 표현이 적절하므로, 이는 유협이 「정채」편에서 제시한 "심정의 표현을 위해 문장을 수식하는 것"의 창작규율에 맞는 것이다. 이로부터 고상하고 속기가 없는 정취와 형식미를 갖춘 작품의 풍격이 이루어지는데 이는 바로 경서의 풍격 특징이라고 할 수 있다. 그러므로 "경서를 모범으로 한 문장양식은" "자연히 전아한 아름다움을 띠게 되고", 이로부터 "예복의 문양과도 같은 전아하면서도 화려한" 풍격을 이룰 수 있게 되는 것이다.

'아려(雅麗)'는 유협이 생각하는 문예작품의 가장 이상적인 풍격이다. 그러므로 「명시」편, 「전부」편, 「장표」편 등 다양한 문학 장르의 형식과 내용 면에서의 풍격 요건을 논의할 때 '아려(雅麗)'를 이상적인 풍격으로 제시하고 있다.

## 경서를 모범으로 삼아 문장을 지으면 얻게 되는 여섯 가지 예술효과(宗經六義)

그렇다면 경서의 '아려(雅麗)' 풍격의 실체인 내용(情)과 형식(采)의 자연스러운 조화는 어떠한 실질적이고도 구체적인 구조 속에서 이루어지는가?

이 문제에 대한 논의를 위해서는 유협이 말하고 있는 "경서를 규범으로 삼아 문장을 지으면 얻게 되는 여섯 가지 예술

효과(宗經六義)"에 주의를 기울일 필요가 있다. 「종경」편에서 유협은 "만약에 경서에 근거하여 문장의 격식을 제정하고, 경서의 우아한 어휘를 공부하여 언어를 풍부하게 한다면 이는 광산에 가서 동(銅)을 주조하고, 바닷물을 쪄서 소금을 만드는 것과 같을 것이다. 만약 성인의 경전을 공부하여 문장을 짓게 되면 이런 문장은 그 풍격 면에서 다음의 여섯 가지 특성을 지니게 될 것이다.

첫째, 감정이 깊고 거짓이 없다. 둘째, 작품의 감동이 순수하여 잡다하지 않다. 셋째, 인용한 사실들이 진실하고 허망하지 않다. 넷째, 사용된 의미가 정확하고 왜곡되지 않는다. 다섯째, 체제가 정련되어 번잡하지 않다. 여섯째, 문사가 화려하면서도 지나치지 않다"라고 말하고 있다.

'육의(六義)'는 경서를 규범으로 삼아 언어문자 표현을 구사함으로써 달성되는 예술적 효과라고 할 수 있다. 즉 작가가 창작을 할 때 경서를 창작규범으로 삼으면 그 작품은 유협이 제시한 여섯 가지 방면에서 매우 수준 있는 예술성취를 이루게 되며, 이로부터 작품의 이상적인 풍격을 연출하게 된다는 것을 말하고 있는 것이다. 그러므로 '육의(六義)'의 내용을 통해 경서가 연출해내는 '아려' 풍격의 구체적인 특징을 살펴볼 수 있다.

'육의' 중 앞의 네 가지는 작품의 내용에 편중되어 있는 특징들이고, 뒤의 두 가지는 작품의 형식에 편중되어 있는 특징들이다. 그러나 이 여섯 가지는 각기 독립되어 작용하는 것이 아니라 서로 긴밀한 연계를 맺으며 작품의 이상적인 풍격의 연출에 참여하게 된다.

유협은 경서의 예술성취를 '아려' 풍격과 '아려'라는 이상적인 풍격이 구비하고 있는 작품의 내용과 형식면에서의 특징인 '육의'로 귀결시킴으로써 자신이 추구하는 작품의 이상적인 풍격의 경지를 보여주고 있다.

사실 오늘날의 문학관점으로 보았을 때 경서의 언어문자 표현이 후대의 여러 문학작품들에 비하여 절대적으로 우수하다고는 하기 힘들다. 다만 유협은 당시에 절대적인 서적으로 추앙받던 경서를 문학적인 입장에서 고찰함으로써 경서를 내세워 자신이 이상적으로 생각하는 문예작품의 풍격 특징을 제시하고 있는 것이라고 할 수 있다.

유협은 여기서 그치지 않고 이상적인 풍격의 연출을 위해 작품이 구비해야 할 객관적인 요건들—풍(風)·골(骨)·채(采)까지 제시하고 있다. 그리고 이러한 객관적인 요건들은 유협이 앞서 말한 '육의'와 내재적으로 밀접한 연계를 맺고 있다.

# 이상적인 작품을 위한 객관적 요건

그러면 경서와 같은 '아려'한 작품의 풍격을 이루어내기 위해서 작품이 갖추어야 할 요건은 무엇인가?

유협은 작품이 이상적인 풍격을 이루기 위해 갖추어야 할 내용적인 면과 형식적인 면에서의 요건으로 다음의 세 가지를 요구하고 있다. 첫째, 작가 개인의 감정과 생명력이 작품에 녹아들어 정취를 이룰 때 작품이 지니게 되는 감동력(風)., 둘째, 작가의 언어문자 활용능력에서 비롯되는 어휘의 적절한 배치와 작품구성의 치밀성(骨)., 셋째, 미적인 수식(采).

유협은 이 세 가지 요건이 구비된 작품이야말로 이상적인 풍격을 이룰 수 있다고 말하고 있다.

## 작품의 감화력(風)

먼저 풍에 관해 보자면 「풍골(風骨)」편에서 유협은 '풍(風)'을 다음과 같이 설명하고 있다.

『시경』에는 육의가 있는데 '풍'이 그 첫머리를 차지한다. 풍이란 사람을 감화시키는 본원적인 힘이며, 작가의 사상과 감정 및 기질에 대한 구체적인 표현이다. 그러므로 절실하게 감정을 표현하기 위해서는 반드시 '풍'에서 시작해야 한다. '풍'을 잘 이해하는 작가는 감정을 분명하고 적절하게 표현할 수 있다. 감정을 표현함에 있어 '풍'이 요구되는 것은 사람의 형체 안에는 기운(생명력)이 있어야 함과 같다. 작가의 사상과 감정과 기질이 예리하고 명쾌하면 작품의 '풍'도 뚜렷해지는 것이다. 작품에 나타난 사고가 원활하지 못하고 삭막하여 기운(생명력)이 결여되어 있다면 이는 작품에 '풍'이 없다는 증거다.

유협은 문예작품이 작가의 사상과 감정과 생명력을 외면화한 것이라고 보았고, 작품이 지니고 있는 감동력 안에는 감정이 가장 중요한 요인으로 작용한다고 생각했다. 작가가 표현하고자 하는 감정이 뚜렷이 드러나는 작품은 반드시 '풍'의 특성을 지니게 된다고 보았던 것이다.

유협은 또 작품의 '풍'은 작가의 감정에서 비롯되며, 이러한 감정은 '기(氣)'와 서로 관련이 있다고 하였다. 작가가 창작을 할 때 감정과 기질이 잘 조화를 이루어야 작품의 '풍'을 이룰 수 있다는 것이다. 유협은 '기'를 작가의 생명력이며 작품에 생명력과 기세를 부여하는 요인으로 보았다. 그러므로 유협이 말하는 '기'는 작가의 천부적인 기질이나 개성과 연결되는 생명력으로서 내재적인 것을 의미하기도 하고, 작가의 기질이나 개성 등의 생명력이 작품으로 표현되었을 때 나타나는 작품의 기세나 삼동력 등 외재적인 것들을 의미하기도 한다.

이렇게 본다면 작가의 기질이나 작품의 기세나 모두 '풍'과 밀접한 관련이 있다. 작품의 기세나 감동력은 바로 그 작품이 '풍'을 지니고 있음을 나타내는 것이다. 유협은 '기'의 중요성에 대한 깊은 인식을 바탕으로 "기질이 사고에 열매를 맺게 하고 사고는 언어표현을 결정한다"고 「체성」편에서 말하면서, "작품을 구상할 때 '개성적인 생명력'을 지키기에 힘써야" 함을 주장하고 있다.

즉 작가는 창작을 할 때 반드시 "감정과 기질의 조화"를 이루어야 하는데, 이는 '기'(개성적인 생명력)가 결여된 감정(情)은 작품의 '풍'(감화력)을 생산해낼 수 없기 때문이다. 종합적으로 말해서 '기'는 작가의 생명력으로부터 발산되어 작품에 생명력과 기세를 불어넣게 되므로 작품의 '풍'과 '기'는 불가분의 관계를 지니게 된다. 따라서 '기'를 떠나서는 작품의 '풍'을 말할 수 없는 것이다. 작품의 '풍'은 작가의 의기(意氣)와 격정이 작품으로 외면화한 것이며, 이로부터 말미암는 작품의 독창성과 강렬한 감동력까지를 의미한다고 하겠다.

이렇게 볼 때 '풍'은 개성적인 풍격을 결정하는 주관적인 요건인 작가의 내면적인 특질이 작품을 통해 이상적으로 표현될 때 나타나는 창작효과라고 할 수 있겠다. 때문에 '풍'은 감정을 표현하는 이상적인 문예작품이 구비해야 할 요건이 되는 것이다.

## 작품의 표현력(骨)

작품의 '골(骨)'에 대해 「풍골」편에서 다음과 같이 말하고 있다.

신중히 언어문자를 활용하여 배치하기 위해서는 무엇보다 '골'을 중시해야 한다. 작품의 '골'을 이루는 데 숙달된 작가는 언어의 선택을 적절하고 허술함이 없이 할 수 있다. 작품의 언어문자 표현에 '골'이 있어야 하는 것은 사람의 형체에 그것을 지탱하는 뼈대가 있어야 함과 같다. 작품의 언어문자 표현에 짜임새가 이루어지고 계통이 서면 작품의 '골'이 완성되는 것이다. 작품의 내용이 빈약하고 수식이 과도하여 번잡하고 체계가 없다면 이는 작품에 골이 결여되어 있다는 증거이다. 작가의 감정은 반드시 언어문자의 구성을 통해 외면화된다. 때문에 감정을 표현하기 위해서는 반드시 그에 합당한 언어문자로의 표현력이 요구된다. 이러한 표현력이 바로 작품의 '골(骨)'이라고 할 수 있다.

이렇게 본나닌 '골'은 언어문자를 합당하게 배열함으로써 이루어지는 작품체계와 구성의 엄밀성, 그리고 이로부터 감지되는 표현력이라고 하겠다. 그러므로 '골'은 각 장르의 표현특색을 포함한 언어문자를 운용하는 능력을 의미한다고 할 수 있다. 때문에 작품의 '골' 역시 「장구」편에서 말하는 바 "외적으로는 수식의 미가 교차되고 내적으로는 의미의 맥이 흘러야 하는" 이상적인 문예작품이 구비해야 할 요건이 된다.

## 미적인 수식(采)

작품의 '채(采)'에 관한 유협의 견해를 살펴보면, 『문심조룡』 전편에 걸쳐 문예언어의 외재적인 형식미를 매우 중시하고 있음을 알 수 있다. 유협이 '풍골(風骨)'과 더불어 제시한 '채(采)'는 미적인 언어문자 표현을 의미한다. 즉 작품의 형식미인 외적인 수식을 가리킨다고 할 수 있다. 「풍골」편에서 "만일 풍과 골은 있으나 문채가 없다면 문학의 영역에 맹금(猛禽)들만 모여 있는 것과 같을 것이다"라고 말하고 있다.

유협은 작품이 비록 '풍'과 '골'을 구비하고 있다고 하여도 '채'가 결핍되면 "하늘 높이 날아오를 만큼 골력이 강건하고 그 기운이 맹렬하기는 하지만 아름답고 풍부한 깃털이 결여된 매 떼와 같다"고 말하고 있다.

유협의 이와 같은 설명은 유협이 문채(文采)를 상당히 중시하고 있음을 보여준다. 이것에 근거하여 말해본다면, 작품의 '채(采)'는 언어문자의 예술적인 운용을 통해 드러나는 수식의 미감─즉 작품이 연출해내는 형상적인 미감이라고 할 수 있다. 때문에 '채' 역시 "아름답게 다듬어 꾸미는 것(雕縟)을 본질로 삼고 있는" 이상적인 문예작품이 반드시 구비해야 할 요건이 되는 것이다.

## 풍(風)·골(骨)·채(采)의 관계

이상의 풍(風)·골(骨)·채(采)가 작품구성에서 차지하는 비중에 관한 서술은 이 세 요건이 작품을 통해 드러내는 예술효과를 각기 구분하여 설명한 것이다. 그러나 유협이 작품의 전체적인 면모에 대해 말할 때는 이 세 요건이 서로 유기적으로 관련을 맺고 이상적인 작품의 풍격을 구성하는 요인들로 작용하고 있음을 볼 수 있다. 즉 하나의 문예작품이 풍·골·채를 구비하고 있을 때라야 비로소 형식미과 내용이 조화를 이룬 이상적인 작품이라고 말할 수 있는 것이다.

다시 말해서 작품의 풍·골·채는 이상적인 문예작품이 구비해야 할 구체적인 요건이 되는 것이다. 유협은「풍골」편에서 매(鷹隼), 꿩(翬翟), 봉황(鳳凰)의 세 가지 이미지를 사용하여 생동감 있게 풍·골·채의 관계를 묘사하고 있다. "풍골만이 구비되고 수식이 결여된 작품은 매처럼 높이 날 수는 있으나 아름답지 못하고" "화려한 수식만 있고 풍골이 결핍된 작품은 살찐 꿩 같아서 화려하기는 하지만 높이 날지를 못한다"고 하면서 두 경우 모두 바람직하지 않다고 말하고 있다.

유협이 추구하는 작품의 이상적인 경지는 "빛나는 아름다움을 지니면서도 하늘 높이 비상할 수 있는 봉황"처럼 풍골과 작품의 특성에 적합한 수식을 함께 구비하고 있는 작품인 것이다. 즉 뚜렷하게 빛나는 아름다운 문채를 지니고 있으면서도 강렬한 기세와 감동력을 지닌 작품을 말한다. 그러므로 유협은 풍·골·채 모두 작품 풍격의 예술적 가치를 결정짓는 중요한 요건이 됨을 강조하고 있다.

유협이 비록 이상적인 작품의 풍격은 풍·골·채를 구비하고 있어야 함을 말하고 있지만, 유협 당시의 화려한 문풍을 고려해볼 때 유협이 '채'에 대해서는 재삼 강조할 필요가 없었을 것으로 추정된다. 그러므로 유협은「풍골」편에서 '채'의 작용에 비해 작품에서 '풍'과 '골'의 작용과 그 중요성을 더욱 강조하고 있는 것이다.

작품 속의 '풍'과 '골'은 나는 새의 날개와 같이 작품에 신선한 활력을 불어넣어 주는 요건이 되며 이로부터 작품은 빛나는 생명력을 지니게 된다. 때문에 유협은 「풍골」편에서 '풍'과 '골'의 중요성을 논의하는 데 그치지 않고, 『문심조룡』 전편에 걸쳐 반복적으로 작품의 날아오를 듯한 기세와 역량에 대해 묘사하거나 혹은 풍골이 제대로 갖추어지지 않은 작품의 결점을 설명하면서 '풍'과 '골'의 작용과 중요성을 강조하고 있다.

## 이상적인 작품의 풍격을 연출하기 위한 길―통변(通變)

문예작품이 이상적인 풍격을 연출하기 위해 갖추어야 할 요건으로 유협이 제시하고 있는 풍(風)·골(骨)·채(采)는 끊임없이 새로운 변화를 추구하는 작품 창작의 규율을 전제로 제시된 것이다. 이는 개성적인 작가의 개별적인 작품에 대한 요구라고 할 수 있다. 그러므로 풍·골·채에 대한 논의는 문예작품의 창조적인 혁신(創新)의 문제와도 밀접한 관련을 맺고 있다.

유협은 풍골과 적절한 수식의 아름다움을 함께 갖춘 이상적인 작품의 풍격을 완성하기 위한 길로서 통변(通變)의 방법을 제시하고 있다. 경전의 규범에 따라 문장을 정련하고 사상서와 역사서의 글에 두루 통달하며, 감정의 변화를 잘 파악하고 문장의 체제를 상세하고 명백하게 한 뒤에야 비로소 새로운 의미의 싹이 돋아나게 할 수 있으며 특이한 문사를 구사할 수 있게 된다고 보았다. 문장의 체제를 분명하게 파악하게 되면 뜻이 새로워도 의미의 혼란이 없으며, 변화에 통달하게 되면 특이한 문사를 구사해도 이상하게 보이지 않는다는 것이다.

그렇다면 학습을 통하여 "감정의 변화를 잘 파악하고(曉變) 문장의 체제를 상세하고 명백하게(昭體) 인식하고자 할 때" 어떠한 작품을 학습의 전범으로 삼아야 하는가?

비록 많은 독서를 통하여 지식을 축적하였다 해도 학습을 위한 최고의 모범은 역시 경서라고 할 수 있다. 경서를 학습하고 경서를 모범으로 삼아 훈련함으로써 전통적인 문예양식(장르)의 창작 특성을 익히면, 과거에 얽매이지 않으면서도 의미가 혼란스럽지 않고 표현이 이상하지 않은 작품을 창작할 수 있다. 경서는 "진실한 감정과 빼어난 언어문자 표현"을 통해 '아려(雅麗)'의 작품 풍격을 연출하고 있다. 때문에 "문장을 짓는 데 있어서의 절대적인 법칙"으로 삼을 수 있는 것이다. 이에 유협은 다양한 장르의 창작원칙을 논의할 때 경서를 모범으로 하여 이상적인 작품의 풍격을 추구해야 함을 주장하고 있다.

「장표(章表)」편에서 "장의 체제는 분명하고 훌륭해야 하며 거기에 담긴 뜻은 경서를 모범으로 삼아 요점을 드러내면서도 개략적이지는 않게 하고 분명하지만 천박하지 않도록 해야 한다"고 말하고 있으며, 「봉선(封禪)」편에서도 "『상서』(경서)의 영역에서 골격을 세우고 풍부한 어휘를 획득할 수 있는 경서에서 언어표현을 선택한다"라고 말하고 있고, 「사전(史傳)」편에서도 역시 "내용을 수립하고 언어표현을 선택할 때는 경서를 법칙으로 삼아야 한다"라고 말하고 있다. 이러한 예문들은 모두 경서가 "문장의 양식과 체제를 명백하게 인식하기(昭體)" 위한 학습의 가장 이상적인 모범임을 보여주고 있다.

"사상서와 역사서의 글에 두루 통달하여 창작방법을 익힌다는 것"은 이전시대 문인들의 문예창작의 경험을 통해 '새로운 의미'와 '독특한 언어문자 표현'으로서 작품의 참신한 면모를 이루어내는 방법을 학습하는 것을 가리키며, 이는 바로 "감정의 변화를 잘 파악하는(曉變)" 길이기도 하다.

종합적으로 말해서 학습의 과정을 통해 "문장의 양식과 체제를 명백하게 인식하고" "감정의 변화를 잘 파악"하게 되면 비록 새로운 의미와 독특한 언어문자 표현을 구사해도 어지럽거나 잘못되지 않으므로 창조적인 문예 변혁의 바른 방법에 위배되지 않는다는 것이다. 동시에 이로부터 '작품의 감동력'과 '작품 구성의 치밀성'을 갖추고 '문채가 빛을 발하는' 작품의 이상적인 풍격을 연출할 수 있게 된다고 보았다.

## 풍·골·채와 '종경육의(宗經六義)'의 관계

나음으로 풍·골·채와 '경서를 규범으로 삼아 문장을 지으면 얻게 되는 여섯 가지 예술효과—종경육의(宗經六義)'의 관계에 대해 말해보자면 아래와 같다.

'육의(六義)'를 좀더 자세히 고찰해보면 육의와 풍·골·채의 세 가지 요건은 내재적으로 밀접한 관련이 있음을 알게 된다.

먼저 '풍'에 대해서 말해보자면, "풍을 잘 이해하는 작가는 감정을 분명하고 적절하게 표현할 수 있다." "작가의 사상과 감정과 기질이 예리하고 명쾌하면 작품의 풍도 뚜렷해지는 것이다." 이는 작품 내용에 담긴 감정이 진실하고 깊이가 있는 것을 말하며 작품의 풍취(風趣)가 맑은 것을 가리킨다. 이는 바로 육의(六義) 가운데 "감정이 깊고 거짓이 없을 것이다" "작품의 감동력이 순수하여 잡다하지 않을 것이다"에 해당된다.

'골'에 대해서 말해보자면, "작품의 골을 이루는 데 숙달된 작가는 언어의 선택을 적절하고 허술함이 없이 할 수 있다" "작품의 언어문자 표현에 짜임새가 이루어지고 계통이 서면 작품의 골이 완성되는 것이다." 이는 작품의 전체적인 구조의 엄밀성과 작품에 인용된 자료의 내용이 명확한 것을 말한다. 이는 바로 육의(六義) 중의 "인용한 사실들이 진실하고 허망하지 않을 것이다" "사용된 의미가 정확하고 왜곡되지 않을 것이다" "체제가 정련되어 번잡하지 않을 것이다"에 해당된다.

'채'에 대해서 말해보자면, "풍골만 있고 수식의 미가 결여되면 문학의 숲에 매 떼가 모여드는 것과 같은 것"이다. 그러나 유협은 수식이 실질을 퇴색시킬 정도의 과도한 수식은 반대하고 있으므로 이는 육의 중의 "문사가 화려하면서도 지나치지 않을 것이다"에 해당된다.

이렇게 본다면 풍·골·채는 작품의 이상적인 풍격과 그 내용의 진실함과 수사의 적절함으로 말미암는 '육의'를 이루기 위해 작품 전체에 대해 요구하는 객관적인 요건들이라고 할 수 있다.

유협은 작품 구성에서 특별한 의미를 지니는 풍·골·채, 이 세 가지 요건이 서로 유기적으로 결합될 때 비로소 내용과 형식이 자연스럽게 조화되어 연출되는 이상적인 풍격인 '아려(雅麗)'의 경지가 달성된다고 보았다.

사실 유협이 논의하고 있는 풍·골·채는 시대를 막론하고 예술적인 가치를 지니는 이상적인 문예작품이 구비해야 하는 보편적인 요건들이다. 유협은 또한 이 세 요건들은 모두 내용(情)과 형식미(采)가 가장 적절하고도 자연스럽게(自然) 조화된 상황 아래서 가장 잘 드러난다고 보았다. 이렇게 본다면 유협이 추구하는 문예작품의 이상적인 풍격과 그 요건은 상당히 보편적인 문예 미학적 의의를 지닌다고 할 수 있다.

# 독자 감상활동의 과정

## 작품을 감상하는 과정

유협은 문예작품에 대한 감상활동의 특성은 작가와 독자 간의 감정 교류에 있다고 보았다. 작품은 작가의 감정과 사고를 외재적으로 표현해낸 것이다. 때문에 언어문자로 구성된 작품의 외재적인 형식은 작가의 감정과 사고를 담고 있다. 그러므로 독자는 작품에 대한 감상활동을 통해서 작가와 교통하게 되는데, 먼저 작품의 형식이 제공하는 시청각적인 미감을 느끼고, 나아가 마음으로 작가의 감정과 사고를 반영하고 있는 내용을 이해하게 된다.

이것이 바로 유협이 「지음(知音)」편에서 밝히고 있는 "문장 (작품의 미적인 언어문자 표현)을 통해서(披文)" "작가가 표현하고자 했던 감정의 세계로 들어가는(入情)" 감상활동의 과정이다. 유협은 감상활동을 탐구함에 있어서 작가의 감정이나 의도의 파악만을 중시하지 않고 작품의 예술적인 형식미에 대한 감응에도 동일한 중요성을 부여했다.

일반적으로 말해서 작품의 예술적 가치를 판단하는 척도는 작품의 형식이 어느 정도로 완전하게 작품의 내용을 담아내고 있는가, 그리고 작품의 형식과 내용이 적절하게 조화를 이루는 경지에 이르렀는가의 여부에 있다 하겠다. 『문심조룡』에서 말하는 문예형식은 언어문자라는 구체적인 매개체로 이루어져 도안적인 아름다움과 음률적인 아름다움이라는 미적인 속성을 지닌다. 이는 직접적으로 독자의 시각과 청각에 작용하여 독자의 미적 체험을 가능하게 한다. 그러므로 독자는 「총술」편에서 말하는 것과 같이 "글을 읊조리면 음률의 성과가 보이고 눈으로 보아가면 자형의 효과가 나타나게 되는" 경지를 체험하게 된다.

유협은 작가의 창작활동을 탐구할 때 언어문자의 예술적인 표현문제를 많이 논하고 있고 특별히 문학예술에 있어서 자형의 미(形文)와 성률의 미(聲文)를 강조하고 있다. 이는 유협이 문예작품의 형식구조 자체를 중시하고 있음을 말해준다.

이렇게 본다면 유협이 말하는 독자의 감상활동에서 글을 읽는 과정은 단지 감정을 이해하기 위한 하나의 단계에 그치는 것이 아니고 독자로 하여금 시청각적인 미감을 누리게 하는 과정이기도 하다. 그러므로 독자의 감상활동은 시종 구체적인 형식미의 감지에서 떠날 수 없게 된다. 작품의 형식 자체는 독자 감상활동의 직접적인 대상이며 독자 감상활동의 출발점이고 독자로 하여금 더 넓고 깊이 있는 연상을 하게 하는 조건이 되는 것이다.

독자가 작품에 반영된 감정을 이해하는 과정은 작품의 형식을 기초로 하여 독자가 상상활동을 전개시킴으로써 가능하다. 이러한 과정을 통해 독자는 작품이 간접적으로 독자에게 제시하는 내용을 파악하게 된다. 작품이 작가의 연상과 상상의 산물이기 때문에 독자도 연상과 상상을 빌어야 비로소 "말을 보고 모습을 알며 글자를 대해서 시절을 알게 되는" 것이다.

## 작품 감상의 주관성과 다양성

유협이 탐구한 독자 감상활동은 예술적인 소양을 갖춘 독자가 작품을 자세하게 살펴서 내용과 형식이 적절하게 조화를 이룬 이상적인 작품을 감별해냄으로써 감상의 기쁨을 경험하는 과정이다. 그러므로 유협은 독자가 "이치를 공평하게 평가하고 언어문자 표현의 적절한 사용 여부를 알아보기 위해" 구비해야 할 민감한 상상력을 강조하고 있다.

하지만 높은 감상력을 지닌 독자라 해도 독자의 작품에 대한 감상활동은 기본적으로 마음의 활동이므로 작품의 객관적인 예술 가치를 느끼는 감상과정에서 독자의 개인적이고 주관적인 이해의 개입이 생겨나게 된다. 사실 독자가 상상과 연상을 통해 감상활동을 진행시키는 현상 자체가 이미 충분히 감상활동의 개별성과 주관성을 시사하고 있다.

일반적으로 독자는 미에 대한 개인적인 기호가 있고 이에 따라 작품에 대한 느낌도 각기 다르다. 이러한 현상은 「변소」편에서 굴원과 송옥 이후의 사부가들이 굴원과 송옥의 작품을 모방하고 학습하는 과정을 통해서도 볼 수 있다. 어떤 이들은 굴원과 송옥 작품의 풍격을 배우고 어떤 이들은 특이한 개성적인 표현을 배우는 등 각자의 재기에 따라서 다양한 학습을 이루었던 것이다. 유협은 여기에서 독자의 재기와 식견과 기호의 차이는 동일한 작품에 대해서도 각기 다른 각도의 인식을 낳게 됨을 시사하고 있다.

유협은 「지음」편에서도 독자 반응의 주관성과 다양성을 말하고 있다. 강개한 사람은 격앙된 소리에 박자를 맞추고, 마음이 넓고 온전한 사람은 세밀하고 함축적인 작품을 보고 기뻐하며 천박한 화려함을 선호하는 사람은 독특하고 화려한 글을 대하면 마음이 설레고, 새롭고 신기한 것을 좋아하는 사람은 괴이한 것을 듣게 되면 놀라워한다는 것이다.

## 작품 감상의 어려움

육조 시대에는 감상과 비평의 풍조가 흥성했고 감상활동의 주체인 개인에 대한 자각이 이루어졌으므로 문학이론가들은 독자의 미에 대한 기호와 느낌의 개인차에 주의를 기울였다. 감상활동의 과정 중에 나타나는 개인차를 중시하는 풍조는 당시 문인들의 감상활동에 대한 인식의 깊이를 보여주는 것이라고 할 수 있다. 하지만 이러한 풍조는 예술적인 식견의 부족과 객관적인 감상 표준의 결핍으로 인하여 작품을 제멋대로 감상하고 평가하는 풍조를 낳기도 하였다.

저울처럼 내용의 이치를 공평하게 평가하고 거울처럼 어휘 사용의 적절함 여부를 살피는 신묘한 감상력(妙鑒)을 이상적인 감상태도로 여기는 유협은, 부분적인 고찰만을 이루고 종합적인 통찰은 희박한 문단의 비판과 감상의 풍조에 불만을 지녔다. 그리고 주관적이고 편벽된 감상태도에 의해 조성된 건전하지 못한 감상태도를 비판하고 있다. 그러나 유협도 순수하게 객관적인 감상력을 발휘하기가 힘들다는 것을 알고 있었다. 그래서 "작품을 제대로 감상하기는 힘들다. 누가 쉽게 좋은 작품을 알아볼 수 있다고 했나"라고 하였다. 동시에 작품을 제대로 감상하는 것이 어려운 원인이 감상하는 독자의 주관적인 조건에만 있는 것이 아니고 완성된 작품의 객관적인 상태에도 있음을 인식하였다.

먼저 작품에 대해 말해보자면, 문학작품의 종류가 다양하고 작품의 풍격도 화려하고 질박한 것이 복잡하게 얽혀 있어서 문학작품을 제대로 이해하기란 실로 어려운 것이다. 이러한 까닭에「총술」편에서 유협은 "문장변화의 이치는 다함이 없으니 이러한 변화를 알아 작품을 이해하는 것은 어려운 것임을 알게 된다"고 하였다.

이제 독자의 측면에서 말해본다면, 유협은 작품을 이해하기도 어렵지만 좋은 작품이 있어도 이를 이해하는 독자를 만난다는 것도 힘든 일임을 인식했다.

객관적인 감상력을 지니기 어려운 주된 원인은 독자의 편벽된 기호에 있다고 보고,「지음」편에서 "사람들의 기호는 편벽되어 있어 전면적인 감상력을 갖추지 못한다.……자기의 기호에 맞으면 감탄하고 읊조리지만 자신의 마음에 맞지 않으면 보기를 멈추고 방기해버린다"고 하였다.

## 지양해야 할 감상태도

유협은 여기에서 비록 사람들의 기호는 편벽되어 있어서 전면적인 감상력을 갖추지 못하는 것이 일반적인 현상임을 인정하고는 있지만, 이로 인하여 생겨나는 편벽된 감상태도는 가급적 지양해야 한다고 말하고 있다.

유협은 지양해야 할 편벽된 감상태도로서 "자기를 높이고 남을 깎아내리는 태도"와 "옛것만을 귀히 여기고 오늘날의 것은 하찮게 여기는 태도"를 들고 있다. 그리고 객관적인 감상력을 방해하는 또 다른 요인으로 독자의 식견이 부족하여 나타나는 "거짓된 것에 미혹되어 진실을 왜곡하는 감상태도"를 들고 있다.

유협은 작품감상의 과정을 파악했을 뿐만 아니라 감상활동의 주관성도 인식하고 있다. 당시에는 개인의 감정을 중시하는 풍조의 결과로서, 예술적인 조예도 없이 개인적인 취향에 편중되어 있는 감상자들에게서 옥석(玉石)을 구분하지 못하는 감상태도가 나타났다. 유협은 이러한 천박하고 편벽된 감상태도로는 정확한 판단을 할 수도 없고 참된 감상의 기쁨도 경험할 수 없다고 생각했다. 때문에 유협은 독자의 예술적인 조예가 바탕이 되어 진행되는 이상적인 감상활동과 그 느낌의 경지를 제시하고 있다.

# 이상적인 감상의 즐거움

## 예술 소양의 중요성

유협은 작품의 예술적인 가치에는 객관성이 있으므로 감상활동을 통해 그것을 파악하고 느낄 수 있다고 생각하여 「지음」편에서 "흐름에 따라 원천을 찾아 들어가면 아무리 심오한 내용도 반드시 드러나게 마련이다"라고 말하고 있다. 때문에 유협은 개별 독자의 미적인 편향에 따라 작품의 예술적인 가치를 마음대로 평가하는 감상태도에 불만을 나타내고 있다. 유협의 견해를 종합해보자면, 작품의 예술적인 가치를 정확하게 파악하고 이로부터 감상의 기쁨을 얻는 이상적인 감상활동을 가능하게 하는 관건은 바로 독자의 감상 능력에 있다.

감상 능력은 작품의 예술적 가치를 결정짓는 중요한 관건이라고 할 수 있다. 이는 작가의 창작 특성에 따라 분석하고 종합하여 내린 판단이므로 그 판단 능력과 확실성의 정도는 반드시 독자의 예술 소양에 의해 결정된다. 때문에 유협은 독자의 광범위한 학식과 풍부한 감상 경험 등의 예술수양을 강조하고 있다. 「지음」편에서 "천 개의 곡조를 다룬 후에야 음악을 알게 되고 천 개의 칼을 본 후에야 명검을 알게 된다. 때문에 편견 없는 감상법을 위해서는 우선 많은 작품을 보아야 한다." 그리고 "작품을 감상하면서 그 비중을 다룰 때에는 사심을 넣지 말아야 하며 애증에 좌우되지도 말아야 한다. 그런 연후에야 저울처럼 공평하게 이치를 평가할 수 있고 거울처럼 맑게 작품의 표현을 살필 수 있는 것이다"라고 말하고 있다.

## 올바른 감상(知音)이란?

그러면 감상활동에 있어서 유협이 말하는 '지음(知音)'의 구체적인 뜻은 무엇인가? 이에 대해 유협은 「지음」편에서 "독창적인 면을 보아내는 것은 올바른 감상을 하는 것, 즉 지음뿐이다"라고 말하고 있다. 다시 말해서 '지음'이란 작품의 독창적인 면모와 예술적인 가치를 발견하고 이해하며 느끼는 것을 말하는 것이다.

예술작품은 개인의 창작물이므로 그 가운데는 반드시 독창적인 특성이 있게 마련이다. 독창적인 특성이 없는 작품은 예술적인 가치를 지니고 있다고 말하기 힘들다. 유협이 「여사」편에서 말하고 있듯이 "작품의 기세에 새로움이 없고 어휘사용에도 독창성이 없이 대구만을 늘어놓은 글은 읽는 이들의 졸음만을 부를 뿐"인 것이다. 그러나 작품이 독창적인 면을 구비하고 있다고 해도 '지음'이 가능한 녹자를 만나지 못하면 그 예술적 가치가 긍정되거나 받아들여지기 어렵게 된다. 왜냐하면 작품의 독창적인 예술적 가치는 독자가 작품을 구성하는 각 부분들의 상호관계를 제대로 파악할 때 인식될 수 있기 때문이다. 이렇게 본다면 '지음'의 여부는 독자의 예리하고 민감한 판단 능력에 달려 있는 것이다.

## 깊은 식견으로 작품의 깊이를 감상하는 과정

그렇다면 독자가 작품을 대할 때 어떠한 면들을 살펴야 전면적인 인식 하에 정확한 판단을 내려 독창적인 면모를 파악할 수 있는가?

유협은 「지음」편에서 독자가 작품의 형식과 내용을 살필 때 관찰해야 하는 여섯 가지 면을 들고 있다. 첫째, 작품의 주제와 체제의 일치 여부를 살핀다. 둘째, 어휘사용이 적절한가를 살핀다. 셋째, 작품에 나타난 전통의 계승과 변혁의 문제를 살핀다. 넷째, 독창적이고 참신한 면모가 제대로 갖추어졌는가를 살핀다. 다섯째, 전고나 성어 등 인용문의 사용이 적절한가를 살핀다. 여섯째, 사용된 어휘의 성률(리듬)이 조화로운지를 살핀다.

이상의 여섯 가지 면을 제대로 살피면 작품의 우열은 자연히 드러나게 된다고 말하고 있다. 다시 말해서 유협이 제시한 여섯 가지 관찰법은 작품의 예술적 성취와 그 미적 가치를 감상하기 위해서 비교적 객관적으로 작품을 관찰하는 방법이라고 할 수 있다. 유협은 독자가 작품을 감상할 때 이러한 분석적인 고찰의 과정을 거침으로써 작품에 대해 더 깊은 이해를 하게 되고, 이러한 이해를 통해 독자는 작품의 형식과 내용이 제공하는 미감을 더 깊이 체험할 수 있다고 생각했다. 그러므로 "깊은 식견으로 작품의 깊이를 감상하게 되면 반드시 내적인 기쁨을 느낄 수 있다"고 한 것이다. 유협이 말하는 "깊은 식견으로 작품의 깊이를 감상하는 과정"은 감상활동에 있어서 이지적인 작품분석의 과정이라고 할 수 있다. 그러나 이러한 감상의 결과로 생겨나는 '내적인 기쁨'은 일종의 미감으로서 감성의 영역에 속한다.

즉 독자가 많은 작품을 접함으로써 깊은 식견을 지니게 되고, 이로 인해 작품에 대한 조예가 깊어져서 작품에 대한 이지적인 관찰과 인식을 하게 되는데 그 최종 목적은 '내적인 기쁨' 인 미감을 경험하는 데 있다는 것이다.

## 깊이 있는 감상을 통해 얻게 되는 내적인 기쁨

유협이 제시한 독자의 이상적인 감상활동의 경지는 작가의 창작과정과 작품의 이상적인 풍격에 대한 요구와 밀접한 관련이 있다. 「총술」편에서 유협은 "작가의 창작활동이 순조롭게 진행되면 작품의 뜻과 감정의 여운이 살아 움직이는 듯하고 어휘의 기세가 함께 모여들어 이상적인 작품의 풍격을 연출하게 된다. 그리고 이러한 작품을 독자가 눈으로 보면 비단에 수가 놓여 있는 듯하고, 귀로 들으면 관현악을 듣는 듯하며, 이를 음미하면 풍부한 아름다움이 느껴지고, 이를 감상하노라면 꽃의 향기가 나는 듯하다"고 하였다.

여기서 말하는 독자가 눈으로 보고 귀로 듣는 미감과 음미하고 감상함으로써 느껴지는 미감은 「지음」편에서 말하는 깊이 있는 감상을 통해 얻게 되는 '내적인 기쁨' 을 더욱 구체적으로 풀어서 설명한 부분이라고 할 수 있다. 작품의 형식미를 통해서는 시청각적인 미감을 느끼게 되고 작품 전체를 감상하고 음미하게 되면 마음으로 무한한 여운의 미를 느낄 수 있게 된다는 것이다.

일반적으로 예술 감상이 가능하기 위해서는 그 예술영역에 대한 어느 정도의 조예가 있어야 비로소 감상의 단계로 진입할 수 있다. 더 나아가서 작품의 독창적인 예술적 성취와 미적 가치를 파악하기 위해서는 전문적인 예술적 지식이 필요하다. 그러므로 유협이 논한 독자의 감상활동은 독자가 작품에 대해 임의적인 느낌을 갖는 활동만을 가리키는 것이 아니다. 독자가 작품에 대해 깊이 있는 이해를 함으로써 작품의 형식과 내용이 연출해내는 독창적인 예술적 가치를 파악하고 이를 통해 내적인 기쁨을 향유하게 되는 수준 높은 감상활동을 가리킨다.

# 『문심조룡』 읽기의 의의와 중요성
―문학 활동 전반에 대한 보편적인 사유를 가능하게
　하는 책

## 중국문학 전공자가 보는 『문심조룡』의 중요성

　지금으로부터 1500년 이상 시공의 차이를 지닌 저작임에
도 불구하고 동서고금의 문학현상에 적용이 가능한 다량의
보편적인 문학관점과 이론들을 담고 있다는 점이 필자가 『문
심조룡』을 중요하게 생각하는 가장 큰 이유이다. 그리고 중
국 고대문학의 구체적인 현상 및 전개와 변화의 상황을 문학
이라는 각도에 초점을 맞추어 이처럼 체계적으로 전달해준
책은 없다는 점도 필자가 『문심조룡』을 중요하게 생각하는
이유이다. 다시 말해서 『문심조룡』은 역사적인 가치와 보편
적인 가치를 동시에 갖추고 있으므로 중국문학의 역사를 이
해하는 데는 물론 문학의 본질을 고찰하는 데도 매우 유용한

서적이다.

『문심조룡』은 중국문학비평서나 중국문학이론에 관련된 글들이 대부분 인상주의식으로 쓰여서 매우 비논리적이고 즉흥적인 느낌을 서술한 정도라도 생각했던 필자의 생각을 단번에 뒤집은 서적이기도 하다. 중국 고대의 역사서나 사상서 가운데에도 문학에 대해 언급한 내용들이 적지 않으나 오직 문학에 초점을 맞추어 이처럼 방대한 체계로 서술된 서적은 전무후무한 것이다.

『문심조룡』에서 광범위하면서도 깊이 있게 문학과 관련된 여러 문제들을 다루고 있으므로 후대의 많은 문학이론가들이 문학이론을 전개할 때『문심조룡』의 영향을 두루 받았다. 근대 이후로 고전문학이론을 연구하는 연구자들은『문심조룡』을 중국 고전문학이론을 집대성한 저작으로 여기고 많은 이론적인 근거를『문심조룡』에서 찾고 있다. 또한 근대 이후 중국문학사나 중국문학비평사의 저술에서도 각 시대의 문학 관점이나 문학 현상의 중요한 특징들을『문심조룡』의 내용을 근거로 하여 서술하고 있음을 볼 수 있다. 이렇게 볼 때 『문심조룡』은 명실공히 중국 고전문학이론을 집대성한 중국 고대의 문예이론총서이자 간명한 중국 고대의 문학사라고 할 수 있다.

게다가 중국문자가 지니고 있는 미적인 특성을 최대로 발휘한 변려문이란 글쓰기 양식으로 쓰인 글이므로 『문심조룡』 안의 표현 자체만으로도 상당한 매력을 느낄 수 있다. 변려문이라는 글쓰기는 앞에서 살펴본 바와 같이 글자 수나 각 글자의 리듬 등을 맞추고 다량의 고전이나 역사적인 사실들을 인용해야 하는 매우 까다로운 절차를 요구하는 글쓰기 양식이다. 그러므로 어떻게 보면 문학이론과 같은 매우 추상적이며 논리적인 글쓰기에는 어울리지 않을 것으로 보이는 글쓰기 양식이다. 그럼에도 불구하고 유협은 각 편에서 자신이 표현하고자 하는 논지를 길지 않은 일정한 분량의 글을 통해 정확하게 전달하고 있다.

매우 추상적이고 딱딱할 수 있는 이론적인 내용을 구체적이고도 미적인 사물이나 현상의 비유를 통해 매우 감각적으로 묘사하고 있으므로 읽기에 지루하지 않고 작가가 전달하고자 하는 내용이나 이미지가 명확하게 와 닿는다는 것도 필자가 『문심조룡』을 애호하는 이유 중의 하나이다.

사실 필자가 『문심조룡』을 중요하게 생각하는 이유들과 현대의 독자들에게 『문심조룡』 읽기를 권유하는 이유가 많은 부분 중첩될 것이지만 필자처럼 전문적인 탐색의 과정을 거치지 않은 현대의 독자들이 『문심조룡』을 읽어야 할 이유는 어디에 있는지 간단히 살펴보기로 하자.

## 『문심조룡』이 현대에도 중요한 이유

　『문심조룡』은 문학 활동 전반에 대한 보편적인 사유를 가능하게 하는 책이다.

　『문심조룡』이라는 서명이 말해주듯이 유협은 문학예술의 본질이 되는 개인의 감정과 언어문자의 예술적인 표현문제 등에 대한 분명한 인식을 기반으로 작가의 창작활동과 독자의 감상활동 및 작품의 예술적인 풍격에 관한 문제들을 일관된 관점으로 논의하고 있다. 유협의 이러한 문학관은 개인의 개성이 존중되고 사상의 해방이 이루어지며 순수문예 관점이 탄생된 시대적인 여건과 깊은 관련을 맺고 있다.

　개인에 대한 각성과 미에 대한 자각이 중시됨에 따라 문학예술의 특성을 이루는 양대 요소인 개인의 감정과 예술적인 언어표현의 문제가 유협의 『문심조룡』에 이르러 문학론의 주제가 된다. 동시에 여기에서 비교적 완전한 이론상의 종결을 이루게 된다. 간단히 말해서 『문심조룡』에서 문학예술을 논의하는 기본 범주는 바로 "문학 활동에 있어서의 마음의 작용(心－情)"과 "예술적인 언어표현의 문제(文－采)"인 것이다.

　그리고 유협은 작가와 작품과 독자가 어우러져 이루어내는 문예활동을 문학의 차원에서 논하는 데 그치지 않고, 한 차원 더 높여 전 우주자연의 질서와 그 질서의 일환으로 형성된 인류의 문화와 관련지어 논했다. 유협의 본질적인 차원에서의 문예탐구는 『문심조룡』에서 제시한 문예이론이 시공을 초월하여 공감을 불러일으킬 수 있도록 하는 원인이 된다.

시대적인 한계를 고려한다고 해도 유협의 문학에 대한 사고는 매우 전면적이고 보편적이다. 문학현상을 단지 문학작품이나 삭사와 같은 한정된 범주로 묶어서 일면적으로 고찰하지 않고, 더욱 본질적인 입장에서 문학 탄생의 근원과 발전 과정 및 다양한 중국 고전문학 장르의 특성과 전개양상을 다루고 있다. 그러므로 『문심조룡』에서 다루고 있는 내용들은 오늘날의 문학창작이나 비평 활동에도 좋은 참고자료가 될 수 있으며 중국 고전문학의 흐름과 특징을 이해하는 데에도 매우 중요한 역할을 한다.

핵심론에 속하는 앞의 다섯 편을 전편의 골격으로 삼아 각 편의 이론이 모두 앞의 다섯 편과 관련되도록 서술을 전개하고 있다.

제6편에서 제25편까지의 장르론과 작가론인 「재략」편, 그리고 시대와 문학과의 관계를 중심으로 역대의 문학현상을 시기별로 서술한 간명한 문학사인 「시서」편 등을 통해서는 중국 고대의 문학현상의 특징 및 전개양상들을 각 장르별·작가별·시기별로 일목요연하게 살펴볼 수 있다. 이상의 편들은 주로 『문심조룡』의 역사적인 가치가 잘 드러나는 부분이라고 할 수 있다.

문학 현상을 바라보는 기본관점인 '통변관'은 문학이라는 현상이 고대로부터 지금까지 지속되어 오면서도 시대와 작가에 따라 다른 양상으로 나타나고 있는 이유를 알게 해준다. 형식과 내용이라는 매우 본질적인 요소에 중점을 두어 역대의 문학 현상을 관찰하고 있다는 점은 유협의 보편적인 안목을 보여준다.

제1편에서 5편까지의 핵심론과 제26편에서 시작되는 창작론과 비평론인 「지음」편 등에서 다루고 있는 문학 현상에 대한 일반적이면서도 원론적인 논의들 가운데는 오늘날의 문학창작이나 글쓰기, 감상과 비평 활동에 참고할 수 있는 내용들이 매우 많다.

유협의 『문심조룡』은 유협이 『문심조룡』을 통해 제시한 이상적인 창작의 방식을 실제로 실현시켜 보여준 모범사례라고 할 수 있다.

유협이 「서지」편에서 밝히고 있는 장르론의 서술방식은 오늘날의 논리적인 글쓰기에도 활용이 가능한 체계를 보여준다. 먼저 명칭의 의미를 밝히고, 탄생의 근원을 파악하고, 구체적인 작가와 작품을 예로 들면서 역사적인 전개상황을 서술하고, 끝으로는 역사적인 전개상황을 종합하고 분석하여 각 장르의 이상적인 창작방식에 대한 이론을 정립한다. 오늘날 정해진 주제에 대해 논리적인 서술을 할 때도 이와 같은 방식을 채용하면 주제를 명확히 밝힐 수 있고 자료를 적절하게 활용할 수 있으며 현상을 분석하여 이론을 정립하는 것이 가능하다.

이 외에도 일일이 다 열거할 수는 없겠지만, 글로써 표현하지 않고는 견디지 못할 정도로 마음 가득 창작의 충동이 일어날 때 쓰인 글이라야 진실한 내용을 담게 되고 그러한 작품이 독사에게도 진정으로 감동을 줄 수 있다는 창작의 기본규범이나, 내용을 매몰시키지 않을 정도의 적당한 수사가 이루어져야 한다는 형식 표현 면에서의 규범 등은 매우 보편타당한 견해라고 할 수 있다.

작가 수양론 가운데 감상활동을 위해 고요한 심령의 상태를 중시한 것이라든지, 학문적인 역량을 많이 쌓아야 타고난 재기도 빛을 발할 수 있으며 새로운 구상의 전개에도 도움이 된다는 견해 등은 오늘날의 작가 수양에도 여전히 유효하다. 그리고 영감이 떠오르지 않고 작품의 구상이 원만하게 전개되지 않을 때는 억지로 구상을 진행시키지 말고 산책이나 담소로 긴장을 풀어 원기를 회복한 후에 다시금 창작에 몰두해보라는 것 등은 오늘날 글을 쓰는 모든 이들이 공감할 수 있는 내용이다. 이 밖에 구체적으로 글쓰기를 할 때 먼저 작품의 형식과 내용의 조화를 도모하면서 전체적인 골격을 세우고 구체적으로 살을 붙여갈 때는 전체적인 균형을 흐트러뜨리지 않도록 불필요한 군더더기들을 과감하게 제거해야 한다는 '용재'의 방법 등은 오늘날 글을 쓸 때도 유의해야만 하는 방식이다.

이상의 내용들은 『문심조룡』의 보편적인 활용의 가치를 잘 보여주는 부분이라고 할 수 있다.

이처럼 시대적인 가치와 보편적인 가치를 동시에 함유하고 있다는 것이 『문심조룡』이 어느 시대에나 중요한 문학이론서로서 인식될 수 있는 가장 큰 이유이자 현대의 독자들에게 동양문예학의 대표적인 고전으로 『문심조룡』 읽기를 권하는 이유이기도 하다.

게나 새우가 단단한 껍질에 쌓여 있으나, 그 속살은 의외로 부드럽고 맛있는 것처럼, 『문심조룡』을 처음 접할 때는 낯설고 쉽게 흥미를 느끼지 못하는 경우가 많으나, 일단 그 의미를 하나씩 새겨가다 보면 자신도 모르게 그 광대하면서도 세심한 문학현상의 탐구에 몰입하게 될 것이다.

『문심조룡』은 앞에서 설명하였듯이 50편으로 구성되어 있고 서로 긴밀하게 연계를 맺으면서도 각각 하나의 주제를 다루고 있기 때문에 전편에 대한 공감이 어려워도 독자마다 자신의 흥미에 따라 인상적인 부분을 찾아낼 수 있을 것이다.

우리는 서양의 논리와 이론에 너무 길들여져 있어서 중국 고대의 문학이론 하면 호랑이 담배 피던 시절의 이야기쯤으로 여기게 되고, 사용된 언어가 한자(漢字)라는 것에서부터 뭔가 개화되지 않은 수구적인 인상을 받게 되는 경우가 많다. 이제 이러한 편견을 벗어버리고 한걸음 가까이 다가가 『문심조룡』 안에서 문학현상의 여러 가지 문제에 대한 주옥같은 내용들을 섭렵하기를 권하고 싶다.

현대의 문학이론서들에서 논의되고 있는 여러 주제들이 이미 『문심소룡』 안에서 언급되고 있음도 알게 될 것이며, 방대한 체계로 다양한 주제의 이론을 전개하면서도 확실한 이론의 골격을 구성하고 있다는 것도 발견하게 될 것이다. 중국 고대의 문학현상을 일목요연하게 이해하고, 중국문학은 물론 어느 시대 어느 문학현상의 연구에나 적용이 가능한 보편적인 내용의 문학이론을 섭취하는 데 더할 수 없는 보고가 될 것이다.

2부

본문

文心雕龍

원전의 발췌내용을 읽기에 앞서서 『문심조룡』의 전문(全文)에 대한 간략한 이해를 돕기 위하여 『문심조룡』 각 편의 제목을 소개하고 간략한 해제를 통하여 각 편의 주제를 살펴보기로 한다. 유협은 각 편의 마지막에 찬(贊)을 두어 각 편의 중점적인 내용을 다시 한 번 요약하여 정리하고 있음도 밝혀둔다.

*원전은 범문란(范文瀾)의 『문심조룡주(文心雕龍註)』를 참고했다.(이견이 있는 구절이나 글자에 대해서는 더 타당한 구절이나 글자를 취했다.) 발췌된 원문 한역의 상단에 원문과 관련된 주제를 밝히고 인용된 원문 옆에 괄호를 두어 『문심조룡』의 편명을 기재함으로써 인용된 원문의 출처를 밝혔다.

*1장과 관련된 내용의 원문을 발췌해서 『문심조룡』 문학이론의 보편성을 이해할 수 있게 하였다. 그러므로 가급적 현대에도 공감이 가능한 보편적인 내용을 발췌하려고 노력하였으며, 주석이 없이는 이해하기 힘든 내용은 가급적 생략하였다.

*독자의 이해를 돕기 위하여 원전의 의미가 손상되지 않는 범위에서 의역을 한 부분도 적지 않다.

# 『문심조룡』의 구성 체계와
# 작가 유협의 저작 목적

# 『문심조룡』 각편에 대한 간략한 해제와 유협의 저작 동기 및 목적

## 핵심론 - 다양한 문학 장르의 원류와 문학창작과 감상의 기본체계를 밝힘

1편-원도(原道): 문학예술의 기원과 탄생을 밝힘

2편-징성(徵聖): 최초의 저자라고 할 수 있는 성인의 창작방식에서 최고의 창작규범을 구함

3편-종경(宗經): 최고의 창작규범을 실현시킨 저작이자 모든 문학 장르의 원류인 경서를 존중함

4편-정위(正緯): 경서의 보좌 역할을 자임하고 있으나 미신적인 색채가 강한 위서의 문학적인 효용을 긍정함

5편-변소(辨騷): 굴원의 작품인 「이소(離騷)」를 통해 문

예활동의 창조적인 변화와 발전의 규율을 논함

## 장르론 — 각 장르의 특색 및 역사적인 전개과정을 서술함

6편 — 명시(明詩): 시에 대한 논의

7편 — 악부(樂府): 가사(歌詞)에 대한 논의

8편 — 전부(詮賦): 화려한 표현으로 부연하고 설명하는 형
식의 글인 부(賦)에 대한 논의

9편 — 송찬(頌讚): 찬미하고 칭송하는 글과 논평하는 글에
대한 논의

10편 — 축맹(祝盟): 제사문과 서약문에 대한 논의

11편 — 명잠(銘箴): 가르치고 경계하는 글에 대한 논의

12편 — 뇌비(誄碑): 죽은 사람 생전의 덕행을 찬양하거나
추도하는 글에 대한 논의

13편 — 애조(哀弔): 요절한 사람을 애도하는 글에 대한 논의

14편 — 잡문(雜文): 소일거리로 쓴 소품문들에 대한 논의

15편 — 해은(諧讔): 해학적인 글과 참된 의미를 감춘 수수
께끼와 같은 글에 대한 논의

16편 — 사전(史傳): 역사서에 대한 논의

17편 — 제자(諸子): 사상서에 대한 논의

18편 — 논설(論說): 논설문에 대한 논의

19편―조책(詔策): 황제가 신하에게 내리는 글에 대한 논의

20편―격이(檄移): 선전포고문과 공개적인 공문서에 대한 논의

21편―봉선(封禪): 천지신명에게 감사하는 황제의 제사문에 대한 논의

22편―장표(章表): 신하가 황제에게 올리는 글에 대한 논의

23편―주계(奏啓): 상소문에 대한 논의

24편―의대(議對): 국정에 관한 문제를 심의하고 검토해서 조정에 의견을 제시하는 글과 관리를 등용하는 시험을 위해 황제가 내는 경전의 의미나 정치에 관한 문제에 응시자가 소신을 밝히는 글에 대한 논의

25편―서기(書記): 서간문을 비롯한 여러 실용문에 대한 논의

## 문예원론 ― 문학에 관련된 모든 문제들을 광범위하게 토론한 문예종합이론

창작론

26편―신사(神思): 문예구상과 상상력

27편―체성(體性): 작가의 개성적인 작풍(作風)

28편―풍골(風骨): 이상적인 작품이 갖추어야 할 요건

29편—통변(通變): 문학의 생명력이 지속되기 위해 지켜
　　　　져야 할 전통의 계승과 변혁의 원리

30편—정세(定勢): 장르 스타일(風格)

31편—정채(情采): 문학의 내용과 형식에 대한 본질적인
　　　　고찰

32편—용재(鎔裁): 작품의 전체적인 구상과 표현의 정리

33편—성률(聲律): 청각적인 미감을 고려한 운율(리듬)의
　　　　조화

34편—장구(章句): 구절과 단락의 짜임새

35편—여사(麗辭): 이상적인 대구의 방식

36편—비흥(比興): 비유법(직유와 은유)

37편—과식(夸飾): 과장법

38편—사류(事類): 고전 자료(典故)의 시의적절한 활용

39편—연자(練字): 시각적인 미감을 고려한 적절한 어휘
　　　　선택

40편—은수(隱秀): 강조의 기법과 함축의 기법

41편—지하(指瑕): 작품의 결함에 대한 수정

42편—양기(養氣): 작가 수양론

43편—부회(附會): 작품의 전체적인 윤곽과 짜임새

44편—총술(總術): 창작의 기본 원리

46편—물색(物色): 자연환경과 문학구상의 관계

문학사

    45편—시서(時序): 시대의 추이에 따른 문학의 변천

작가론

    47편—재략(才略): 상고시대부터 남조의 송대에 이르기까지의 작가론

문학 감상 비평론

    48편—지음(知音): 감상비평론

    49편—정기(程器): 작가의 품성과 사회적인 역할

## 서문

    50편—서지(序志):『문심조룡』의 서문

『문심조룡』이라는 책이름(書名)이 갖는 의미

    '문심' 이란 문학을 창작할 때의 마음의 작용을 뜻한다. 옛날 연자는 『금심』을 저술했고 왕손자는『교심』을 저술했다. 마음이란 참으로 아름다운 것이다. 그래서 이것을 이 책의 이름으로 사용한 것이다.

    이 책의 후반에 '조룡' 이라는 말을 덧붙인 이유는 예로부

터 문장이란 아름답게 다듬어 꾸미는 것(雕縟)을 본질로 하고 있기 때문이지 어찌 추석의 "많은 말들을 용을 조각하듯이 화려하게 꾸민다"라는 말에서 취한 것이겠는가?

夫文心者, 言爲文之用心也. 昔涓子琴心, 王孫巧心 心哉美矣, 故用之焉. 古來文章, 以雕縟成體, 豈取騶奭之群言雕龍也.

―「서지」

## 『문심조룡』의 구성 체계와 내용

『문심조룡』을 지으면서 도를 근본으로 하고 성인을 스승으로 삼고 경서를 문학체제의 근간으로 하였으며 문학용어의 활용에 있어서는 위서를 참조했고 문학의 변혁은 초사에서 배웠으니 문학의 핵심에 관한 논의는 다 말하였다고 하겠다. 운(리듬)이 있는 장르군인 문(文)과 운이 없는 장르군인 필(筆)을 논술함에 있어서는 작품의 양식을 구별하여 나누었다. 각 장르의 근원에서 시작하여 그 변화와 전개과정을 서술하고 각 양식의 명칭을 해석하여 내용을 분명히 하였으며 대표적인 작품을 뽑아서 각 편의 내용을 확정하고 각 장르의 창작이론을 서술하여 이론적인 체계를 세웠다. 이 책의 전반부는 이상의 내용으로 각 문학 장르의 요점을 분명히 했다.

문학 활동을 위한 심정과 미적인 표현형식을 분석하는 데 있어서는 전면적인 고찰을 통해 조리를 갖추었다. 상상력과 작가의 개성을 표현하고 풍격과 기세를 고려하고 문장의 짜임새와 소통의 문제를 포괄하고 성률과 글자의 배열을 관찰했다. 「시서」편에서는 문장의 흥망성쇠를 다루었고, 「재략」편에서는 역대의 작가들을 비평하였으며, 「지음」편에서는 작품 감상의 어려움을 탄식하였고, 「정기」편에서는 작가의 인품에 대한 견해를 피력했으며, 「서지」편에서는 이 책의 취지를 깊은 회포를 담아 서술해냄으로써 전편을 매듭지었다.

이 책의 후반부는 이상의 내용으로 문학현상에 나타나는 구체적인 문제들을 분명하게 밝혔다. 논지에 근거해서 편명을 정하고 역경(易經)에서 말하는 우주생성의 숫자인 50으로 편을 나누었지만 그 중에 실제로 문학을 논한 것은 49편이다.

> 蓋文心之作也, 本乎道, 師乎聖, 體乎經, 酌乎緯, 變乎騷, 文之樞紐, 亦云極矣. 若乃論文叙筆, 則囿別區分; 原始以表末, 釋名以章義, 選文以定篇, 敷理以舉統; 上篇以上, 綱領明矣. 至於割情析采, 籠圈條貫, 摛神性, 圖風勢, 苞會通, 閱聲字; 崇替於時序, 褒貶於才略, 怊悵於知音, 耿介於程器; 長懷序志, 以馭群篇, 下篇以下, 毛目顯矣. 位理定名, 彰乎大易之數, 其爲文用, 四十九篇而已.
>
> ─「서지」

## 『문심조룡』을 저작한 주관적인 동기와 목적

저작을 통해 정신생명의 불후를 추구

(천고에 이름을 드날리고자 한 유협)

우주는 매우 넓으며 일반인과 인재가 두루 섞여 있다. 많은 사람 중에서 뛰어날 수 있는 길은 지혜와 슬기뿐이다. 시간은 빠르게 흐르고 사람의 생명도 오래 계속되지 못한다. 명성과 업직을 남기는 길은 창작뿐이다. 사람의 용모는 천지를 본보기로 했고 천부적인 품성은 오행의 움직임을 따랐으며 눈과 귀는 해와 달을 닮았고 목소리와 호흡은 바람에 비유된다. 사람이 만물 가운데 가장 뛰어나게 된 것은 그 심령 때문이다. 신체는 초목과 같이 약하나 명성은 금석보다 견고하다. 그러므로 군자가 세상을 살아갈 때에 덕을 세우고 말을 남기려 하는 것이 어찌 변론을 즐겨서겠는가. 달리 방법이 없기 때문이다.

내가 일곱 살 때 비단 같은 채색구름을 보고 올라가 그것을 따는 꿈을 꾸었다. 삼십이 넘은 어느 날 밤에는 붉은 칠을 한 예기를 들고 공자를 따라 남쪽으로 가는 꿈을 꾸었다. 아침에 잠을 깨고는 무척 기뻐했다. 위대한 성인을 만나기란 어려운 것인데 이 하찮은 자의 꿈에 나타나신 것이 아닌가. 인류 역사상 공자처럼 위대한 인물은 없는 것이다.

夫宇宙綿邈, 黎獻紛雜, 拔萃出類, 智術而已. 歲月飄忽, 性靈不

居, 騰聲飛實, 制作而已. 夫人肖貌天地, 稟性五才, 擬耳目於日月, 方聲氣乎風雷, 其超出萬物, 亦已靈矣. 形甚草木之脆, 名踰金石之堅, 是以君子處世, 樹德建言, 豈好辯哉, 不得已也. 予生七齡, 乃夢彩雲若錦, 則攀而採之. 齒在踰立, 則嘗夜夢執丹漆之禮器, 隨仲尼而南行. 旦而寤, 乃怡然而喜; 大哉, 聖人之難見哉, 乃小子之垂夢歟. 自生人以來, 未有如夫子者也.

　　　　　　　　　　　　　　　　　　　　　　　—「서지」

　　인생은 유한하지만 지혜만은 무한하다. 만물의 현상을 따르기는 어려우나 본성에 의지한다면 용이하다. 홀로 산수에 거하면서 문학의 의의를 곰곰이 생각한다. 문장이 과연 마음을 싣는 것이라면 나의 마음도 기탁할 곳을 얻으리라.

　　生也有涯, 無涯惟智. 逐物實難, 憑性良易. 傲岸泉石, 咀嚼文義, 文果心載, 余心有寄.
　　　　　　　　　　　　　　　　　　　　　　　—「서지」

## 성인(聖人)의 저작인 경서(經書)의 불후를 말함

　　참으로 신묘하다. 타고난 지성을 지닌 성인은 만물의 깊고 밝은 이치를 주관한다. 깊은 이치를 문장으로 표현하고 탁월한 재기는 문장의 아름다운 언어표현을 이룬다. 하늘에 달려 있는 해와 달처럼 밝게 현상을 관찰하니 그 언어표현은 산과 바다만큼이나 풍부하다. 육체는 백 년이 되면 세상에서 사라지지만 그 마음은 천 년이 지나도록 남는다.

妙極生知, 睿哲惟宰. 精理爲文, 秀氣成采. 鑒懸日月, 辭富山海.
百齡影徂, 千載心在.　　　　　　　　　　　　　　　　　　—「徵聖」

## 여러 사상가들 저서(諸子書)의 불후를 말함

'제자'라는 것은 만물의 이치를 탐구하여 자신의 뜻을 나
다낸 글이나. 최상이 덕을 세우는 것이며 다음이 말을 남기는
것이다. 대중들은 무리지어 살면서 복잡한 가운데 개성이 드
러나지 못할까 걱정하고 군자는 세상을 살아가면서 자신의
이름과 덕망이 드러나지 않는 것을 꺼린다. 오직 재기가 뛰어
난 사람만이 빛나는 문장을 남기어 그 이름을 드날리고 해와
달처럼 뚜렷한 존재가 되는 것이다.……아아! 그 자신과 그가
처했던 시대와는 위배되었으나 그 뜻은 만물의 이치와 더불
어 펼쳐졌으니, 그 마음은 만고에 드러나고 그 품은 뜻은 천
년이 넘도록 전해지리라. 금이나 돌이 썩는다 해도 그 명성이
사라지겠는가.

諸子者, 入道見志之書. 太上立德, 其次立言. 百姓之群居, 苦紛
雜而莫顯. 君子之處世, 疾名德之不章. 唯英才特達, 則炳曜垂文,
騰其姓氏, 懸諸日月焉…… 嗟夫 身與時舛, 志共道申, 標心於萬
古之上, 而送懷於千載之下, 金石靡矣, 聲其銷乎.　　　—「諸子」

## 『문심조룡』을 저작한 객관적인 동기와 목적

문장의 효용과 본질에서 벗어난 언어문자의 오용

성인의 사상을 부연하여 널리 알리는 데는 경서에 주석을 하는 것이 으뜸이 되는데, 마융·정현 등의 학자가 이미 경서를 상세하게 주석하였으니 깊이 있는 견해가 있다 해도 일가를 이루기에는 족하지 않다. 문장의 용도란 경전의 작용을 측면에서 보좌하는 것이며 다섯 종류의 예의법칙은 그 힘으로 완성되고 여섯 부분의 행정기구도 그것에 의해서 운영하게 되는 것이다. 또 군신관계도 문장을 통해서 분명하게 되고 군사문제와 국정도 문장에 의해서 명료화되었다. 그러므로 이것들의 근원을 상세히 추구해가면 어느 하나도 경전에서 출발하지 않은 것이 없다.

그런데 성인시대로부터 멀어져가면서 문학의 체제가 흐트러지고 작가들은 신기함을 즐기며 실속 없이 들뜬 표현을 귀히 여기게 되었으니, 이는 마치 자연적인 장식을 갖추고 있는 새의 날개에다 물감을 칠하고 가죽 따나 수건에다 무늬를 수놓은 것과 같은 것으로 본질에서 더욱 벗어나 문자언어의 오용이 심해진 것이다. 상서에서 말을 논할 때는 요점 파악을 귀하게 여겼고 공자가 교훈을 펼 때는 이단의 학설을 미워했다. 상서의 말과 공자의 교훈이 내용은 달라도 그들 내용의 요점은 깨달아야 한다. 이러한 동기에서 붓을 들고 먹을 갈아서 문장을 논하기 시작한 것이다.

> 敷讚聖旨, 莫若注經, 而馬鄭諸儒, 弘之已精; 就有深解, 未足立
> 家. 唯文章之用, 實經典枝條; 五禮資之以成, 六典因之致用, 君
> 臣所以炳煥, 軍國所以昭明, 詳其本源, 莫非經典. 而去聖久遠,
> 文體解散, 辭人愛奇, 言貴浮詭, 飾羽尙畵, 文繡鞶帨, 離本彌甚,
> 將遂訛濫. 蓋周書論辭, 貴乎體要; 尼父陳訓, 惡乎異端. 辭訓之
> 異, 宜體於要, 於是搦筆和墨, 乃始論文.　　　　　　　—「서지」

### 유협의 역대 문학이론 저작들에 대한 비평과 반성

자세히 살펴보면 근대에 문학을 논한 저작은 많다. 위문제의 「전론논문」, 진사왕 조식의 「양덕조에게 주는 편지」, 응양의 「문질론」, 육기의 「문부」, 지우의 「문장유별론」, 홍범의 「한림론」 등 이러한 글들은 각각 부분적인 고찰은 이루었으나 종합적인 통찰은 희박하다. 혹은 당대 작가의 재기를 평가하기도 하고 혹은 이전의 작품들을 평가하기도 하였으며, 혹은 전아함과 통속성의 주제를 널리 거론하기도 하고 혹은 작품의 요점을 추려 모으기도 하였다.

「전론논문」은 세밀하나 주도하지 못하고, 「양덕조에게 주는 편지」는 변론을 펴고 있으나 타당치 않고, 「문질론」은 언어표현은 화려하나 정밀하지 못하다. 「문부」는 교묘하나 통일성이 결여되어 있고, 「문장유별론」은 세밀하지만 교묘함이 적고, 「한림론」은 깊이가 없으며 요점도 파악하지 못했다. 또 환담이나 유정, 응정, 육운 같은 이들은 널리 문장의 뜻을 논의했는데, 그들의 작품 속에 간간이 창의적인 견해들이 나온다. 그러나 이상 모두는 지엽적인 것으로부터 근거를 찾지도 못했고 작은 물결을 거슬러 근원을 찾아내지도 못했다. 때문에 선철의 가르침을 기술하지도 못했으며 후학들의 문학탐구에 유익함을 주지도 못했다.

> 詳觀近代之論文者多矣, 至如魏文述典 陳思序書, 應瑒文論, 陸機文賦, 仲治流別, 宏範翰林, 各照隅隙, 鮮觀衢路. 或臧否當時之才, 或銓品前修之文, 或汎擧雅俗之旨, 或撮題篇章之意. 魏典密而不周, 陳書辯而無當, 應論華而疏略, 陸賦巧而碎亂, 流別精而少巧, 翰林淺而寡要. 又君山公幹之徒, 吉甫士龍之輩, 汎議文意, 往往間出, 並未能振葉以尋根, 觀瀾而索源. 不述先哲之誥, 無益後生之慮.　　　　　　　　　　　　―「서지」

## 유협이 문학을 논의하는 기본 입장―절충(折衷)

한 편의 문장을 평가하는 것은 쉬우나 역대의 문장을 종합적으로 논한다는 것은 어렵다. 비록 매우 세밀한 부분에 주의를 기울이고 문제의 핵심에 이르도록 깊이를 다하였으나 어떤 작품은 뜻이 매우 곡절하고 근원이 애매하여 보기에는 뜻이 매우 단순한 것 같으나 실제적으로는 깊고 심오하다. 여기에 실리지 못한 글들도 셀 수 없이 많다. 기성의 작품을 평가함에 있어 이전의 관점과 같은 것은 무조건 여기에 동조한 것이 아니고 실제로 다를 수가 없었기 때문이며, 이전의 것과 평가가 다른 것도 단지 다른 의견을 말하기 위해서가 아니라 이치상 같을 수가 없었기 때문이다. 이전의 평가와 같거나 다른 의견들은 옛것과 근대의 것에 구애되지 않고 작품에 세밀한 분석을 가하여 다만 공정한 평가를 하기에 힘썼다.

夫銓序一文爲易, 彌綸群言爲難, 雖復輕采毛髮, 深極骨髓, 或有曲意密源, 似近而遠. 辭所不載, 亦不可勝數矣. 及其品評成文, 有同乎舊談者, 非雷同也, 勢自不可異也. 有異乎前論者 非苟異也, 理自不可同也. 同之與異, 不屑古今, 擘肌分理, 唯務折衷.

―「서지」

2장

# 문심론(文心論)과
# 조룡론(雕龍論)

# 문학활동에 있어서의 마음의 작용과 언어 문자의 예술적 표현

## 미(美)를 추구하는 본능과 문학예술의 탄생

문채(감지가 가능한 사물의 형상, 소리, 빛깔 등)의 효용은 대단하다. 그것이 천지와 더불어 생겨난 것은 어째서인가? 하늘의 검은 빛과 땅의 누런 빛이 섞여 있고 땅은 모지고 하늘은 둥글게 형체가 나뉘어 있다. 해와 달은 고리모양의 옥을 겹쳐 놓은 듯이 하늘에 매달려 있는 형상으로 드리워져 있으며 산과 내는 그 빛나는 아름다움으로 땅의 모습을 널리 장식하고 있으니 이것이 본래적으로 형성된 천지자연의 문채인 것이다.

위로는 해와 달과 별이 빛을 발하는 것을 볼 수 있고 아래로는 산천이 아름다운 무늬를 지니고 있음을 살필 수 있으니 이에 따라 높고 낮은 위치가 정해짐으로써 우주를 통솔하는 두 가지 요소가(혹은 천지) 생기게 된 것이다. 단지 사람만이 여기에 천지와 나란히 참여하여 마음과 정신(성령)을 모았으니 이 셋을 '삼재(三才: 하늘과 땅과 사람)'라고 부른다. 사람은 천지만물의 정화이며 천지의 핵심이다.

마음에 느낌이 생기면 언어로 확립되고 언어가 확립되면 문장으로 표현되는 것은 자연스러운 이치인 것이다.

널리 만물을 살펴보면 동물이나 식물이나 모두 아름다운 무늬를 지니고 있다. 용과 봉황은 그림 같은 아름다운 무늬로 상서로움을 나타내고 범이나 표범도 아름다운 문채로 자태를 이루고 있다. 구름과 놀의 오묘한 빛깔은 그림 그리는 사람의 능란한 색상을 뛰어넘고 꽃으로 장식된 풀과 나무는 비단 짜는 사람의 솜씨를 기다릴 것이 없다(그 자체로 아름답다.) 이러한 것들이 어찌 외부에서 가한 장식이겠는가. 모두가 자연스럽게 이루어진 것이다.

숲 속의 바람소리가 울려 퍼지면 조화롭기가 피리와 거문고의 곡조 같고 냇물이 바윗돌에 부딪혀 이루어지는 울림은 옥경쇠와 종고(중국 고대의 악기)소리와 같은 화음을 이룬다. 즉 형체가 확립되면 형체에 따른 아름다운 무늬가 이루어지고 소리가 나면 조화로운 음이 이루어진다. 아무런 의식이 없는 사물도 풍부한 외적인 장식을 지니고 있는데 심정을 지닌 인간이 어찌 문채가 없겠는가.

文之爲德也大矣. 與天地並生者何哉 夫玄黃色雜, 方圓體分, 日
月疊璧, 以垂麗天之象, 山川煥綺, 以鋪理地之形, 此蓋道之文也.
仰觀吐曜, 俯察含章, 高卑定位, 故兩儀旣生矣. 惟人參之, 性靈
所鍾, 是謂三才. 爲五行之秀氣, 實天地之心, 心生而言立, 言立
而文明, 自然之道也. 旁及萬品, 動植皆文, 龍鳳以藻繪呈瑞, 虎
豹以炳蔚凝姿, 雲霞雕色, 有踰畫工之妙, 草木賁華, 無待錦匠之
奇, 夫豈外飾, 蓋自然耳. 至於林籟結響, 調如竽瑟, 泉石激韻, 和
若球鍠, 故形立則文生矣, 聲發則章成矣. 夫以無識之物, 鬱然有
彩, 有心之器, 其無文歟.                                        ―「원도」

사람은 본래 일곱 가지 감정을 지니고 있어서 외계의 사물
에 감응이 발생하게 되는데 감응이 있게 되면 그 마음의 뜻을
읊조리게 되는 것이 자연스러운 현상이다.

人稟七情, 應物斯感, 感物吟志, 莫非自然.                    ―「명시」

## 문학예술의 주체와 모범사례

중국 고대의 역사문화현상을 근거로 문학의 탄생을 구체적으로
논의함

인류 문화의 기원은 태극에서 비롯된다. 이러한 신비한 이
치에 대한 깊은 통찰은 『역경(易經)』 중의 괘상(卦象)을 가지
고 최초로 삼는다. 복희가 먼저 팔괘를 그리고 공자가 끝으로

십익을 저술했다. 그 중에 건괘와 곤괘는 공자가 특별히 문언이라 이름 하여 해석했다. 즉 언어에 나타난 아름다운 수식은 천지의 핵심인 사람 마음의 표현인 것이다.……새의 발자국을 보고 글자를 만든 창힐의 문자가 노끈 매듭에 의한 의사전달을 대신하게 됨으로써 문자의 존재가 마침내 분명해졌다.……

> 人文之元, 肇自太極, 幽贊神明, 易象惟先, 庖犧畵其始, 仲尼翼其終. 而乾坤兩位, 獨制文言. 言之文也, 天地之心哉…… 自鳥迹代繩, 文字始炳……
> ─「원도」

성이 풍인 복희씨로부터 공자에 이르기까지 옛 성인은 경전을 창작했고 무관의 제왕인 공자는 선인들의 교훈을 전했다. 이들은 모두 자연스런 이치에 근본을 둔 마음으로 문장을 지었는데 신비한 이치를 탐구하여 교훈을 펴지 않은 것이 없다. 황하낙수에서 형상을 얻고 시초나 귀갑에 미래의 운명을 물었으며 하늘의 문채를 관찰하여 변화를 알고 인간세상의 일들을 관찰하여 교화를 완성했다.

이렇게 한 후 각 구획을 순서지어 바르게 다스리고 변함없는 법도를 제정하여 사업을 발전시키고 이에 따라 문장의 언어와 내용은 뚜렷하게 아름다운 모습을 지니게 되었다. 이로써 천지만물이 생성 변화하는 자연스러운 이치는 성인에 의해 문장으로 나타나고 성인은 문장을 통해 자연스런 우주만물의 이치를 밝히고 있음을 알게 된다. 이처럼 모든 방면에 통하여 막힘이 없고 날로 응용되어 끝이 없다.

『역경(易經)』의 「계사(繫辭)」 전상(傳上)에서 말하기를 "천하의 움직임을 고무시키는 것은 문장에 있다"라고 하였다. 문장이 세상의 움직임을 고무한다는 것은 그것이 바로 자연스런 이치를 나타낸 '문채(외적인 표현형식)'이기 때문이다.

爰自風性, 曁於孔氏, 玄聖創典, 素王述訓, 莫不原道心以敷章,
硏神理而設教, 取象乎河洛, 問數乎蓍龜, 觀天文以極變, 察人文
以成化, 然後能經緯區宇, 彌綸彝憲, 發揮事業, 彪炳辭義. 故知
道沿聖以垂文, 聖因文以明道, 旁通而無滯, 日用而不匱. 易曰 鼓
天下之動者存乎辭. 辭之所以能鼓天下者, 迺道之文也.

―「원도」

## 성인이 경전을 창조할 때의 심적인 활동과 언어문자의 표현

성인의 통찰력은 달과 해의 빛처럼 두루 미치어 그 신묘함이 만물의 징조를 능히 보아내는 데까지 이른다. 성인에 의해 쓰인 문장은 다른 글들의 모범이 되고 생각은 만물의 이치와 서로 부합된다. 때로는 간명한 언어표현으로 뜻을 전하고 때로는 해박한 문장으로 심정을 포괄한다. 때로는 이치를 밝혀 본체를 확립시키고 때로는 뜻을 은밀히 표현하여 그 의도를 감춘다.······때문에 언어문자 표현의 복잡함과 간략함은 그 형태가 다르며, 표현의 은밀함과 뚜렷함은 그 표현방법상에 차이가 있다. 이들을 필요에 따라 적합하게 변통하여 활용한다. 성인 공자가 이를 증거하고 있으니 문학을 창작하는 데 있어서 따를 규범이 있게 되었다.

夫鑒周日月, 妙極機神, 文成規矩, 思合符契, 或簡言以達旨, 或博文以該情, 或明理以立體, 或隱義以藏用······ 故知繁略殊形, 隱顯異術, 抑引隨時, 變通會適, 徵之周孔, 則文有師矣.

ー「徵聖」

## 경서(經書)란 무엇인가?

하늘과 땅과 사람에 관한 항구불변의 이치를 담은 책을 경전이라 한다. 경전은 영원하며 지극한 도리이며 불멸의 위대한 가르침이다. 때문에 경전은 천지를 본뜨고 귀신을 증거로 삼고 만물의 질서를 헤아려 인간사의 기강을 확립하였다. 이는 심령의 심오한 경지를 통찰하여 문장 정화의 극점에 이른 것이다.

參極彝訓. 其書言經. 恒久之至道, 不刊之鴻教也. 故象天地, 效鬼神, 參物序, 制人紀, 洞性靈之奧區, 極文章之骨髓也.

ー「宗經」

## 경서의 언어표현과 내용

　공자가 경서를 정리하고 편집하면서부터 경서는 모두 빛을 발하기 시작했다. 이에 『역경』에는 십익을 펴고 『상서』에서는 칠관을 보여주고 『시경』에서는 사시를 나열하고 『예기』에서는 다섯 분야의 제도를 바르게 하고 『춘추』에서는 다섯 조례를 만들었다. 그 내용은 타고난 감정의 모든 것을 담고 있으며, 그 언어표현 역시 문장의 이치에 합당한 방법으로 이루어졌다. 때문에 경서는 능히 학습을 계도하고 바른 길을 가르쳐서 그 밝은 빛을 영구히 비추는 것이다.

> 自夫子刪述, 而大寶咸燿, 於是易張十翼, 書標七觀, 詩列四始, 禮正五經, 春秋五例, 義旣極乎性情, 辭亦匠於文理, 故能開學養正, 昭明有融.　　　　　　　　　　　　　　　　　　　　 ―「종경」

## 내용과 목적에 따라 경서의 언어문자 표현의 스타일(풍격)이 다름

　『역경』은 오직 우주를 말했으며 신묘한 효용을 지닌다. 때문에 「계사」편에서 "뜻은 심원하고 언어표현은 아름다우며, 말은 이치에 맞고 사건들은 은밀하다"고 하였다. 공자가 『역경』을 여러 번 읽어서 책 끈이 세 번이나 끊어졌다고 하는 것을 보아도 이 책은 참으로 성인의 사상을 담아낸 보고인 것이다.

　『서경』은 말을 기록한 것으로 뜻의 해석이 애매하나 『이

아(爾雅)』에 통달하면 글의 내용이 분명해진다. 그러므로 자하가 『서경』을 칭찬하여 말하기를 "해와 달과 같이 밝고 별자리의 배열처럼 분명하다"고 하였다. 이는 그 내용이 매우 명백함을 말한 것이다.

『시경』은 주로 마음의 뜻을 말한 것으로 의미를 해석하는 방도는 『서경』과 같다. 풍자를 하고 직유와 은유(비흥)의 표현법을 썼으며 언어표현은 아름답고 비유는 완곡하여, 시를 읊을 때는 온유함을 느낄 수 있다. 그러므로 깊은 마음에 가장 잘 와 닿는다.

『예기』는 사회체제를 확립시키기 위한 글이므로 사건에 따라 규범을 마련하고 각 조항이 상세하며 실행을 한 후라야 효과가 드러난다. 어느 자구를 취해보아도 보배롭지 않은 것이 없다.

『춘추』는 이치를 분별하는 글로서 하나의 글자로 뜻을 드러낸다. 다섯 운석과 여섯 마리의 물새 이야기에서는 상세하고 간략한 표현을 섞어서 문장을 구성했다. 궁궐문과 누대의 화재사건은 언어배치의 선후를 따져 뜻을 분명히 했다. 그 언어표현은 완곡하며 뜻은 애매하니 참으로 이해하기 힘들 만큼 깊이가 있다.

『서경』은 언어표현만 보면 괴상하고 이상한 것 같지만 이치를 찾아가다보면 뜻이 명료해진다. 『춘추』는 언어표현은 금방 이해가 되나 내용을 찾다보면 점점 애매해지는 것이다. 이는 성인이 다양한 취지에 따라 내용과 언어표현의 풍격을 다르게 표현하였음을 보여준다.……때문에 논(論), 설(說), 사(辭), 서(序)와 같은 논설문 류의 양식은 『역경』에 의해 시작되었고, 임금이 신하에게 내리는 글이나 신하가 임금에게 올리는 글인 조(詔), 책(策), 장(章), 주(奏) 등은 『서경』에서 발원되었으며, 찬미하고 칭찬하는 글이나 노래인 부(賦), 송(頌), 가(歌), 찬(讚) 등은 『시경』에서 그 본체가 확립되었다.

가르치고 경계하는 글이나 추도하는 글이나 제사문인 명(銘), 뇌(誄), 잠(箴), 축(祝)은 『예기』가 그 발단을 이루고 있으며, 역사서나 선전포고문에 속하는 기(紀), 전(傳), 명(銘), 격(檄)등은 『춘추』가 근간이 되고 있다.

경서는 모두 각 문학 장르의 최고의 표준을 세웠으며 가장 광범위하게 문학의 영역을 개척했다. 그러므로 제자백가가 아무리 성해도 결국은 경서의 영역에 들어오게 되는 것이다.

夫易惟談天, 入神至用. 故繫稱旨遠辭文, 言中事隱, 韋編三絶, 固哲人之驪淵也. 書實紀言, 詁訓茫昧, 通乎爾雅, 則文意曉然, 故子夏歎書, 昭若日月之明, 離離如星辰之行, 言昭灼也. 詩主言志, 詁訓同書, 摛風裁興, 藻辭譎喩, 溫柔在誦, 故最附深衷矣. 禮以立體, 據事制範, 章條纖曲, 執而後顯, 採掇片言, 莫非寶也. 春秋辨理, 一字見義, 五石六鷁, 以詳略成文, 雉門兩觀, 以先後顯

旨. 其婉章志晦, 諒以邃矣. 尙書則覽文如詭, 而尋理卽暢, 春秋
則觀辭立曉, 而訪義方隱, 此聖人之殊致, 表裏之異體者也……
故論說辭序, 則易統其首, 詔策章奏, 則書發其源, 賦頌歌讚, 則
詩立其本, 銘誄箴祝, 則禮總其端, 紀傳銘檄, 則春秋爲根. 並窮高
以樹表, 極遠以啓疆, 所以百家騰躍, 終入環內者也.

―「종경」

## 문예의 창조적인 변화와 발전의 규율

『시경』 노래 소리가 그치자 그 뒤를 잇는 자가 없었다. 여기에 특출한 글이 나타났으니 바로 「이소」이다. 참으로 시인의 뒤를 이어 높이 날면서 사부가들을 앞서 힘차게 날아올랐다. 성인의 시대에서 그리 멀지 않았기 때문이며 초나라 사람의 풍부한 재기 때문이 아니겠는가.……진실로 『초사』의 본체는 하·은·주 삼대의 경전을 규범으로 삼았으며, 작품의 풍격에는 전국 시대의 요소가 섞여 있으니 『시경』의 입장에서 보자면 도락의 무리이나 사부의 입장에서 보자면 뛰어난 영웅이라 하겠다.

그 세워진 근본 골격과 이에 덧붙여져 있는 피부를 살펴보면 비록 경전의 뜻을 용해시켜 담고 있으나 또한 스스로 진귀한 언어표현을 구사하고 있다. 그러므로 「이소」와 「구장」은 그 언어표현은 선명하고 화려하나 그 내용은 슬픈 뜻을 담고 있다. 「구가」와 「구변」은 그 언어표현은 화려하고 섬세하나 그 내용은 상한 마음을 말하고 있다. 「원유」와 「천문」은 괴이하면서도 교묘한 슬기가 담겨져 있고, 「초혼」과 「초은」은 빛나는 화려함을 지니면서도 깊이 있는 아름다움이 담겨져 있다. 「복거」는 구속됨이 없는 언어표현을 보여주고 있고, 「어부」는 홀로 자신의 길을 가는 재주를 기탁하고 있다.

때문에 재기는 고인을 압도하고 언어표현은 새롭다. 놀라운 미적 언어표현은 그 아름다움이 절정에 다다랐으니 이와 함께 나란히 할 작품이 없다.…… 만약 『시경』을 존중하고 의지하여 중심을 잡고 『초사』를 잘 제어하여 부림으로써 특이함을 참조하면서도 진실함을 잃지 않고 화려함을 즐기면서도 실질을 놓치지 않게 된다면, 돌아보아 곁눈질할 정도의 짧은 시간 내에 언어표현의 힘을 발휘하게 되고 기침과 침이 나오는 정도의 길지 않은 시간 내에 문학예술의 극치에 다다를 수 있을 것이다.

自風雅寢聲, 莫或抽緒, 奇文鬱起, 其離騷哉. 固已軒翥詩人之後, 奮飛辭家之前, 豈去聖之未遠, 而楚人之多才乎…… 固知楚辭者, 體慢於三代, 而風雜於戰國, 乃雅頌之博徒, 而詞賦之英傑也. 觀其骨鯁所樹, 肌膚所附, 雖取鎔經義, 亦自鑄偉辭. 故騷經九章, 朗麗以哀志, 九歌九辯, 綺靡以傷情, 遠遊天問, 瑰詭而惠巧, 招魂招隱, 豔耀而深華, 卜居標放言之致, 魚父寄獨往之才. 故能氣

往轢古, 辭來切今, 驚采絶豔, 難與並能矣……若能憑軾以倚雅
頌, 懸轡以馭楚篇, 酌其而不失其眞, 翫華而不墜其實, 則顧盼可
以驅辭力, 欵唾可以文致. 　　　　　　　　　　　　　—「변소」

　문예의 규율은 끊임없이 움직이면서 그 성과를 날로 새롭
게 한다. 변화를 추구하기 때문에 오래도록 지속되고 전통을
지속함으로써 결핍을 면하게 된다. 시기를 맞이하면 반드시
과감해야 하고 기회를 탔을 때는 겁내지 않아야 한다. 당대
(當代)를 바라보아 특이한 표현들을 창작해내고 이전 것을
참조하여 문예활동의 법칙을 정한다.

　文律運周, 日新其業. 變則可久, 通則不乏. 趨時必果, 乘機無怯.
　望今制奇, 參古定法. 　　　　　　　　　　　　　—「통변」

　문장을 이루는 문학양식에는 일정한 법칙이 있으나 표현
의 기교에는 정해진 규율이 없다. 어떻게 이 같은 사실을 밝
힐 수 있는가. 대체로 시(詩), 부(賦), 서(書), 기(紀) 등의 문
학양식은 각 개념에 따르는 창작규율이 일정한데 이것이 곧
문학에는 일정한 양식이 있다는 것이다. 그러나 언어표현과
문장의 기세에 이르러서는 일정한 법칙에 따르면서도 변화
를 구해야 오래 전해질 수 있으니 이것이 곧 표현기교에는 뚜
렷한 규칙이 없다는 말이다.

문학양식의 개념과 창작규율은 일정하니 문학의 체제는 반드시 선례를 기본으로 해야 한다. 문예에 있어 변화를 추구하는 데는 일정한 법식이 없으므로 그 방법은 반드시 작가 자신의 새로운 착상을 참작해야 한다. 이렇게 하면 문학의 무궁한 길을 달리고 마르지 않는 샘의 물을 마실 수 있는 것이다. 그러나 두레박의 줄이 짧으면 갈증을 느끼게 되고 발이 피곤하면 갈 길을 포기하게 된다. 이는 문예창작의 이치가 다했기 때문이 아니고 창조적인 변화를 이루는 통변의 기술이 부족하기 때문이다.

그러므로 문학을 논하는 본보기로 초목에 비유하자면 뿌리와 줄기가 흙 속에 있어야 한다는 것은 공통적인 본성이나 그 향기나 맛 등은 태양을 쪼이는 데 따라 각기 달라 각각 다른 품종을 이루는 것이다.

> 夫設文之體有常, 變文之數無方, 何以明其然也 凡詩賦書紀,
> 名理相因, 此有常之體也. 文辭氣力, 通變則久, 此無方之數也.
> 名理有常, 體必資於故實, 通變無方, 數必酌於新聲. 故能騁無
> 窮之路, 飮不渴之源. 綆短者銜渴, 足疲者輟途, 非文理之數盡,
> 乃通變之術疎耳. 故論文之方, 譬諸草木, 根幹麗土而同性, 臭
> 味晞陽而異品矣.　　　　　　　　　　　　　　　　　　─「통변」

### 문예창작을 위한 방법을 강조함

문예의 깊이를 분석해보기 전에는 창작의 재능에 통달했는지 분별할 수가 없다. 창작의 재능에 통달하려면 반드시 방법을 아는 것에 기본을 두어야 한다. 문예의 각 영역을 두루 살피어 각각의 법식과 예증을 판별하지 않고서야 어찌 감정의 근원을 알아내어 문예의 영역에서 승리할 수 있겠는가.

不剖文奧, 無以辨通才. 才之能通, 必資曉術, 自非圓鑒區域, 大判條例, 豈能控引情源, 制勝文苑哉.　　　　　　－「총술」

### 위서(緯書)의 문학적인 효용

복희, 신농, 헌원, 소호의 전설이나 산천과 종고와 율여, 네 종류의 첨위 그리고 흰 물고기와 붉은 새의 영험함과 황금과 자옥의 상서로움 등에 관한 이야기에는 기이하고 특이한 사건들이 풍부하고 그 언어문자의 표현은 매우 화려하다. 이러한 특색들은 경전을 이해하는 데는 아무런 이익을 주지 못하나 문장의 표현에는 도움을 주는 바가 있다.

若乃羲農軒皥之源, 山瀆鍾律之要, 白魚赤鳥之符, 黃金紫玉之瑞, 事豐奇偉, 辭富膏腴, 無益經典, 而有助文章.　　　－「정위」

## 문학예술의 특성

성인들의 글을 모두 문장이라 일컫는다. 이는 성인의 글들이 미적인 언어문자의 표현으로 이루어져 있기 때문이 아니고 무엇이겠는가.

聖賢書辭, 總稱文章, 非采而何. —「정채」

물의 속성은 부드러워 잔물결을 이루고 나무의 본체는 튼튼하여 꽃을 피우니, 이것은 나타나는 문채(구체적인 현상이나 아름다운 모습 등)가 사물의 본질을 따른 것이다. 호랑이나 표범의 몸에 무늬가 없다면 그 가죽이 개나 양의 것과 같을 것이며, 무소와 외뿔 소가 지니고 있는 가죽도 갑옷을 만들려면 붉은 칠을 해야 색채를 띠게 되는 것이니, 이것은 사물의 본질이 아름다운 수식을 필요로 하는 것이다.

사람의 마음을 서술하거나 사물의 생김새를 묘사하려면 문자 가운데 마음을 새겨 넣어 종이위에 아름다운 말들을 수놓아간다. 그러한 것들이 뚜렷하게 아름다운 모습을 지니게 되면 화려한 문채라 지칭한다.

夫水性虛而淪漪結, 木體實而花蕚振, 文附質也. 虎豹無文, 則鞟同犬羊. 犀兕有皮, 而色資丹漆, 質待文也. 若乃綜述性靈, 敷寫器象, 鏤心鳥跡之中, 織辭魚網之上, 其爲彪炳, 縟采名矣.

—「정채」

그러므로 문채를 구성하는 방법에는 세 가지 이치가 있다.

첫째는 생김새로 표현되는 문식이니 다섯 가지 색채가 이것이며, 둘째는 소리로서 나타나는 문식이니 다섯 가지 음률이 이것이고, 셋째는 마음을 표현하는 문식이니 다섯 가지 인간의 본성이 이것이다.

다섯 가지 색채가 어우러져 예복의 수를 이루고, 다섯 가지 음률이 배합되어 순이나 우의 음악 같은 조화로운 음악을 이루며, 다섯 가지 심정이 일어나면 아름다운 문장을 이루니 이러한 현상들은 신비한 자연의 법칙인 것이다.

> 故立文之道, 其理有三. 一曰形文, 五色是也. 二曰聲文, 五音是
> 也. 三曰情文, 五性是也. 五色雜而成黼黻, 五音比而成韶夏, 五情
> 發而爲辭章, 神理之數也.　　　　　　　　　　　　　　－「정채」

## 문예의 핵심 ─ 감정과 언어문자 표현

분이나 눈썹그리개는 얼굴을 꾸미는 것이나 예쁜 눈과 입의 모습은 고운 자태에서 생겨나는 것이다. 화려한 수식으로 말을 꾸미지만 수식의 화려함은 타고난 감정에 근본을 두고 있다. 그러므로 감정은 수식의 경선이며 언어문자의 표현은 마음의 이치를 나타내는 위선이니, 경선이 바로 잡힌 후에야 위선이 이루어지며 마음의 이치가 정해진 후에야 언어문자의 표현이 유창해지는 것이다. 이것이 미적인 언어문자의 표현을 이루는 근본인 것이다.

夫鉛黛所以飾容, 而盼倩生於淑姿. 文采所以飾言, 而辯麗本於情性. 故情者文之經, 辭者理之緯. 經正而後緯成, 理定而後辭暢, 此立文之本源也.　　　　　　　　　　　　　　　　　　　　　　　—「정채」

## 문예작품의 내용(情)과 형식(采)을 구성하는 규범

옛날 시인의 작품들은 감정을 서술하기 위해 언어문자의 미적인 표현을 구사했다. 후세의 사부가들은 부나 송을 지을 때 언어문자의 미적인 표현을 목적으로 감정을 억지로 꾸몄다. 어째서 그러한 것을 알 수 있는가.

『시경』의 국풍과 대아와 소아의 창작은 마음속에 울분이 쌓여 그러한 심정을 시로 읊어서 통치자들을 풍자하였으니 이것은 심정의 표현을 위해 언어문자의 미적인 표현을 구사한 것이다. 사부가들의 무리는 마음에는 아무런 울분도 없으면서 단지 과장된 수식에 마음이 쏠려 세상에서 이름을 낚시질 하려 했으니 이것은 언어문자의 미적인 표현을 위해 감정을 조작한 것이다. 그러므로 감정을 서술하기 위해 글을 짓는 이는 간결하고도 진실한 내용을 쓰며, 언어문자의 미적인 표현만을 위해 글을 짓는 자는 지나치게 화려하여 번잡하고 헛된 내용을 쓴다.

昔詩人什篇, 爲情而造文, 辭人賦頌, 爲文而造情. 何以明其然. 蓋風雅之興, 志思蓄憤, 而吟詠情性 以風其上, 此爲情而造文也.

諸子之徒, 心非鬱陶, 苟馳夸飾, 鬻聲釣世, 此爲文而造情也. 故
爲情者要約而寫眞, 爲文者淫麗而煩濫.　　　　　　　　　－「정채」


진지한 작가는 심정의 표현을 위해 언어문자를 사용하지
만 경박한 작가는 화려한 언어표현을 위해 감정을 조작한다.

懇惻者辭爲心使, 浮侈者情爲文屈.　　　　　　　　　　　－「장표」

## 작품의 진실한 내용만이 감동을 줄 수 있음

　슬픔을 애도하는 표현의 기본적인 체제는 감정은 아픈 심
정을 위주로 하고 언어문자의 표현은 애석함을 다한다.……
가엾어 하는 마음이 있어 이를 언어문자로 표현하면 감정과
표현이 서로 합당하나 언어문자의 표현을 위해 마음을 조절
하려 한다면 그 체제는 과장되게 된다. 과장된 체제로 언어문
자의 표현이 이루어지면 비록 글이 화려해도 슬픔을 자아내
지 못하게 된다. 반드시 감정이 슬픔으로 향하고 언어문자의
표현은 눈물을 이끌어낼 수 있어야 한다는 것이 중요하다.

原夫哀辭大體, 情主於痛傷, 而辭窮乎愛惜.……隱心而結文則事
愜, 觀文而屬心則體夸. 夸體爲辭, 則雖麗不哀. 必使情往會悲,
文來引泣, 乃其貴耳.　　　　　　　　　　　　　　　－「애조」


　원망하는 심정을 서술하면 가슴이 막혀 답답하여 쉽게 감

동되고, 이별을 말하면 슬프고도 원망스러워 참기가 힘들다.

其敍情怨, 則鬱伊而易感. 述離居, 則愴怏而難懷.　　　─「변소」

## 지나친 수식이 실질을 가리는 것을 경계함

　　체제를 제대로 운용하는 데 이르지도 못했으면서 붓을 움직여 문사를 경박한 태도로 구사하여, 산만하게 언어문자를 엮어놓고 억지로 뜻을 짜맞추어 교묘함을 이루고자 헛되이 언어문자의 화려한 표현을 구사한다면 이는 사실 앞에서는 무기력해지며 설사 이치에 맞는 것이 있다 해도 경박한 언어 표현 속에 묻혀버리고 만다.

　　옛날에 진(秦)나라의 공녀가 진(晉)나라로 시집을 갈 때 화려한 옷을 입은 시녀를 딸려 보냈더니 진나라 사람은 시녀를 귀히 여기고 공녀를 천대했다. 또 초나라 상인들이 정나라 사람에게 구슬을 파는데 향기 짙은 계수나무 곽에 넣었더니 정나라 사람은 곽만을 사고 구슬을 돌려보냈다.

　　만일 지나치게 화려한 언어문자의 수식이 이치를 넘어서고 말단이 본질을 능가한다면 이는 진나라 공녀나 초나라 구슬의 비유가 여기에도 다시금 적용될 것이다.

若不達政體, 而舞筆弄文, 支離構辭, 穿鑿會巧, 空騁其華, 固爲事實所賓, 設得其理, 亦爲遊辭所埋矣. 昔秦女嫁晉, 從文衣之媵, 晉人貴媵而賤女. 楚珠鬻鄭, 爲薰桂之櫝, 鄭人買櫝而環珠. 若文

浮於理, 末勝其本, 則秦女楚珠, 復在於玆矣.　　　　　　　―「의대」

　근래의 작가들은 언어문자의 화려한 수식에 힘을 쓰느라 실질을 잊고 있다.

　近代詞人, 務華棄實.　　　　　　　　　　　　　　　―「정기」

## 수식을 구사하는 이상적인 방법

　체제를 설정하여 그 체제에 합당한 이치를 정하고 수식의 근본을 살펴 마음을 표현한다. 표현하려는 심정이 결정된 후에 음률을 결합시키고 체제에 합당한 이치가 정해진 후에 수식을 가하여 아름다운 표현을 구사함으로써, 아름다운 수식이 표현하려는 내용의 본질을 없애지 않고 번다함이 표현하려는 마음을 매몰시키는 일이 없도록 해야 한다. 붉은 색 남색의 정색을 빛내고 빨간색 자주색 등의 간색을 버려야 (즉 본질을 잃지 않는 수사를 구사해야) 비로소 문장의 수식을 잘하여 '문질을 겸비한 군자' (형식과 내용이 조화를 이룬 이상적인 작품)라 할 수 있다.

　　夫能設模以位理, 擬地以置心, 心定而後結音, 理正而後摛藻, 使
　　文不滅質, 博不溺心, 正朵耀乎朱藍, 間色屛於紅紫, 乃可謂雕琢
　　其章, 彬彬君子矣.　　　　　　　　　　　　　　　―「정채」

작품의 내용과 형식은 하나의 통일체

　반드시 감정과 뜻으로 정신을 삼고 사건이나 전고 등의 실
질적인 뜻으로 뼈대를 삼으며 아름다운 수사를 피부로 하고
미적인 음률로 소리의 기세를 삼는다.

　　必以情志爲神明, 事義爲骨鯁, 辭采爲肌膚, 宮商爲聲氣.

―「부회」

# 3장

## 신사론(神思論) –
## 문예구상과 표현

# 문예구상과 상상력

## 미적 체험을 위한 최적의 마음 상태

문학적 구상을 연마하는 데 있어서는 고요하고 빈 마음의 상태를 가장 귀하게 여긴다. 그러므로 마음을 깨끗이 하고 정신을 맑게 해야 한다.

陶鈞文思, 貴在虛靜, 疏瀹五藏, 澡雪精神.　　　　　　　─「신사」

## 자연경물에 대한 감동이 창작충동을 일으킴

산림과 넓은 들은 참으로 문예구상을 유도하는 보고라고 할 수 있다.……굴원이 『시경』의 국풍과 「이소」에 나타난 감정을 철저하게 파악할 수 있었던 것 역시 자연경관의 도움에 의한 것이 아니겠는가?

若乃山林皐壤, 實文思之奧府,……然屈平所以能洞監風騷之情
者, 抑亦江山之助乎.                                      ―「물색」


　계절의 순환과 흐리고 맑은 날씨의 변화에 따라 마음에 근
심이 서리기노 하고 기분이 편안해지기도 하니 자연의 변화
에 따라 사람의 마음도 동요되는 것이다. 겨울이 지나 봄의
따뜻한 기운이 싹트면 개미가 활동을 시작하고 가을이 되면
개똥벌레가 먹이를 모은다. 하찮은 벌레도 기후의 변화를 느
끼니, 사계절의 변화가 만물에 미치는 영향은 매우 깊다. 지
혜로운 심령은 아름다운 옥보다 빼어나고 맑은 기질은 꽃의
열매보다도 뛰어난 사람이 자연현상과 만나 감정에 동요를
느끼면 누군들 가만히 있을 수 있겠는가?
　그러므로 새해가 되어 봄이 시작되면 기쁘고 즐거운 감정
이 넘치고, 더운 기운 가득한 여름이 되면 마음이 답답하고
우울해진다. 하늘이 높고 공기가 맑은 가을이 되면 어둡고 가
라앉은 심정이 깊어만 지고, 진눈깨비 끝없이 흩날리는 겨울
이 오면 엄숙한 사념에 깊이 빠진다. 계절마다 각기 다른 풍
경이 있고 그 풍경들은 나름대로 독특한 모습들을 지닌다. 감
정은 풍경에 따라 변화하고 언어문자 표현은 감정의 흐름에
따라 드러난다. 낙엽 하나도 마음속에 생각을 일으킬 수 있으
며, 풀벌레 소리만으로도 마음을 끌기에 족하다. 하물며 맑은

바람이 불고, 밝은 달이 떠 있는 아름다운 밤과 맑은 날 봄 수
풀 새벽녘의 정취를 맞는다면 과연 어떠하겠는가!

> 春秋代序, 陰陽慘舒, 物色之動, 心亦搖焉. 蓋陽氣萌而玄駒步,
> 陰律凝而丹鳥羞, 微蟲猶或入感, 四時之動物深矣. 若夫珪璋挺其
> 惠心, 英華秀其淸氣, 物色相召, 人誰獲安 是以獻歲發春, 悅豫之
> 情暢, 滔滔孟夏, 鬱陶之心凝, 天高氣淸, 陰沈之志遠, 霰雪無垠,
> 矜肅之慮深. 歲有其物, 物有其容; 情以物遷, 辭以情發. 一葉且
> 或迎意, 蟲聲有足引心. 況淸風與明月同夜, 白日與春林共朝哉.
>
> —「물색」

## 인간사의 다양한 일들이 창작의 충동을 일으킴

태강(太康)이 덕을 잃었을 때 다섯 형제가 모두 원망하는
노래를 불렀다.

> 太康敗德, 五子咸怨.

초나라에 이르면 시가 풍자와 원망을 담게 되었으니 「이
소」는 풍자하는 작품이다.

> 逮楚國諷怨, 則離騷爲刺.                              —「명시」

한나라의 무제가 태산에서 천지에 제사를 지낼 때 시종인
곽선이 급사하여 무제는 그의 죽음을 슬퍼하여 시를 지었다.

暨漢武封禪, 而霍嬗暴亡, 帝傷而作詩.

　가의는 폄적당하는 신세가 되어 상수 가를 떠돌다가 분한 마음이 생겨 「조굴원부」를 지었다.

自賈誼浮湘, 發憤弔屈.　　　　　　　　　　　　　—「애조」

　옛날에 공사는 제왕의 도가 사라짐을 슬퍼하고 문화가 실추됨을 마음 아프게 생각하여 조용히 기거할 때는 봉황이 나타나지 않음을 한탄하고 길거리를 다닐 때는 기린이 나타나지 않는 것에 눈물을 흘렸다. 이에 악관(樂官)에게 나아가 『시경』의 아송(雅頌) 음악을 바로잡고 노나라 역사로서 『춘추』를 편찬했다.

昔者夫子閔王道之缺, 傷斯文之墜, 靜居以嘆鳳, 臨衢而泣麟, 於是就太師以正雅頌, 因魯史以修春秋.　　　　　　　　—「사전」

　경통은 세상을 돌아다니며 자신의 정치적 견해를 피력하기를 좋아하였으나 문치(文治)가 잘 이루어진 시대임에도 불구하고 자신의 뜻을 제대로 펼치지 못했다. 그가 자신의 생애를 직접 저술한 「현지부(顯志賦)」는 고통을 겪은 조개가 진주를 생산해 놓은 것에 비유될 수 있다.

敬通雅好辭說, 而坎壈盛世, 顯志自序, 亦蚌病成珠矣.　—「재략」

## 상상력과 문예구상

옛 사람이 이르기를 "몸은 강이나 바닷가에 있어도 마음은 높은 궁궐에 있다"고 했다. 상상력에 대해 말한 것이다.

> 古人云, 形在江海之上, 心存魏闕之下 神思之謂也.  —「신사」

문예구상에 있어서 상상력의 범위는 참으로 요원하다. 그러므로 조용히 생각을 모으면 천 년의 세월도 접할 수 있고 천천히 얼굴을 움직이면 만 리를 내다볼 수도 있다. 글을 읊조리는 가운데 주옥같은 소리가 나오며 생각을 모으는 가운데 눈앞에는 바람과 구름의 변화 많은 모습이 펼쳐진다. 이는 모두 상상사유의 이치가 극에 달한 것이 아니겠는가?

> 文之思也, 其神遠矣. 故寂然凝慮, 思接千載, 稍焉動容, 視通萬里, 吟詠之間, 吐納珠玉之聲, 眉睫之前, 卷舒風雲之色, 其思理之致乎.  —「신사」

이런 까닭으로 『시경』의 시인들은 자연에 감동하면 끝없이 연상을 펼치곤 하였다. 그들은 모든 현상 사이를 돌아다니면서, 보고들은 것들을 깊이 음미하고 즐겼던 것이다.

> 是以詩人感物, 聯類不窮, 流連萬象之際, 沈吟視聽之區.
>
> —「물색」

산에 오르면 감정은 산에 대한 것으로 가득 차고, 바다를
바라보면 생각이 바다에 대한 것으로 넘쳐흐른다.

登山則情滿於山, 觀海則意溢於海.　　　　　　　　　－「신사」


### '작가 내면의 문예형상(意象)' 창조를 위한 문예구상의 과정

그러므로 문예구상의 이치는 오묘하여 정신과 외적인 사
물이 서로 만나 노닐게 한다. 정신이 살고 있는 마음의 관건
을 쥐고 있는 것이 바로 의지와 기질이며 외적인 사물이 눈과
귀를 통해 정신과 접촉될 때 언어는 그것을 표현하는 기구가
되는 것이다. 표현기구가 잘 소통되면 사물의 모습은 숨김없
이 나타날 것이며 의지와 기질의 관건이 막히면 정신은 마음
속에 숨게 된다.

故思理爲妙, 神與物游. 神居胸臆, 而志氣統其關鍵, 物沿耳目,

而辭令管其樞機. 樞機方通, 則物無隱貌, 關鍵將塞, 則神有遁心.

　　　　　　　　　　　　　　　　　　　　　　－「신사」


상상활동이 시작되면 수많은 생각들이 다투어 생겨나게
되므로 제대로 체계가 잡히지 않은 구상에 구체적인 내용이
떠오르기도 하고 아직 형태가 제대로 잡히지 않은 형식에 언
어문자 표현을 조각해간다.

神思方運, 萬塗竸萌, 規矩虛位, 刻鏤無形.　　　　　　－「신사」

상상력의 움직임은 자신의 재능의 역량의 정도에 달려 있으므로 마치 바람과 구름과 함께 달리듯이 헤아리기 어렵다. 그러므로 붓을 잡고 글을 쓰려고 할 때의 기세는 막상 글을 쓸 때보다 배가 넘게 충천한다. 그러나 문장이 완성된 후에는 처음 쓰려고 했던 내용의 반도 표현되지 않으니 어떻게 된 일인가? 구상은 상상에 의지하므로 쉽게 독특하고 신기해지지만 언어표현은 구체적인 것이기 때문에 교묘해지기가 어렵다. 그러므로 구상은 사고에서 생겨나고 언어는 구상에서 생겨나는 것이니, 이 세 가지가 긴밀하게 접촉되면 서로의 관계는 틈이 없게 되지만 소활한 곳이 있으면 세 가지의 사이에는 천 리의 간격이 생기게 마련이다. 어떤 이치는 마음속에 있는데 그것을 바깥에서 구하기도 하고, 또 어떤 뜻은 눈앞에 있는데 산과 내로 갈라져 있는 듯 멀리까지 생각하기도 한다.

> 我才之多少, 將與風雲而並驅矣. 方其搦翰, 氣倍辭前, 暨乎篇成,
> 半折心始. 何則. 意翻空而易奇, 言徵實而難巧也. 是以意授於思,
> 言授於意, 密則無際, 疏則千里. 或理在方寸而求之域表, 或義在
> 咫尺而思隔山河.　　　　　　　　　　　　　　　　　　　　　—「신사」

기후를 묘사하고 사물의 생김새를 표현할 때는 자연풍경을 따라 천천히 생각하며 수사를 구사하고 음률을 안배할 때는 마음속으로 오래도록 사고한다. 그러므로 빛나는 모양을 나타내는 '작작'은 복숭아꽃의 선명함을 그린 것이며, 무성한 모양을 나타내는 '의의'는 버드나무의 모습을 남김없이 표현하였으며, 밝은 모양을 나타내는 '고고'는 해가 뜨는 모습이며, 눈이 펑펑 내리는 모습을 나타내는 '표표'는 눈이 내리는 모습을 나타낸다. 새소리를 나타내는 '개개'는 꾀꼬리의 소리를 좇은 것이고, 벌레소리를 나타내는 '요요'는 풀벌레 소리를 흉내 낸 것이다.

밝다는 의미의 '교'는 태양의 밝음을 나타내고, 미약하다는 의미의 '혜'는 별빛의 희미함을 나타낸 것이니 한마디로 그것들(묘사하고자 하는 사물)의 본질을 모두 나타냈다. 가지런하지 않은 모양을 나타내는 '참치'나 부드럽고 윤이 흐르는 모양을 나타내는 '옥약'은 두 글자로 그 형상을 남김없이 나타낸 것이다. 소수의 말로 복잡한 형상을 포착하고 있으며 심정과 모습을 남김없이 표현하고 있다. 비록 천 년을 걸려 생각한다고 해도 이들과 바꿀 수 있는 표현들을 쉽게 생각해낼 수 있겠는가?

「이소」가 『시경』을 대신하여 일어나자 접촉하는 사물의 종류가 늘어나서 사물의 모습을 남김없이 드러내는 것이 어려워졌다. 말을 여러 개 합쳐야 각기 다른 사물을 서술할 수 있게 되었다. 때문에 우뚝 솟은 모양을 나타내는 '차아' 같은 류의 어휘가 모이고, 우거진 모양을 나타내는 '위유' 같은 어휘들이 많이 사용되었다. 사마상여를 비롯한 여러 문인들에 이르면 기이한 형세와 괴상한 소리로 산수를 묘사하기 위해서는 글자를 고기를 엮어 놓은 듯이 나열하여야만 했다.

이러한 것이 바로 『시경』의 시인들의 어휘 사용은 아름답고 법도가 있으며 간결하였으나, 초사 이후에 등장한 사부가들의 어휘사용은 지나친 면이 있어 과도하게 화려하고 번잡하게 되었다는 말인 것이다. 「소아」에서 소개된 '당당자화'에 나오는 꽃에는 누런 빛도 있고 하얀 빛도 있다. 「이소」에서 가을난초를 서술할 때는 녹색 잎에 자주 줄기라고 하였다. 다섯 가지 색채로 표현한다고 해도 때에 맞추어야만 가치가 있는 것이다. 만약 청색과 황색이 여러 번 나오게 되면 번잡하기만 할 뿐 진귀한 맛은 없어지고 만다.

근대 이래로 문학은 형태를 그대로 본뜨는 표현법을 중시하게 되었다. 풍경 속에서 감정을 엿보고 초목에서 형상을 찾으려 한다. 시를 읊조려 감정을 표현할 때는 뜻을 깊고 넓게 가져야 하며, 사물의 묘사를 잘하려면 사물과 언어표현을 밀착시키는 것이 필요하다. 그러므로 교묘한 언어로 사물을 적절하게 묘사하면 마치 도장을 인주에 누른 것과 같이 수식을 더하지 않아도 아주 미세한 부분까지 남김없이 나타난다. 그러므로 언어를 통해서 그 생김새를 볼 수 있고 글자의 남은 자취를 통해 시절을 알 수 있다.

寫氣圖貌, 旣隨物以宛轉, 屬采附聲, 亦與心而徘徊, 故灼灼狀桃
花之鮮, 依依盡楊柳之貌, 杲杲爲出日之容, 瀌瀌擬雨雪之狀, 喈
喈逐黃鳥之聲, 嚶嚶學草蟲之韻, 皎日嘒星, 一言窮理, 參差沃若,
兩字窮形, 並以少總多, 情貌無遺矣. 雖復思經千載, 將何易奪.
及離騷代興, 角類而長, 物貌難盡, 故重沓舒狀, 於是嵯峨之類聚,
葳蕤之群積矣. 及長卿之徒, 詭勢瓌聲, 模山範水, 字必魚貫, 所謂
詩人麗則而約言, 辭人麗淫而繁句也. 至如雅詠棠花, 或黃或白,
騷述秋蘭, 綠葉紫莖, 凡摛表五色, 貴在時見, 若青黃屢出, 則繁
而不珍. 自近代以來, 文貴形似, 窺情風景之上, 鑽貌草木之中.
吟詠所發, 志惟深遠, 體物爲妙, 功在密附. 故巧言切狀, 如印之
印泥, 不加雕削, 而曲寫毫芥. 故能瞻言而見貌, 印字而知時也.

　　　　　　　　　　　　　　　　　　　　　　　　　　　－「물색」


## 예측불허인 영감의 출몰

　사물에는 한결같은 모습이 있으나 사고에는 일정한 법칙
이 없다. 때로는 갑작스럽게 떠오른 생각이 깊은 표현을 이루
기도 하고, 때로는 깊게 생각할수록 하고자 하는 표현과 더욱
멀어지기만 할 때도 있다.

　　物有恆姿, 而思無定檢, 或率爾造極, 或精思愈疏.　　　－「물색」


부여받은 재기가 같지 않으므로 생각의 실마리도 각기 다

르다.

才分不同, 思緖各異.　　　　　　　　　　　　　　　　　―「부회」

여덟 가지 풍격의 기본 유형이 변천을 거듭하여 온 것에
대해 살펴보자면, 훌륭한 창작 성과는 학문을 쌓음으로써 이
루어지고 내면에 잠재해 있는 재능은 선천적인 기질에서 말
미암는다. 기질이 사고에 열매를 맺게 하고 사고는 언어표현
을 결정하므로 아름다운 문예작품을 창작함에 있어서 작가의
개성과 감정을 반영하지 않는 경우는 없다.……이것이 천부
적인 자질인 재기의 대략적인 모습이 아니겠는가!

若夫八體屢遷, 功以學成, 才力居中, 肇自血氣, 氣以實志, 志以
定言, 吐納英華, 莫非情性……豈非自然之恆資, 才氣之大略哉.
　　　　　　　　　　　　　　　　　　　　　　　　　―「체성」

구상이 민첩한 작가는 마음속에 창작의 요점을 잡고 있어
서, 예민한 감각이 구상을 앞질러 글을 쓸 기회를 만나면 곧
바로 결단을 내린다. 깊이 생각하는 사람은 마음속에 여러 생
각들이 가득 차서 의심되는 것을 거듭 살피고 깊게 사고한 후
에 마침내 결정을 내린다. 기회 포착에 민감하므로 순식간에
작품을 완성하고, 구상하면서 고려하는 것이 많아 장시간을
소비해야 작품을 이룬다. 어렵고 쉬운 차이는 있어도 모두 넓

은 학식과 오랜 수련을 기초로 하고 있다. 학식은 천박한데 공연히 시간을 늦추기만 하거나 재능도 없으면서 속도만 내는 것, 이렇게 하여 훌륭한 작가가 되었다는 것은 아직 들어 본 일이 없다.

> 若夫駿發之士, 心總要術, 敏在慮前, 應機立斷, 覃思之人, 情饒
> 岐路, 鑒在疑後, 研慮方定. 機敏故造次而成功, 慮疑故愈久而致
> 績   難易雖殊, 並貴博練. 若學淺而空遲, 才疏而徒速, 以斯成器,
> 未之前聞.                                       —「신사」

## 작가 수양론

이런 까닭에 문학적인 구상을 연마하는 데 있어서는 고요하고 빈 마음의 상태를 가장 귀하게 여긴다. 그러므로 마음을 깨끗이 하고 정신을 맑게 해야 한다. 학문을 쌓아서 지식의 보물을 모으고 이치를 헤아려서 재기를 풍부하게 하고, 이전 것들을 연구하여 환히 알도록 힘쓰고, 생각의 자연스러운 흐름을 좇아 말을 질서 있게 배열한다. 그런 다음에 오묘한 도리를 깨닫는 주체인 마음으로 하여금 성률(리듬감)에 따라 문자를 선택하게 하고 독특한 견해를 지닌 장인처럼 구상 속의 형상인 의상(意象)을 따라 창작을 진행시킨다. 이것이 문학적인 구상을 다루는 으뜸가는 방법이며 작품 기획의 중요한 단서라 하겠다.

是以陶鈞文思, 貴在虛靜, 疏瀹五藏, 澡雪精神, 積學以儲寶, 酌理
以富才, 研閱以窮照, 馴致以懌辭, 然後使玄解之宰, 尋聲律而定
墨, 獨照之匠, 窺意象而運斤, 此蓋馭文之首術, 謀篇之大端.
　　　　　　　　　　　　　　　　　　　　　　　　　　—「신사」

　　마음의 생각과 언어는 정신활동의 산물이다. 그러므로 마음의 뜻에 자연스럽게 순응하면 이치가 명백해지고 감정이 편안해진다. 그러나 지나치게 깊이 생각하면 정신이 피곤해지고 기운이 쇠해지니 이것이 바로 사람의 타고난 감정의 법칙인 것이다.

心慮言辭, 神之用也. 率志委和, 則理融而情暢, 鑽礪過分, 則神
疲而氣衰, 此性情之數也.　　　　　　　　　　　　—「양기」

　　젊은이는 식견이 짧지만 사고의 활동이 왕성하며, 나이 든 사람들은 분별력은 강하지만 기운이 쇠약하다. 사고의 활동이 왕성한 사람의 생각은 민첩하고 재치가 있어 피로를 느끼지 않으나, 기운이 쇠약한 사람은 주도면밀하게 생각하면 정신이 손상된다. 이는 일반 사람들이 지니고 있는 일반적인 자질을 가지고 나이의 많고 적음에 비추어 본 대략적인 상황이다.

凡童少鑒淺而志盛, 長艾識堅而氣衰, 志盛者思銳而勝勞, 氣衰者
慮密而傷神, 斯實中人之常資, 歲時之大較也.　　　　—「양기」

만약 정열을 지나치게 소모한다면 자연스런 기운이 제대로 펼쳐지지 않아 원고를 들고 목숨을 재촉하게 되며 붓을 들고 본성을 해치게 된다. 이것이 어찌 성현이 본래 바라는 것이겠으며 문학 창작의 바른 도리겠는가.

> 若銷鑠精膽, 蹙迫和氣, 秉牘以驅齡, 灑翰以伐性, 豈聖賢之素心,
> 會文之直理哉.　　　　　　　　　　　　　　　　　　　—「양기」

육체적으로 부여받은 생명에는 한계가 있지만 지혜의 활용(사고의 작용)에는 끝이 없다. 어떤 사람은 자신의 재능이 오리의 다리처럼 짧은 것을 안타깝게 여기고 다리가 긴 학처럼 재능이 풍부한 자를 흠모하여 애써 문학적인 표현력을 연마하고 생각을 짜낸다. 그 결과 내적으로는 정력과 기운이 마치 바닷물이 바다 밑에서 새는 것과 같이 소진되고, 외적으로는 우산(牛山)의 초목이 모두 잘리고 짓밟힌 것과 같이 정신과 사고에 손상을 입게 된다. 이렇게 되면 근심과 두려움이 겹쳐서 질병을 자초하게 되리라는 것을 미루어 짐작할 수 있다.

> 若夫器分有限, 智用無涯, 或慚鳧企鶴, 瀝辭鐫思, 於是精氣內銷,
> 有似尾閭之波, 神志外傷, 同乎牛山之木, 怛惕之盛疾, 亦可推矣.
> 　　　　　　　　　　　　　　　　　　　　　　　　—「양기」

문학적인 구상을 전개하는 사고의 속도에는 빠름과 늦음이 있고, 사고의 흐름에도 흐름이 자연스럽게 통하는 시기가 있고 막히는 시기가 있다. 머리 감을 때조차 몸을 구부리면 심장의 위치가 바뀌어 정상적인 감정으로 문제를 풀어갈 수 없다고 하는데 정신이 혼미할 때 계속 생각에 몰두하면 더욱 혼란이 가중될 뿐이다. 그러므로 문학적인 구상을 전개할 때는 정신의 조절에 힘써야 한다. 마음을 맑고 평화롭게 유지해야 하며 기운이 조화롭고 막힘이 없도록 해야 한다. 마음이 어수선하면 즉시 생각을 멈추어 마음이 답답해지지 않도록 해야 한다. 문장의 구상이 무르익으면 붓을 들어 감정을 풀어내지만, 구상의 흐름이 순조롭지 못할 때는 붓을 내려놓고 마음을 쉬어야 한다.

> 且夫思有利鈍, 時有通塞, 沐則心覆, 且或反常, 神之方昏, 再三
> 愈黷. 是以吐納文藝, 務在節宣, 淸和其心, 調暢其氣, 煩而卽舍,
> 勿使壅滯, 意得則舒懷以命筆, 理伏則投筆以卷懷.　　　─「양기」

마음을 잡고서 창작의 방법을 단련하고자 할 때에는 지나친 고심은 불필요하며, 창작의 규칙을 장악하는 데에 굳이 마음을 수고롭게 할 것은 없는 것이다.

> 是以秉心養術, 無務苦慮, 含章司契, 不必勞情也.　　　─「신사」

학문적인 성과는 근면에 달려 있으므로 게으르지 않아야 성과를 이룰 수 있다. 그래서 송곳을 가지고 자신의 넓적다리를 찌르며 자신을 독려하는 사람도 있었고 곰의 쓸개를 맛보면서 힘든 노력을 한 사람도 있다. 그러나 문학의 창작에 마음을 두는 것은 마음에 맺혀 있는 것을 풀어 써내려 하는 것이므로 차분하게 마음의 움직임을 따르면서 침착한 가운데 영감이 모아지는 적절한 때를 기다려야 한다.

> 夫學業在勤, 功庸不怠, 故有錐股自厲, 和熊以苦之人. 志於文也,
> 則有申寫郁滯, 故宜從容率情, 優柔適會.　　　　　－「양기」

여유로운 산책은 피로를 푸는 좋은 방법이며 담소는 권태를 치유하는 특효약이다. 항상 유유자적한 가운데서 예리한 재능을 단련해내고 창작을 할 때에도 항상 남아 있는 기력이 있어야 한다. 이렇게 함으로써 문학 창작을 위한 구상이 새로 간 칼날처럼 예리하여 소를 잡을 때 뼈에서 발라낸 고기의 결에 한 점 머뭇거림이 없듯이 사고의 흐름에 막힘이 없도록 해야 한다. 이는 비록 도교에서 말하는 효과 만능의 호흡법과 같은 온전한 기술은 아니라 할지라도 기력을 유지하기 위한 한 가지 방법이라고 할 수 있다.

> 逍遙以針勞, 談笑以藥倦, 常弄閑於才鋒, 賈餘於文勇, 使刀發如
> 新, 湊理無滯, 雖非胎息之邁術, 斯亦衛氣之一方也.　　－「양기」

문학창작은 학식에 의해서 지탱되고 창작의 능력은 천부적인 것이다. 재능은 인간의 내면에서 솟아나고 학식은 후천적인 노력에 의해 완성된다. 작가 가운데는 넘칠 정도로 학식은 갖추고 있으면서도 재능이 결핍된 사람이 있고, 재능은 풍부하면서도 학식이 빈약한 사람도 있다. 학식이 빈약한 사람은 묘사할 사실을 찾는 것이 힘들고, 재능이 결핍된 사람은 타당한 감정 표현을 하는 데 힘겨워한다. 이것은 선천적으로 내재한 것과 후천적으로 형성된 것의 차이인 것이다. 그러므로 창작을 전개하는 과정에서 문학적인 구상이 언어문자로 표현될 때 재능은 주역이 되고 학식은 보좌역이 된다. 주역과 보좌역이 호흡을 같이할 때는 수식의 아름다움이 성공적으로 드러나지만 재능과 학식이 편협하게 되면 비록 형식표현이 아름답다 할지라도 성공작은 못되는 것이다.

> 文章由學, 能在天資. 才自內發, 學以外成, 有學飽而才餒, 有才富而學貧. 學貧者, 迍邅於事義, 才餒者, 劬勞於辭情, 此內外之殊分也. 是以屬意立文, 心與筆謀, 才爲盟主, 學爲輔佐, 主佐合德, 文采必霸, 才學褊狹, 雖美少功.　　　　　　　　　―「사류」

　　감정이 움직여서 말로 형상화되고 이성이 발로되어 문장으로 표현되니, 이는 은밀한 것을 따라 명료한 것에 이르고, 안에 있는 것에서 말미암아 바깥으로 나타나는 것이다. 그러나 작가의 재능에는 평범함과 우수함이 있고 기질에는 강건함과 유약함이 있으며, 학문에는 천박함과 심오함이 있고 습관에는 고상함과 비속함이 있다. 이는 모두 작가의 선천적인 본성과 감정에 의해 용해되고, 후천적인 학습에 의해 응고된 것이다.

이러한 까닭으로 문단의 세계는 구름처럼 변화하고 문학의 정원은 물설저럼 다채롭다. 그러므로 언어표현과 논리의 평범함과 우수함은 작가의 재능을 뒤집을 수 없으며, 기풍과 취향의 강건함과 유약함이 어찌 작가의 기질과 다를 수 있겠는가. 작품에 인용된 자료들의 내용이 천박하거나 심오한 것이 작가의 학문과 동떨어진 예는 들어본 적이 없으며, 체제와 격식의 고상함과 비속함은 작가의 창작 습관과 반대되는 경우가 드물다. 각자 자신의 개성을 따르게 되니, 그 차이는 서로의 얼굴이 다르듯이 다양하다.

夫情動而言形, 理發而文見, 蓋沿隱以至顯, 因內而符外者也. 然才有庸儁, 氣有剛柔, 學有淺深, 習有雅鄭, 並情性所鑠, 陶染所凝. 是以筆區雲譎, 文苑波詭者矣. 故辭理庸儁, 莫能翻其才, 風趣剛柔, 寧或改其氣, 事義淺深, 未聞乖其學, 體式雅鄭, 鮮有反其習, 各師成心, 其異如面.　　　　　　　─「체성」

창작의 구상단계에는 반드시 두 가지 근심거리가 있게 된다. 생각의 이치가 막혀 있는 사람은 내용의 빈약함을 고민하고, 언어표현이 넘쳐나는 사람은 표현이 번잡해지는 것을 근심한다. 식견을 넓히는 것이 작품의 빈약한 내용을 보충하는 양식이 되고 논리의 일관성이 표현의 번잡함을 방지하는 약이 된다. 식견이 넓으면서도 논리에 일관성이 있으면 창작의 구상에 도움이 될 것이다.

是以臨篇綴慮, 必有二患, 理鬱者苦貧, 辭溺者傷亂, 然則博見爲饋貧之量, 貫一爲拯亂之藥, 博而能一, 亦有助乎心力矣.

— 「신사」

# 4장

## 조옥론(雕縟論) –
## 언어문자의 예술적인 활용

# 언어문자의 예술적인 표현과정

## 언어문자의 예술적인 가공의 문제

    삼(麻)에서 삼베(布)가 나오는 것을 비유하여 살펴보면, 비록 삼이 가공되기 전에는 아직 귀하다고 할 수 없지만 베틀에서 공을 들여 제작하면 뚜렷하게 문채를 드러내며 귀하게 되는 것이다.

    視布於麻, 雖云未費, 杼軸獻功, 煥然乃珍.　　　　　　—「신사」

## 언어문자의 속성: 형(形)·음(音)·의(義)

    언어는 마음의 소리며 문자는 마음의 그림이다. 소리와 그림이 형상으로 드러나면 군자인지 소인인지가 드러난다.

    言心聲也, 書心畫也, 聲畫形, 君子小人見矣.　　　　　—「서기」

언어라는 것은 문장구성의 관건이며 정서와 사상을 드러
내는 핵심적인 기구가 되는 것이다.

言語者, 文章關鍵, 神明樞機 ─「성률」

상징기호의 배열이 설승으로 이어지고, 새의 발자국이 분
명한 것을 보고 중국 최초의 문자인 서계가 제작되었다. 이것
(서계)이 언어의 형체가 되고 문장 표현의 근거가 된 것이다.

夫文象列而結繩移, 鳥迹明而書契作, 斯乃言語之體貌, 而文章之
宅宇也. ─「연자」

문자의 의미는 시대에 따라 흥성과 소멸을 반복하면서 다
르게 쓰인다. 자형(字形)에는 간단하고 복잡한 것이 있어 글
자의 형체에 따라 아름다운 것과 추한 것이 구별된다. 마음은
음성이 되어 언어로 나타나고 언어는 다시 문자가 되어 형체
를 드러낸다. 글을 읊조릴 때는 궁(宮)·상(商) 등의 음률(音
律)이 이어지고 눈으로 글을 대할 때는 자형(字形)으로 (문자
표현의 효과 여부가) 귀결된다.

若夫義訓古今, 興廢殊用, 字形單復, 妍媸異體, 心旣托聲於言,
言亦寄形於字, 諷誦則績在宮商, 臨文則能歸字形矣. ─「연자」

언어문자의 소리와 형상이 적절하고도 뚜렷하게 드러나

면 먹의 문체(筆體)가 약동하게 될 것이다.

聲畫昭精, 墨采騰奮.                                    ―「연자」

작품의 도안적인 미감(形文)을 연출하기 위한 네 가지 표준

괴이한 글자라는 것은 자체(字體)가 흔치 않아 이상해 보이는 것을 말한다. 조타(曹攄)의 시에서 "어찌 유람(遊覽)하고 싶지 않겠는가, 마음이 편협하여 와자지껄한 것을 싫어하기 때문이라네"라고 읊은 것이 그것이다. 이 표현에서 두 글자(哅呹)가 괴이하여 아름다운 시에 큰 흠을 남겼으니 이보다 더 지나친 것이라면 그 어찌 볼 수 있겠는가!

詭異者, 字體壞怪者也. 曹攄詩稱, 豈不願斯遊, 褊心惡哅呹, 兩字詭異, 大疵美篇, 況乃過此, 其可觀乎.          ―「연자」

"변(邊)이 같은 문자가 연이어 있다"라는 것은 자체(字體)의 절반이 동일한 자형(字形)으로 된 글자가 이어져 있는 것을 말하는 것이다. 산천의 모습을 묘사할 때는 예나 지금이나 두루 사용되고 있으나, 일상적인 문장에 쓰일 경우에는 어색하여 흠이 된다. 만약 어쩔 수 없는 상황이라면 세 글자까지는 연이어 사용할 수 있겠으나 세 글자 이상이 되면 글자로 숲을 이룬 것처럼 보일 것이다!

聯邊者, 半字同文者也. 狀貌山川, 古今咸用, 施於常文, 則齟齬

爲瑕, 如不獲免, 可至三接, 三接之外, 其字林乎.　　　　―「연자」

　중복해서 나온다는 것은 같은 글자가 서로 충돌하는 것을 말한다. 『시경』과 초사에서는 중복되는 글자를 간혹 보게 되는데 근래에는 같은 글자의 출현을 꺼린다. 만약 (중복되는) 두 글자가 다 필요할 경우라면 서로 충돌하게 하는 편이 낫다. 그러므로 글을 잘 쓰는 사람도 수많은 작품을 지을 만큼 재능은 풍부하지만 적당한 한 글자를 찾지 못해서 고심하게 된다. 한 글자가 모자라서가 아니라 글자끼리의 중복을 피하는 것이 어려워서이다.

重出者, 同字相犯者也, 詩騷適會, 而近世忌同, 若兩字俱要, 則寧在相犯. 故善爲文者, 富於萬篇, 貧於一字, 一字非少, 相避爲難也.　　　　―「연자」

　(글자가) 단순하고 복잡하다는 것은 자형(字形)이 통통한 것과 마른 것을 말한다. 마른 글자로만 구절을 엮어나가면 가늘면서 듬성듬성하여 그 행(行)은 볼품없어 보이고, 통통한 글자로만 문장을 채워간다면 검은 묵선(墨線)이 빽빽하여 그 편(篇)은 어두워 보인다. 자형(字形)의 배치를 조절하는 데 뛰어난 자는 단순한 글자와 복잡한 글자를 잘 섞어서 사용하여 구슬을 꿰어 놓은 것과 같게 한다.

單復者, 字形肥瘠者也. 瘠字累句, 則纖疏而行劣, 肥字積文, 則

黯而篇闇, 善酌字者, 參伍單復, 磊落如珠矣.　　　　　　—「연자」

## 음률의 기원 문제

　음률의 기원은 사람의 목소리에서 비롯되었다. 사람의 목
소리는 오음(五音)을 갖추고 있는데 이는 혈기에 그 근원을
둔다. 고대의 왕들은 이를 근거로 음악과 노래를 창작하였다.
그러므로 악기의 소리가 사람의 목소리를 모방한 것이지 사
람의 목소리가 악기의 소리를 모방한 것이 아니라는 것을 알
게 된다. 이렇게 볼 때 언어라는 것은 문장을 구성하는 관건
이며 정서와 사상을 드러내는 핵심적인 기구가 되는 것이다.
사람의 발음이 음률에 부합하는 것은 입술과 같은 발음기관
의 작용에 따른 것이다.

　夫音律所始, 本於人聲者也. 聲含宮商, 肇自血氣, 先王因之, 以
制樂歌. 故知器寫人聲, 聲非學器者也. 故言語者, 文章關鍵, 神
明樞機, 吐納律呂, 脣吻而已.　　　　　　　—「성률」

문예언어의 음률이 입술을 통해 읊어질 때(吟詠)의 상황

　문자가 구비한 음률의 아름다움과 추함은 읊조릴 때 드러
나게 되므로 작품의 여운의 미는 작품 속의 글자와 구절에서
흘러나오고 작품의 감동력은 조화로운 운율(韻律)에서 극에

달하게 된다.

是以聲畵姸蚩, 寄在吟詠, 滋味流於字句, 風力窮於和韻.

—「성률」

## 문자를 빌어 음률의 조화를 도모한다는 것은 쉽지 않음

현악기를 연주할 때 소리가 조화롭지 못하면 반드시 그것을 알고 줄을 고른다. 그러나 문학작품을 창작할 때는 음조가 이상해도 작가가 그것을 조화롭게 할 줄 모른다. 악기의 소리는 현에 달려 있으므로 그것을 조화가 되도록 정확하게 고를 수 있지만 글자의 성조는 마음속에서 생겨나므로 음률의 조화를 상실하기 쉽다.

어째서 그러한가? 이는 외부에서 들려오는 소리는 판단하기 쉬우나 내부에서 들리는 소리는 분명하게 구별하기가 어렵기 때문이다. 이렇게 외부에서 들리는 소리는 구별하기 쉬우므로 손으로 현을 조정할 수 있지만 내부의 소리는 판단하는 것이 어려우므로 음성과 심정 간에 혼란이 일어난다. 그러므로 이것은 일정한 법칙을 따라야만 추구가 가능한 것이지 언어문자로 좇아가기는 어려운 것이다.

今操琴不調, 必知改張, 摛文乖張, 而不知所調. 響在彼弦, 乃得
克諧, 聲萌我心, 更失和律, 其故何哉. 良由外聽易爲察, 內聽難
爲聽也. 故外聽之易, 弦以手定, 內聽之難, 聲與心紛, 可以數求,

難以辭逐.                                                    —「성률」

## 리듬의 조화를 위해서

소리에는 날아오르는 소리와 가라앉는 소리가 있다. 울림에는 쌍성과 첩운이 있는데 글자를 건너뛰어서 쌍성이 나타나면 매번 소리의 조화가 깨어지고, 구절 속에 섞여서 첩운이 사용되면 소리의 조화를 이루지 못한다. 가라앉는 소리가 발음되면 음이 끊어지고 날아오르는 소리가 발음되면 돌아오는 울림이 없다. 이 두 가지가 잘 배합되면 우물의 물을 긷는 두레박의 도르래처럼 그 오르내림이 원만하게 되고, 또 물고기의 비늘처럼 서로 긴밀하게 배열될 것이다. 만약 배합이 적합하지 않으면 읽어가기가 순조롭지 못하게 되니 이것을 질병으로 비유하자면 문학가인데 말더듬이와 같은 것이다.

> 凡聲有飛沈, 響有雙疊. 雙聲隔字而每舛, 疊韻雜句而必睽, 沈則
> 響發而斷, 飛則聲颺不還, 並轆轤交往, 逆鱗相比. 迕其際會, 則往
> 蹇來連, 其爲疾病, 亦文家之吃也.                           —「성률」

## 운을 바꾸는(換韻) 문제

시의 중간에 가락에 따라 운을 바꾸는 것은 언어문자의 기세를 조절하기 위해서이다. 가의나 매승은 같은 운을 두 번 사용하고는 갑자기 바꾸어버리고, 유흠과 환담은 백 구절이 지나도록 운을 바꾸지 않았는데, 각자 나름대로 그 운용의 뜻이 있었던 것이다. 옛날 위무제는 같은 운의 지속적인 사용을 싫어하여 운을 바꾸는 것을 즐겼다. 육운도 말하기를 "사언시의 환운(換韻)은 사구마다 하는 것이 좋다"라고 하였다. 이 두 사람의 운의 활용에 대한 관점은 가의나 매승과 같다고 할 수 있다. 그러나 같은 운을 두 번 사용하고 바꾼다면 성운이 다소 조급하고, 백 구에 한 가지 운을 사용하는 것도 입을 피로하게 한다. 재기가 뛰어난 작가가 뜻대로 압운을 하여 생각과 감정을 운율에 맞게 처리하였다 해도 어찌 양쪽을 절충하여 중용의 조화를 도모하여 허물이 없도록 하는 것만 하겠는가.

若乃改韻從調, 所以節文辭氣. 賈誼枚乘, 兩韻輒易, 劉歆桓譚, 百句不遷, 亦各有其志也. 昔魏武論賦, 嫌於積韻, 而善於資代. 陸雲亦稱, 四言轉句, 以四句爲佳, 觀彼制韻, 志同枚賈. 然兩韻輒易, 則聲韻微躁, 百句不遷, 則脣吻告勞. 妙才激揚, 雖觸思利貞, 曷若折之中和, 庶保無咎. —「장구」

역대의 문예작품들 속에 드러나는 도안적인 미감(形文)과 음률적인 미감(聲文)의 효과

빛나는 모양을 나타내는 '작작'은 복숭아꽃의 선명함을 그린 것이며 무성한 모양을 나타내는 '의의'는 버드나무의 모습을 남김없이 표현하였고, 밝은 모양을 나타내는 '고고'

는 해가 뜨는 모습이며 눈이 퍼붓는 모습을 나타내는 '표표'
는 눈이 내리는 모습을 나타낸다. 새소리를 나타내는 '개개'
는 꾀꼬리의 소리를 좇은 것이고 벌레소리를 나타내는 '요
요'는 풀벌레 소리를 흉내 낸 것이다.

　밝다는 의미의 '교'는 태양의 밝음을 나타내고 미약하다
는 의미의 '혜'는 별빛의 희미함을 나타낸 것이니 한마디로
그것들(묘사하고자 하는 사물)의 본질을 모두 나타냈다. 가
지런하지 않은 모양을 나타내는 '참치'나 부드럽고 윤이 흐
르는 모양을 나타내는 '옥약'은 두 글자로 그 형상을 남김없
이 나타낸 것이다. '참치' '옥약' 등의 어휘는 두 글자로 그
형상을 남김없이 나타낸 것이다. 소수의 말로 복잡한 형상을
포착하고 있으며 심정과 모습을 남김없이 표현하고 있다.

> 故灼灼狀桃花之鮮, 依依盡楊柳之貌, 杲杲爲出日之容, 漉漉擬雨
> 雪之狀, 喈喈逐黃鳥之聲, 喓喓學草蟲之韻, 皎日嘒星, 一言窮理,
> 參差沃若, 兩字窮形, 並以少總多, 情貌無遺矣.　　　　－「물색」

　「이소」가 『시경』을 대신하여 일어나자 접촉하는 사물의
종류가 늘어나서 사물의 모습을 남김없이 드러내는 것이 어
려워졌다. 말을 여러 개 합쳐야 각기 다른 사물을 서술할 수
있게 되었다. 때문에 우뚝 솟은 모양을 나타내는 '차아' 같은
류의 어휘가 모이고 우거진 모양을 나타내는 '위유' 같은 어

휘들이 많이 사용되었다.

及離騷代興, 角類而長, 物貌難盡, 故重沓舒狀, 於是嵯峨之類聚,
葳蕤之群積矣.　　　　　　　　　　　　　　　 ―「물색」


송(宋) 초의 시들은 그 체제 면에서 전통의 계승과 변혁의
측면이 있다. 노장사상(도가사상)이 퇴조하고 산수시가 바야
흐로 성행하게 된다. 화려한 수식과 더불어 모든 글자의 대우
(對偶)를 따지고 특이한 하나의 구절을 다투고 가치를 매겼
다. 내용에 있어서는 사물의 모습을 극도로 사실적으로 그려
냈으며, 언어문자 표현에 있어서는 온 힘을 기울여 새로움을
추구하였으니, 이는 요즈음 문인들이 다투어 추구하는 바다.

宋初文詠, 體有因革, 莊老告退, 而山水方滋. 儷采百字之偶,
爭價一句之奇, 情必極貌以寫物, 辭必窮力而追新. 此近世之所
競也.　　　　　　　　　　　　　　　　　　 ―「명시」


근대 이래로 문학은 형태를 그대로 본뜨는 표현법을 중시
하게 되었다. 풍경 속에서 감정을 엿보고 초목에서 형상을 찾
으려 한다. 시를 읊조려 감정을 표현할 때는 뜻을 깊고 넓게
가져야 하며, 사물의 묘사를 잘하려면 사물과 언어표현을 밀
착시키는 것이 필요하다. 그러므로 교묘한 언어로 사물을 적
절하게 묘사하면 마치 도장을 인주에 누른 것과 같이 수식을

더하지 않아도 아주 미세한 부분까지 남김없이 나타난다. 그러므로 언어를 통해서 그 생김새를 볼 수 있고 글자의 남은 자취를 통해 시절을 알 수 있다.

> 自近代以來, 文貴形似, 窺情風景之上, 鑽貌草木之中. 吟詠所發,
> 志惟深遠, 體物爲妙, 功在密附. 故巧言切狀, 如印之印泥, 不加
> 雕削, 而曲寫毫芥. 故能瞻言而見貌, 印字而知時也.　　—「물색」

## 작품 전체의 구조적인 질서

부회(附會)란 무엇인가? 문장의 이치를 총괄하고, 시작과 끝을 통일시키며, 어떤 것을 쓰고 말 것인지에 대해 결정하고, 문장의 각 부분을 통합시키고 작품 전체를 종합하여 내용이 풍부하면서도 산만하지 않게 하는 것을 일컫는 말이다. 이는 마치 건물을 지을 때 기초와 구조에 주의해야 하고 옷을 마름질한 후에 바느질을 해야 하는 것과 같은 것이다.

> 何謂附會, 謂總文理, 統首尾, 定與奪, 合涯際, 彌綸一篇, 使雜而
> 不越者也. 若築室之須基構, 裁衣之待縫緝矣.　　—「부회」

재능 있는 아동이 문장을 배울 때는 반드시 문장의 체제를 바르게 하는 것부터 배워야 한다. 나타내려는 사상과 감정으로 정신을 삼고, 글에 인용될 내용들을 골격으로 삼으며, 미적인 언어문자 표현을 피부로 삼고, 성률을 소리로 삼는다. 그런 연후에 채색을 베풀 듯 문장의 수사를 다듬고, 조화로운 운율의 아름다움을 도모하여 쓸 것은 쓰고 버릴 것은 버려서 체제의 균형을 잡는다. 이것이 문학적인 구상의 원칙인 것이다.

夫才童學文, 宜正體製, 必以情志爲神明, 事義爲骨髓, 辭采爲肌膚, 宮商爲聲氣, 然後品藻玄黃, 摛振金玉, 獻可替否, 以裁厥中. 斯綴思之恒數也.　　　　　　　　　　　　　　　　　　－「부회」

　일반적으로 문장에는 종류도 많고 갈래도 많다. 지류를 정리하려면 본류에 근거해야 하고 지엽적인 것을 정돈하려면 근간을 따라야 한다. 그러므로 언어문자를 배치하고 뜻을 안배하는 데 있어서는 작품 전체의 원칙으로 이들을 총괄하는 데 힘써야 한다. 이러한 원칙은 무수한 길을 달리다가도 결국은 모두 같은 길로 돌아오게 하고 수많은 생각을 하나의 결론으로 정리하게 해준다. 다양한 문장의 논리가 번잡하다 해도 본말이 전도되는 모순이 없도록 해주며 비록 다양한 언어표현이 넘쳐나도 혼란이 일어나지 않도록 해준다. 나무들이 해를 향해 가지를 뻗는 것처럼 명확하게도 하고, 해가 지면 자취를 감추는 것처럼 함축적이게도 하여, 수미가 긴밀한 연계로 일관되게 하면서도 표리가 일체화되도록 하는 것이니, 이것이 바로 부회(附會)의 방법이다.

凡大體文章, 類多枝派, 整派者依源, 理枝者循幹, 是以附辭會義,
務總綱領, 驅萬塗於同歸, 貞百慮於一致, 使衆理雖繁, 而無倒置
之乖, 群言雖多, 而無棼絲之亂, 扶陽而出條, 順陰而藏跡, 首尾
周密, 表裏一體, 此附會之術也.　　　　　　　　　　　－「부회」

　　화가가 인물의 머리카락에 신경을 쓰느라 얼굴 전체적인
모습을 바꿔버린다거나, 사수가 작은 부분만을 겨냥하다가
벽마저도 못 쏘게 되는 것처럼, 지엽적인 부분을 정교하게 다
듬다 보면 전체적인 통일성을 상실하게 된다. 그러므로 마땅
히 일척(一尺)을 정확하게 하기 위해서는 일촌(一寸)에 구애
되지 말아야 하고, 일심(一尋: 八尺)을 바르게 하기 위해서는
일척에 구애되지 말아야 하는 것이니, 전체적인 미적 효과를
위해 부분적으로 잘된 부분은 희생시킬 줄 아는 것이 바로 창
작상의 기본 원리인 것이다.

夫畫者謹髮而易貌, 射者儀毫而失牆, 銳精細巧, 必疏體統. 故宜
宜寸以信尺, 枉尺以直尋, 棄偏善之巧, 學具美之績, 此命篇之經
略也.　　　　　　　　　　　　　　　　　　　　－「부회」

　　문학표현의 변화를 추구하는 것에는 정해진 법칙이 없고
작가의 생각 역시 복잡다단하다. 너무 간략하면 의미가 고립
되고, 지나치게 번잡하면 말에 조리가 없어진다. 급하게 쓴

것은 오류가 많게 되고, 지나치게 머뭇거리고 주저하면서 써도 문장에 해가 미친다. 또한 사람마다 부여받은 재기가 다르고 생각하는 방식 또한 같지 않아서, 처음부터 끝까지 단번에 써내려가는 사람이 있는가 하면, 조금씩 모아서 단편적인 것을 쌓아가는 사람도 있다. 그러나 단번에 써내려가는 사람은 별로 없고, 단편적인 것들을 쌓아가는 사람은 상당히 많다. 문장을 통괄하는 실마리를 잃어버리면 언어문자 표현의 맛도 반드시 혼란스럽게 되고, 내용의 맥락이 통하지 않으면 문학의 체제도 반신불수가 되어 버린다.

夫文變無方, 意見浮雜, 約則義孤, 博則辭叛, 率故多尤, 需爲事賊. 且才分不同, 思緖各異, 或製首以通尾, 或尺接以寸附, 然通製者蓋寡, 接附者甚衆. 若統緖失宗, 辭味必亂, 義脈不流, 則偏枯文體.　　　　　　　　　　　　　　　　　　　　　　　―「부회」

　　문장 전체의 구조적인 원리에 대한 깊은 인식이 있어야 문장의 각 부분들을 조화롭고도 자연스럽게 결집시킬 수 있다. 이는 마치 나무의 아교질이나 돌에 붙어 있는 옥처럼 자발적인 것이다. 그러므로 네 필의 말은 각기 힘이 다르지만 여섯 줄의 고삐는 거문고의 줄처럼 가지런해서 나란히 달릴 때면 수레바퀴의 살들이 하나의 바퀴통에 모이게 되는 것이다. 문장을 짓는 방법도 이와 같다. 가고 멈추는 것은 마음에 달렸으며 느리고 빠른 것은 손에 달려 있으므로 한결같은 속도를 유지하기 위해서는 고삐를 조절해야 한다.

> 夫能懸識湊理, 然後節文自會, 如膠之粘木, 石之合玉矣. 是以駟
> 牡異力, 而六轡如琴, 並駕齊驅, 而一轂統輻, 馭文之法, 有似於
> 此. 去留隨心, 修短在手, 齊其步驟, 總轡而已.　　　―「부회」

그러므로 말을 잘 가져다 붙이는(附辭) 사람은 뜻이 전혀 다른데도 간담(肝膽)처럼 밀접한 관계를 가진 것으로 만들고, 뜻을 모으는(會意) 데 졸렬한 사람은 긴밀히 연결된 것도 남북(胡越)처럼 멀게 느껴지게 만들어 버린다. 한 장(章)을 고치는 것이 새로 한 편을 짓는 것보다 어렵고, 글자를 바꾸는 것이 구절을 바꾸는 것보다 힘드니, 이것은 이미 증명되었던 것이었다.

옛날 장탕이 임금에게 올리는 글을 작성했을 때 재차 거부되었고, 우송이 기초한 임금에게 보고하는 글도 몇 번이고 반환되었다. 이는 모두 이치와 내용이 분명하지 않고 문자표현과 주제가 조화를 이루지 못했기 때문이다. 예관이 원고를 고치고 종회가 글자를 바꿨을 때, 한나라 무제가 특이한 글이라고 감탄하고 진나라 경제가 좋은 작품이라고 칭찬한 것은 곧 이치가 통하고 내용이 분명하며, 사고가 민첩하고 언어문자 표현이 타당했기 때문이다. 이것을 통해 볼 때, '부회'를 잘

하고 못하는 것이 얼마나 큰 차이인지 알게 된다.

故善附者異旨如肝膽, 拙會者同音如胡越, 改章難於造篇, 易字艱
於代句, 此已然之驗也. 昔張湯擬奏而再却, 虞松草表而屢譴, 並
理事之不明, 而詞旨之失調也. 及倪寬更草, 鍾會易字, 而漢武歎
奇, 晉景稱善者, 乃理得而事明, 心敏而辭當也. 以此而觀, 則知
附會巧拙, 相去遠哉.　　　　　　　　　　　　　　　　　　─「부회」

　붓을 놓고 문장을 매듭짓는 것은 예컨대 배를 타고 노를
젓는 것과 같고, 언어문자를 안배하여 맥락이 통하게 논리를
구성하는 것은 고삐를 잡고 채찍을 휘두르는 것과 같다. 처음
부터 끝까지 동일한 기세로 일관될 수 있으면 기탁한 뜻이 깊
어져 여운의 미가 오래도록 남을 것이다. 그러나 만약 시작은
뛰어난데 그 뒤의 구절이 초라해져 버리면 결말의 기세가 막
힐 것이고 여운의 미도 없게 될 것이다. 이것이 『역경(易經)』
에서 "볼기에 살이 없으면 그 행보가 힘들어진다"라고 한 뜻
이다. 수미가 서로 상관되도록 하는 것만이 부회의 본질적인
작용이다. 이렇게 되기만 하면 부회의 작용에 대해서는 더 이
상 덧붙일 것이 없게 된다.

若夫絶筆斷章, 譬乘舟之振楫, 會詞切理, 如引轡以揮鞭. 克終底
績, 寄深寫遠. 若首唱榮華, 而腰句憔悴, 則遺勢鬱湮, 餘風不暢.
此周易所謂, 臀無膚, 其行次且也. 惟首尾相援, 則附會之體, 固

亦無以加於此矣.                                        —「부회」


찬으로 정리하여 보자:

다양한 요소로 구성되는 작품에

계통을 세우는 것이 어려움은

감정의 변화가 다양하기 때문이다.

처음부터 끝까지

가지와 잎이 잘 정돈되게 하여야 한다.

작품의 이치와 작품의 묘미가 서로 부합하면

서로 동떨어진 생각의 갈래들도 자연스럽게 연계된다.

음악의 조화로움 같이

마음의 소리인 문장도 능히 조화를 이룰 수 있다.

> 贊曰 : 篇統間關, 情數稠疊. 原始要終, 疎條布葉, 道味相附, 懸
> 緒自接. 如樂之和, 心聲克協.                          —「부회」


## '용재(鎔裁)'의 방법으로 작품의 내용과 형식의 알맞은 조화를 도모하기

작품의 전체적인 구상이 이루어지면 그 가운데 수사도 더불어 진행된다. 작가의 기질에 따라 강건함이나 유연함으로 기본적인 구상을 설립하고 전통과 창작성을 살려서 시기에 적절하게 대응해가는 것이다. 기본적인 체제가 정해지고 나면 생각이 한쪽으로 치우치기도 하고, 또 시기에 따르는 것에는 일정한 법칙이 없으므로 언어문자 표현이 번잡해지기도 하는 것이다.

이러한 문제를 해결하는 방법은 작품의 내용을 정제하는 '용법(鎔法)'과 표현의 군더더기를 세서하는 '재법(裁法)'에 있다. 즉 작품의 내용을 잘 정리하고 작품의 표현을 적절하게 교정해야 한다는 것이다. 문장의 구상을 바르게 정리하는 것을 '용법'이라 하고 군더더기의 말을 제거하는 것을 '재법'이라 한다. '재법'에 의해서 잡초처럼 우거진 불필요한 표현들을 제거하고 '용법'에 의해서 으뜸 되는 큰 줄거리를 분명하게 드러낸다.

비유하자면 대목에는 먹줄로 가름새를 치고 도끼로 쓸데없는 부분을 쪼개내는 것과 같다. 쌍 엄지발가락이나 육손이는 천성적으로 불필요한 여분이 생겨난 것이며, 혹이나 사마귀도 신체 형태에 있어서 불필요한 여분인 것이다. 이와 마찬가지로 논지가 중복된다면 그것은 쌍 엄지발가락과 같은 내용상의 기형이며 동일한 표현이 중복된다면 혹처럼 표현상의 군더더기가 될 것이다.

> 情理設位, 文采行乎其中. 剛柔以立本, 變通以趨時. 立本有體,
> 意或偏長,趨時無方, 辭或繁雜. 蹊要所司, 職在鎔裁. 櫽括情理,
> 矯揉文采也. 規範本體謂之鎔, 剪裁浮詞謂之裁. 裁則蕪穢不生,

鎔則綱領昭暢, 譬繩墨之審分, 斧斤之斲削矣. 駢拇枝指, 由侈於
性, 附贅懸肬, 實侈於形. 二意兩出, 義之駢枝也, 同辭重句, 文之
肬贅也.

—「용재」

문예구상을 막 전개해갈 때는 언어문자 표현이 번잡해서
고민을 하게 된다. 사람의 마음은 저울이 아니기 때문에 전체
적인 구조의 안배에 있어서 균형을 잃기가 쉽다. 그러므로 글
을 쓰기 시작할 때는 먼저 다음의 세 가지 규칙을 세워야 한
다. 먼저 표현하고자 하는 심정에 입각해서 체제를 정해야 한
다. 다음은 내용에 합당한 사례들을 찾아야 한다. 마지막으로
는 요점을 잘 표현해낼 수 있는 언어문자 표현을 찾아야 한다.

이렇게 한 다음에 구체적인 서술로 살을 붙이고 언어문자
표현을 다듬어가는 것이다. 먹줄로 줄을 놓고 불필요한 부분
은 깎아버리기 때문에 수미가 원만하게 합쳐지고 일관된 조
리를 지니게 되며 전체적인 질서에 계통이 서게 된다. 만약
작가가 이러한 규칙을 지키지 않고 마음 내키는 대로 언어문
자 표현을 해나간다면 불필요한 부분들이 생겨나서 군더더
기가 많아지게 마련이다.

凡思緒發, 辭采苦雜, 心非權衡, 勢必輕重. 是以草創鴻筆, 先標
三准, 履端於始, 則設情以位體, 擧正於中, 則酌事以取類, 歸餘
於終, 則撮辭以擧要. 然後舒華布實, 獻替節文, 繩墨以外, 美材

旣斷, 故能首尾圓合, 條貫統序, 若術不素定, 而委心逐辭, 異端
叢至, 駢贅必多. ──「용재」

　세 가지 기준이 정해지면 다음에는 자구(字句)를 검토해야
한다. 자구에 깎아내릴 만한 것이 있다면 그것은 작품에 결점
이 있다는 증거며, 한 자도 깎아낼 것이 없게 될 때 작품은 정
밀한 표현을 이룬 것이 된다. 작품에는 세밀한 논리와 요긴한
표현만으로 극히 간략하게 압축한 것이 있는가 하면 자유로
운 심정을 유창한 표현에 담아낸 풍부한 표현의 글도 있다.
　그러나 간략한 표현이냐 풍부한 표현이냐 하는 것은 작가
의 개성에 달린 것이다. 길게 하자면 두 개의 구절도 하나의
작품으로 늘일 수 있고 줄이자면 하나의 작품도 두 개의 구절
로 축약할 수 있다. 생각이 풍부한 사람은 부연을 잘하고 논
리적인 재능을 지닌 사람은 축약을 잘한다. 축약을 잘하는 사
람의 언어문자 표현은 글자를 간단히 줄인다 해도 의미가 줄
어들지 않으며, 부연을 잘하는 사람의 언어문자 표현은 다양
한 언어문자 표현을 구사해도 의미가 잘 드러난다.
　자구를 깎아내면 의미도 사라지는 경우는 문장력이 부족
한 것이지 요점을 파악한 것이 아니며, 다양한 언어문자 표현
을 구사한다고 하면서 표현이 중복되는 것은 쓸모없는 표현
들이 잡초처럼 무성한 것이지 풍부하고 다양한 언어문자 표

현을 이룬 것이 아니다.

故三准既定, 次討字句. 句有可削, 足見其疎, 字不得減, 乃知其
密. 精論要語, 極略之體, 游心竄句, 極繁之體, 謂繁與略, 隨分所
好. 引而申之, 則兩句敷爲一章, 約以貫之, 則一章刪成兩句. 思
瞻者善敷, 才覈者善刪, 善刪者字去而意留, 善敷箸辭殊而意顯.
字刪而意闕, 則短乏而非覈, 辭敷而言重, 則蕪穢而非瞻.

─「용재」

## 구절과 단락의 작용과 배치방법

심정을 기탁하려면 장소가 있어야 하고 언어를 설정하려면
위치가 필요하다. 심정을 기탁하는 장소를 장(章: 단락)이라 하
고 언어를 위치시킨 단위를 구(句: 구절)라고 한다. 장은 '명확
히 한다'는 뜻이고 구는 '국한한다'라는 의미이다. 언어를 국
한하는 구는 문자의 연결에 일정한 경계를 정한 것이고 심정을
명확히 하는 장은 내용을 하나의 총체로 통괄하는 역할을 한
다. 구나 장은 이렇게 상이한 구역을 점하고 있으면서도 큰길
(문장을 전체적으로 구성해가는 큰 맥락)에서는 교통한다.

사람들이 생각을 기술하는 데는 먼저 문자를 연결해서 구
를 만들고 구를 중첩해서 장을 만들고 장을 중첩해서 한 편의
문장으로 만든다. 한 편의 빛나는 문장이 되려면 그것을 구성
하는 각 장에 결함이 없어야 하고, 장이 맑고 아름다우려면 그

구성요소인 각 구에 티가 없어야 하며, 구가 맑고 꽃다우려면 그 구성요소인 각 글자가 부실해서는 안 된다. 근본을 바로잡으면 지엽적인 것들도 정리되는 것이니 문장 구성의 기본적인 이치를 알게 되면 다양한 요소들의 문제가 모두 해결되는 것이다.

夫設情有宅, 置言有位, 宅情曰章, 位言曰句. 故章者, 明也, 句者, 局也. 局言者, 聯字以分疆, 明情者, 總義以包體, 區畛相異, 而衢路交通矣. 夫人之立言, 因字而生句, 積句而成章, 積章而成篇. 篇之彪炳, 章無疵也, 章之明靡, 句無玷也, 句之淸英, 字不妄也. 振本而末從, 知一而萬畢矣. ─「장구」

운문이나 산문을 지을 때 각 편의 규모에는 대소가 있고 단락과 구절을 구성할 때는 성조(리듬)의 완급이 따르게 된다. 이것은 필요에 따라서 적절하게 사용되는 것으로 일정한 규칙은 없다. 구절은 몇 개의 문자로 형성되고 몇 개의 구절이 결합하여 비로소 의미를 지니는 언어문자 표현의 단위로 작용을 하게 된다. 하나의 단락은 하나의 의미단위를 포괄하기 때문에 담아내고자 하는 의미를 완전하게 정리한 후에 표현하여야 의미를 담은 하나의 단락이 구성된다. 그 가운데서 표현하려는 내용을 장악하려면 때로는 놓아버리고 때로는 받아들여서 필요에 맞게 활용을 해야 한다.

이것은 비유하자면 무희가 돌면서 춤을 출 때 일정한 위치를 벗어나지 않는 것과 같으며, 노랫소리가 곱고 아름답게 흐를 때 소리의 높고 낮음에 절도가 있는 것과 같다.

夫裁文匠筆, 篇有大小, 離章合句, 調有緩急, 隨變適會, 莫見定準. 句司數字, 待相接以爲用, 章總一義, 須意窮而成體. 其控引情理, 送迎際會, 譬舞容迴環, 而有綴兆之位, 歌聲靡曼, 而有抗墜之節也. ─「장구」

『시경』의 시인들이 시구로 비유를 든 것을 살펴보면 비록 단락의 일부를 떼어다가 원래의 의미와는 무관하게 자의적으로 사용하기도 하였지만, 시 한 편의 단락과 구절은 마치 누에고치에서 명주실을 뽑아내는 것처럼 처음부터 끝까지 일정한 구성체제로 질서정연하게 연계되어 있다. 첫 행의 표현이 가운데 행의 뜻을 싹트게 하고 끝맺는 말로 앞 구절의 뜻을 계승해간다. 그러므로 외형으로는 수사의 아름다움이 교차하고 안으로는 뜻이 맥락을 이루어 마치 꽃잎과 꽃받침이 불가분의 관계에 있는 것처럼 수미가 상응하게 되는 것이다.

만약 표현된 구절이 짝을 잃게 되면 여행길에 벗이 없는 것이며, 내용 표현에 질서를 잃게 되면 집 없이 떠도는 불안 같은 것이 따르게 된다. 그러므로 구절을 지을 때는 순서가 뒤바뀌지 않도록 해야 하며, 단락을 구성할 때는 순서를 따르는 일이 중요하다. 이것이 사상과 감정을 표현하는 원칙이며 운문이나 산문을 창작할 때 공통적으로 지켜야 하는 대전제인 것이다.

尋詩人擬喩, 雖斷章取義, 然章句在篇, 如繭之抽緖, 原始要終, 體必鱗次. 啓行之辭, 逆萌中篇之意, 絶筆之言, 追媵前句之旨, 故能外文綺交, 內義脈注, 跗萼相銜, 首尾一體. 若辭失其朋, 則羈旅而無友, 事乖其次, 則飄寓而不安. 是以搜句忌於顚倒, 裁章貴於順序, 斯固情趣之指歸, 文筆之同致也.          —「장구」

## 비유법—직유와 은유

『시경』의 내용은 넓고도 깊어서 그 안에 육의(六義: 시가의 3가지 체제, 風·雅·頌과 3가지 작법, 賦·比·興)가 있는데, 모공은 『시경』의 주석에서 유독 '흥(은유)'을 크게 다루고 있다. 아마 그것은 풍·아·송은 시가의 세 가지 체제임을 다 알고 있고 부는 모든 것을 균등하게 객관적으로 묘사한다는 명확한 개념이 정해져 있으며 '비(직유)'도 성격이 명백한데, '흥'만이 애매하기 때문이 아닌가 한다.

'비'는 가까이 갖다 대는 것을 의미한다. '흥'은 일으킨다라는 뜻이다. 사물의 이치에 빗대어 비유하는 것은 그러한 이치에 꼭 맞는 사물을 빗대어 실감나게 표현함으로써 사태를 설명하는 것이고, 사물에 의탁해서 감정을 불러일으킨다는 것은 어떠한 의미를 은밀하게 내포하고 있는 사물을 들어 감춰진 감정을 기탁하는 것이다. 사물에 기탁하여 내적인 연상을 불러일으키도록 한다는 데서 흥의 체제가 이루어지고, 사물을 빌어서 이치를 비유하는 상징으로 삼는다는 데서 비의 체제가 생겨난 것이다.

비는 마음에 쌓인 울분을 이것이라 지적하며 분명하게 표현하는 것이며 흥은 완곡한 비유로 풍자하는 것이다. 때와 장소에 따라 표현하고자 하는 뜻도 달라지므로 『시경』의 시인들의 발상에 두 가지 기법이 존재하게 된 것이다.

> 詩文弘奧, 包韞六義, 毛公述傳, 獨標興體. 豈不以風通而賦同, 比顯而興隱哉. 故比者附也, 興者起也. 附理者切類以指事, 起情者依微以擬議. 起情故興體以立, 附理故比例以生. 比則畜憤以斥言, 興則環譬以記諷. 蓋隨時之義不一, 故詩人之志有二也.
>
> ―「비흥」

사물에 의탁해서 어떤 의도를 은유적으로 드러내는 흥은 표현이 완곡하면서도 그 나름대로 구조를 이루고 있다. 단순한 사물의 속성으로부터 풍부한 연상을 유도해내고 있다. 『시경』의 「관저」편에서 남녀가 유별하다는 것으로서 후비의 덕을 비유했으며 「작소」에서는 까치의 한결같은 정결로 부인의 정절을 상징하였다. 여기에 나타난 뜻은 정절을 문제 삼고 있으므로 비둘기가 보잘것없는 새라는 점에 대해서 이것 저것 따질 것은 없고 남녀가 유별한 덕목이 귀한 것이므로 맹 수라고 꺼릴 필요도 없는 것이다.

　홍은 이렇게 대상은 분명하지만 거기에 비밀스럽게 내장 되어 있는 뜻은 불분명하므로 그것을 설명해놓은 주석을 보 아야 그 의미를 이해할 수 있다.

> 觀夫興之託喩, 婉而成章, 稱名也小, 取類也大. 關雎有別, 故后 妃方德, 屍鳩貞一, 故夫人象義. 義取其貞, 無從于夷禽, 德貴其 別, 不嫌於鷙鳥, 明而未融, 故發注而後見也.　　　　—「비흥」

　그럼 비란 무엇인가? 사물의 묘사를 통해 사물이 가지는 의미를 표현하고자 하는 뜻에 부가하여 과장된 표현으로 사 태를 절실하게 표현하는 것이다. 그러므로 금석을 명덕에다 비유하기도 하고 규장을 뛰어난 인재에 비유하기도 하고 배 추벌레 이야기로 민중교화의 문제를 끌어내기도 하며, 매미 울음소리로 부르짖음을 나타내기도 하고 빨지 않은 옷을 마 음의 근심에 비유하기도 하고 돗자리로 지조의 견고성을 비 유하는 등의 이미지는 어느 것이나 비의 개념을 대표하는 것 들이다. 또 "마로 만든 옷이 눈처럼 깨끗하다"는 표현이나 "쌍두마차의 말들이 춤추는 듯이 달린다" 등의 표현도 비의 범주에 속한다.……

비의 내용을 생각해보면 비유의 대상을 선정하는 방법이 여러 가지이다. 혹은 음성에 비유하고 형체의 유사함이나 혹은 심정에 비유하기도 하며 혹은 사태에 비유하기도 한다. 송옥의 「고당부」에 "가냘픈 나뭇가지의 비명은 그 소리가 피리소리와도 같다"고 한 것은 음성을 비유한 것이고, 매승의 「양왕토원부」에 "새 떼가 어지러이 나는 모습은 티끌이 흰 구름 사이에 섞인 것 같다"라고 한 것은 형체에다 비유한 것이다. 가의의 「복조부」에 "화와 복이 얽혀 있는 것은 세 가닥으로 꼬여 있는 새끼와 무엇이 다른가?"라고 한 것은 사물을 빌어서 이치를 비유한 것이다. 왕포의 「통소부」에 "음색의 부드럽고 안온한 맛은 인자한 아버지가 자식을 기르는 것 같다"라고 한 것은 소리를 빌어서 심정을 비유한 것이다. 마융의 「장적부」에 "장적의 풍성하게 이어지는 소리는 범저나 채택의 웅변을 생각나게 한다"고 한 것은 음악을 웅변에다 비유한 것이다. 장형의 「남도부」에 "무인이 일어나 춤을 추는 모습은 고치에서 실을 뽑아내는 것 같다"고 한 것은 모습을 사물에 비유한 것이다.……

양웅, 반고 또는 조식, 유정 이후의 작가에 이르러서는 산천을 묘사하고 자연을 묘사할 때 비의 수법들을 모아 화려한 문채를 펼치지 않은 경우가 거의 없다. 그들의 표현이 사람들의 이목을 놀라게 한 것은 비의 수법을 사용하여 비의 효과를 나타내었기 때문이다. 반악의 「영화부」에 "반딧불은 마치 모래에 금을 뿌린 것 같다"라고 한 것이나, 장한의 「잡시」에 "푸른 가지는 비취를 깔아 놓은 것 같다"라고 한 것은 어느 것이나 앞서 말한 비의 수법을 활용한 예이다. 비에는 여러 가지 종류가 있으나 중요한 것은 정확한 비유를 선정하는 것이다. 백조를 새겼는데 오리를 닮은 것이 되어서는 아무 효과도 없다.

且何謂爲比. 蓋寫物以附意, 颺言以切事者也. 故金錫以喩明德, 珪璋以譬有民, 螟蛉以類敎誨, 蜩螗以寫號呼 澣衣以擬心憂, 席卷以方志固, 凡斯切象, 皆比義也. 至如麻衣如雪, 兩驂如舞, 若斯之類, 皆比類者也.……夫比之爲義, 取類不常, 或喩於聲, 或方於貌, 或擬於心, 或譬於事. 宋玉高唐云, 纖條悲鳴, 聲似竽籟, 此比聲之類也, 枚乘菟園云, 焱焱紛紛, 若塵埃之間白雲, 此則比貌之類也, 賈生鵩賦云, 禍之內福, 何異糾纆, 此以物比理者也, 王襃洞簫云, 優柔溫潤, 如慈父之畜子也, 此以聲比心者也, 馬融長笛云, 繁縟絡繹, 范蔡之說也, 此以響比辯者也, 張衡南都云, 起鄭舞, 繭曳緒, 此以容比物者也.……至於揚班之倫, 曹劉以下, 圖狀山川, 影寫雲物, 莫不纖綜比儀, 以敷其華, 驚聽回視, 資此效績. 又安仁螢賦云流金在沙, 季鷹雜詩云, 靑條若總翠, 皆其義者也. 故比類雖繁, 以切至爲貴, 若刻鵠類鶩, 則無所取焉.

—「비흥」

찬으로 정리하여 보자:

『시경』의 비와 흥은

대상으로부터 촉발된 관조로부터 생겨난 것이다.

대상은 비록 호나라와 월나라처럼 멀어도

비유를 통해 합해지면 간과 담처럼 가까운 것이 된다.

모습을 빌어서 그 숨은 뜻을 취하려 할 때는

언어의 사용을 과감하게 할 필요가 있다.

비와 흥의 수법에 동원된 다양한 사물들이

시가 속에 섞여 있는 모습은

마치 시냇물이 힘차게 흘러가는 것처럼 생동감이 있다.

> 贊曰: 詩人比興, 觸物圓覽. 物雖胡越, 合則肝膽. 擬容取心, 斷辭
> 必敢. 攢雜詠歌, 如川之渙.　　　　　　　　　　　　　　—「비흥」

## 과장법

　형이상학적인 것을 도(道)라고 하고 형이하학적인 것을 기(器)라고 한다. 신비한 도는 표현하기 어려우므로 아무리 정묘한 언어로도 그것을 다 표현할 수 없으나 실재하는 형상을 지닌 기는 묘사하기 쉬워서 생기 있는 언어문자의 비유적인 표현으로 그 진상을 나타낼 수가 있다. 이것은 작가 재능의 우열에 좌우되는 것이 아니고 도와 기 그 자체의 속성이 표현하기 어렵고 쉬운 것으로부터 말미암는 것이다. 그러므로 천지창조 이후로 소리나 형상과 관련된 것들이 언어문자로 표현될 때는 항상 과장법이 존재하게 된다.

夫形而上者謂之道, 形而下者謂之器. 神道難摹, 精言不能追其極, 形器易寫, 壯辭可得喩其眞, 才非短長, 理自難易耳. 故自天地以降, 豫入聲貌, 文辭所被, 夸飾恆存.　　　　　　　—「과식」

『시경』이나『서경』에 쓰인 정통적인 언어에 있어서도 풍속을 바로잡고 세상 사람들을 올바르게 가르치기 위해서 반드시 폭넓은 사례들을 필요로 하였으며 언어문자 표현을 과장하였다. 산의 험준함을 과장하여 말하기를 "산이 높아서 하늘에 닿아 있다"고 하였고, 강이 좁은 것을 과장하여 말하기를 "조각배도 띄우지 못할 강"이라고 하였으며, 자손이 많은 것을 과장하여 말하기를 "자손이 천억이나 되었다"라고 하였고, 적은 것을 과장하여 말하기를 "백성은 단 한 사람도 생존한 자가 없다"고 하였다. 홍수로 인해 물이 산 위로 밀려온 모습을 과장하여 말하기를 "물이 하늘까지 가득 차서 넘친다"고 표현하였고, 변방의 군사들이 반란을 일으킨 것을 과장되게 묘사하여 "흐르는 피에 절굿공이가 떠다닌다"고 말하고 있다.

이상의 말들은 심히 과장된 표현을 사용하고 있으나 그것이 내용에 해를 끼치지는 않는다. 그리고 "올빼미의 추악한 울음소리가 반수의 수풀에 있다고 해서 어떻게 아름답게 변하겠는가?" "씀바귀의 쓴 맛이 주나라의 평원에서 자란다고 어찌 감미로울 수 있겠는가?" 이러한 말들의 의도는 칭찬을 강조하려는 데 있기 때문에 의미를 일부러 과장한 것이다. 이러한 과장된 구절들은 성인에 의해 쓰인 것으로서 후세의 모범이 되고 있다. 맹자는 "『시경』을 해석하는 자는 문자에 구애되어 표현을 해쳐서도 안 되며 표현에 구애되어 뜻을 해쳐서도 안 된다"고 하였다.……

산이나 바다의 모양, 궁전 등을 묘사한 그 높이 솟은 장관과 눈부시게 화려한 모습에 이르러서는 광채가 밝고 환하게 타오르는 듯하여 지금이라도 글 가운데서 음성과 모양이 위용을 자랑하며 움직일 것 같은 박진감이 있는 것이다. 이것들은 모두 과장법으로 사물의 형상을 묘사한 것이며 화려한 수식으로 기발한 표현을 얻은 것이다. 이에 후대의 재기 있는 선비들은 자신들의 재기와 과장법을 중시하는 시대의 흐름을 타고 날개를 쳐서 하늘로 높이 날아오르고자 하였기 때문에 주저하는 것을 부끄럽게 여기고 도약을 하였던 것이다. 화려한 표현에 있어서는 봄꽃도 그 아름다움에 비길 수 없고 그 묘사가 쇠미함에 관계된 것에 이르면 추운 계곡의 시든 고목이 무색할 정도다. 환희의 묘사에 있어서는 문자도 같이 웃고 슬픔을 논함에 있어서는 음성도 같이 눈물을 짓는다. 진실로 마음속에 쌓이고 맺힌 바를 드러내어 맹인도 눈을 뜨게 하고 귀머거리도 놀랄 정도의 효과를 드러낸다.

雖詩書雅言, 風格訓世, 事必宜廣, 文亦過焉. 是以言峻則嵩高極天, 論狹則河不容舠, 說多則子孫千億, 稱少則民靡孑遺, 襄陵舉滔天之目, 倒戈立漂杵之論, 辭雖已甚, 其義無害也. 且夫鴞音之醜, 豈有泮林而變好. 茶味之苦, 寧以周原而成飴. 並意深褒贊, 故義成矯飾. 大聖所錄, 以垂憲章. 孟軻所云說, 詩者不以文害辭, 不以辭害意也.……至如氣貌山海, 體勢宮殿, 嵯峨揭業, 熠燿焜煌之狀, 光采煒煒而欲然, 聲貌岌岌其將動矣. 莫不因誇以成狀, 沿飾而得奇也. 於是後進之才, 獎氣挾聲, 軒翥而欲奮飛, 騰擲而羞踽步. 辭入煒燁, 春藻不能程其豔, 言在萎絶, 寒谷未足成其凋. 談歡則字與笑並, 論慼則聲共泣偕. 信可以發蘊而飛滯, 披瞽而駭聾矣.
　　　　　　　　　　　　　　　　　　　　　　　　　　　　　　　　—「과식」

　그러나 그 과장된 수식이 사물의 요점을 제대로 파악하고 있으면 언어의 표현이 살아나지만 도리를 벗어난 지나친 과장에 빠지게 되면 실체에서 어긋난 부자연스러운 양상을 드러내게 된다. 『시경』과 『서경』에서 과장법을 사용한 심오한 뜻을 참작하고 양웅과 사마상여의 너무 지나친 면을 제거할 수 있다면 과장된 수식을 하더라도 절도가 있게 되어 허위에 빠지지 않게 될 것이다. 이렇게 된다면 아름답고 훌륭한 표현이라고 할 수 있다.

> 然飾窮其要, 則心聲鋒起, 夸過其理, 則名實兩乖. 若能酌詩書之
>
> 曠旨, 翦揚馬之甚泰, 使夸而有節, 飾而不誣, 亦可謂之懿也.
>
> —「과식」

찬으로 정리하여 보자:

언어문자 표현에 과장법을 사용하는 데 있어서는

정해진 규칙이 없다.

언어는 반드시 대붕이 비상하는 것처럼

웅대하게 붓을 움직여 표현해야 하므로

그 기세가 기러기의 걸음처럼 머뭇거려서는 안 된다.

바다를 뒤집어 진주를 찾고

곤륜산을 기울여 비취를 찾는 것처럼 해야 한다.

광범위하게 내용을 취하면서도 지나치지 않도록 해야 하며

사치스러울 정도로 화려한 수식을 구사하면서도

결점이 없도록 해야 한다.

> 贊曰: 夸飾在用, 文豈循檢. 言必鵬運, 氣靡鴻漸. 倒海探珠, 傾崑
>
> 取琰. 曠而不溢, 奢而無玷.     —「과식」

## 전고(典故)의 사용(인용문의 적절한 사용)

사례를 인용하여 설명하는 전고의 방법은 작가의 개성적

인 사상이나 감정이 반영된 언어문자 표현 이외에 사례를 근거로 하여 유사한 의미를 취하는 것으로서 이전의 사례를 인용하여 현재의 의미를 밝히는 것이다. 옛날 주나라 문왕은 『역경』의 괘(卦)를 해석할 때 각 괘마다 여섯 효(爻)의 위치를 구별했는데, 기제(既濟)괘의 세 번째 양효(陽爻)를 해석할 때는 멀리 은나라의 고종이 야만족을 토벌한 사건을 인용하였고, 명이(明夷)괘의 다섯 번째 음효(陰爻)를 해석할 때는 비교적 가까운 시대의 인물인 기자의 절개를 서술하였다. 이것은 인물들의 사례를 들어서 뜻을 밝힌 것이다.

『상서』를 살펴보면 윤왕이 희와 화를 정벌할 때 하나라 정전의 교훈을 인용했고 은왕 반경이 백성을 설득할 때 현자 지임의 말을 서술했는데, 이것들은 모두 격언이 담긴 성어(成語)를 인용하여 논리를 밝힌 것이다.

이와 같이 이치를 밝히기 위해 성어를 인용하고 의미를 설명하기 위해서 인물의 사례를 거론한 방법은 성현의 위대한 의도이므로 유교의 경전에 통용되는 규범이 된 것이다. 『역경』「대축」 상전에 "군자는 고인의 언행에 대해 많이 알고자 하였다"고 하였는데 이것이 문장에도 통용된 것이다.

> 事類者, 蓋文章之外, 據事以類義, 援古以證今者也. 昔文王繇易, 剖判爻位, 既濟九三, 遠引高宗之伐, 明夷六五, 近書箕子之貞, 斯略擧人事, 以片義者也. 至若胤征羲和, 陳政典之訓, 盤庚誥民,

敍遲任之言, 此全引成辭, 以明理者也. 然則明理引乎成辭, 徵義 舉乎人事, 酒聖賢之鴻謨, 經藉之通矩也. 大畜之象, 君子以多識 前言往行, 亦有包於文矣.

—「사류」

굴원과 송옥의 작품은 『시경』의 시인을 배웠다고 말하고 있는데 그들이 과거의 사례를 인용하기는 했어도 『시경』의 구절을 그대로 취하고 있지는 않다. 오직 가의의 「복조부」에 비로소 갈간자의 화법이 인용되었고 사마상여의 「상림부」가 이사의 글을 인용한 예는 있으나 이것은 만분의 일에 불과한 것이다. 양웅의 「백관잠」에 이르면 『시경』과 『서경』의 구절을 참작하여 인용한 것이 좀 보이고, 유흠의 「축초부」에서는 역사서의 기전체 서술법을 따르고 있는데 전고 사용의 범위가 점점 확대되어 감을 보여준 것이다.

최인, 반고, 장형, 채옹의 세대에 이르면 경전이나 역사서의 여러 구절들을 모아서 수식적인 면이나 내용적인 면에 두루 사용하게 되었다. 이들의 성공적인 전고 활용은 후대 문인들의 모범이 되었다.……양웅과 같이 재능을 지닌 문인도 학식이 없다고 임금에게 글을 올리고 왕실도서관에서 독서에 전념한 이후에 위대한 문학적 성취를 이룰 수 있었다. 문학 창작에 있어서 외적으로 쌓아가야 하는 학문과 내적인 재능이 서로 보완되어야 한다는 것은 예나 지금이나 동일한 것이다.

위나라 무제는 "장자의 문장은 졸렬하다. 그의 학식은 천박하고 견문이 넓지 못하여 오로지 최와 두의 잡문을 주워 모았다. 그가 지은 모든 글을 비난하는 것은 아니지만 출처도 모르는 전고를 인용한 점을 비난하는 것이다"라고 하였다. 이것은 견문이 부족한 데서 오는 결함인 것이다.

> 觀夫屈宋屬篇, 號依詩人, 雖引古事而莫取舊辭. 唯賈誼鵬賦, 始用鶡冠之說, 相如上林, 撮引李斯之書, 此萬分之一會也. 及揚雄百官箴, 頗酌於詩書, 劉歆遂初賦, 歷敍於紀傳, 漸漸綜採矣. 至於崔班張蔡, 遂捃摭經史, 華實布濩, 因書立功, 皆後人之範式也.……夫以子雲之才, 而自奏不學, 及觀書石室, 乃成鴻采. 表裏相資, 古今一也. 故魏武稱張子之文爲拙, 然學問膚淺, 所見不博, 專拾掇崔杜小文, 所作不可悉難, 難便不知所出, 斯則寡聞之病也.
> ―「사류」

유교 경전의 내용은 매우 심오하고 전적의 수량 또한 많아서 참으로 수많은 언어문자 표현의 보고이며 탁월한 재기와 사상이 가득한 신묘한 영역인 것이다. 양웅·반고 이후로 고전의 세계에서 자료를 취하지 않은 작가가 없다. 힘껏 괭이를 휘둘러 경작을 하고 마음대로 고기를 잡고 사냥을 하였으니 칼을 잡고 자를 수 있으면 반드시 기름지고 풍부한 산해진미의 한 부분을 잘라낼 수 있었다.

그러므로 재능을 풍부하게 갖추기 위해서는 무엇보다도 널리 읽는 데 힘써야 한다. 여우의 겨드랑이 털도 한 마리의 것으로는 따뜻한 옷을 만들 수 없고, 닭발의 뒤꿈치 살은 수천 마리의 것을 먹어야 겨우 배가 부른 것과 같다. 지식을 얻는 데 광범위해야 하고 사례를 인용할 때는 간결해야 하며 퇴고는 정밀하게 하고 핵심이 분명한 논리를 구성해야 한다.

이렇게 할 때만 여러 장점들이 여기에 종합되어 외적으로 쌓은 학식과 내재적인 재능이 모두 빛을 발하게 된다.……그러므로 사례가 요점을 담고 있으면 비록 작은 것이라도 성과를 거둘 수 있는 것이다. 비유하자면 일 촌의 굴대빗장이 차바퀴 전체를 지배하고 한 척의 지도리가 문의 개폐를 좌우하는 것과 같은 것이다. 아무리 미묘한 말이나 훌륭한 사례라도 자리가 빗나가면 다리를 금과 비취로 장식하고 가슴에다 화장을 한 것과 같은 것이다.

> 夫經典沈深, 載籍浩瀚, 實群言之奧區, 而才思之神皐也. 揚班以下, 莫不取資, 任力耕耨, 縱意漁獵, 操九能割, 必列膏腴. 是以將瞻才力, 務在博見, 狐腋非一皮能溫, 雞蹠必數千而飽矣. 是以綜學在博, 取事貴約, 校練務精, 捃理須覈, 衆美輻輳, 表里發揮,……故事得其要, 雖小成績, 譬寸轄制輪, 尺樞運關也. 或微言美事, 置於閑散, 是綴金翠於足脛, 靚粉黛於胸臆也.  —「사류」

전고의 사용이 적절하면 작가의 입에서 나온 말과 다르지 않지만 타당성이 결여된 전고의 사용은 영원토록 불명예를 남기게 된다.……산의 나무는 훌륭한 목수에 의해 재목이 되고 경전은 문학가에 의해 선택된다. 좋은 재목은 장인의 도끼질에 의해 다듬어지고 훌륭한 전고는 작가의 예리한 필력에 의해 작품의 일부가 된다. 사려 깊은 문인이라면 유명한 장석에 비하여 부끄러움이 없어야 할 것이나.

凡用舊合機, 不啻自其口出, 引事乖謬, 雖千載而爲瑕……夫山木爲良匠所度. 經書爲文士所擇, 木美而定於斧斤, 事美而制於刀筆, 硏思之士, 無慚匠石矣.　　　　　　　　　　　　　　　－「사류」


찬으로 정리하여 보자:
고전의 세계는 깊고도 풍부하여
언어문자 표현의 방법 역시 무한하다.
그 영역의 광활함은 강이나 바다와 같고
그 울창함은 신화 속 곤륜산의 수풀과 같다.
문학적인 자료를 두루 취하면
아름다운 옥과 같은 훌륭한 표현이 선물로 주어진다.
고인의 말을 작가 자신의 말처럼 활용할 수만 있다면
고전이라고 해서 모호해지지는 않을 것이다.

贊曰: 經藉深富, 辭理遐亘. 皛如江海, 鬱若崑鄧. 文梓共採, 瓊珠

交贈. 用人若己, 古來無懵. 　　　　　　　　　　　　　—「사류」

## 대구(對句)의 기법

　조물주가 형체를 만들 때 지체는 반드시 좌우대칭이 되게
하였다. 천지자연의 이치가 펼쳐질 때 사물이 고립되지 않도
록 한 것이다. 창작충동이 일어나면 다양한 구상이 이루어지
고 언어문자를 활용하여 표현을 하게 되는데 위아래가 서로
상관되어 저절로 대우(대칭되는 짝)관계를 이룬다.……

　『시경』의 시인들이 사용한 대우, 외교관들이 응수하는 노
래에서 사용한 대우는 대구와 독립구를 적절하게 사용한 것
이지 배치를 위해 힘들게 의도적인 노력을 기울인 것은 아니
다. 양웅, 사마상여, 장형, 채옹 등의 전한과 후한의 문인들이
대구를 중시하여 그들이 대구를 많이 활용한 이래로 송나라
의 화가가 그림을 연구하고 오나라의 장인이 칼의 제작을 연
구한 것처럼 문장의 수식에 주의를 하게 됨에 따라 대구와 화
려한 수사가 병행하여 유행하였고 대구는 빼어난 운율(리듬)
과 함께 발달하였다.

　다시 위와 진의 많은 인재들에 이르게 되면 구에 대한 분
석은 더욱 치밀해지고 문자의 대구에 따라 합당한 의미를 도
출하는 것과 같은 미세한 부분까지 분석하기에 이른다. 그러
나 시의적절하게 이루어진 대구는 훌륭한 효과를 발휘하지

만 진실성이 없는 대구는 아무런 효과도 거두지 못한다.

造化賦形, 支體必雙, 神理爲用, 事不孤立. 夫心生文辭, 運裁百慮, 高下相須, 自然成對……至於詩人偶章, 大夫聯辭, 奇偶適變, 不勞經營. 自揚馬張蔡, 崇盛麗辭, 如宋畵吳冶, 刻形鏤法, 麗句與深采並流, 偶意共逸韻俱發. 至魏晉群才, 析句彌密, 聯字合趣, 剖毫折釐. 然契機者入巧, 浮假者無功.          —「여사」

　　대구의 형식에는 다음의 네 종류가 있다. 구성하기 쉬운 언대(言對)와 구성하기 어려운 사대(事對), 정도가 높은 반대(反對) 그리고 정도가 낮은 정대(正對)가 그것이다. 언대란 사례를 근거로 하지 않는 두 구를 병렬하는 것이고, 사대는 사람의 사적과 관련된 사례를 증거자료로 삼아 두 구를 병렬한 것이며, 반대는 이치는 서로 상반되지만 동일한 취지로 결합되는 두 구를 병렬하는 것이고, 정대는 사례는 다르지만 담긴 의미가 같은 두 구를 병렬하는 것이다.……

　　훌륭한 언대를 위해서는 언어구성을 정교하게 하는 것에 주의해야 한다. 사대를 구성할 때 우선적으로 고려해야 할 것은 합당한 사례를 선택하는 것이다. 두 개의 고사가 나란히 배열되어 있어도 본질적으로 우열의 차이가 있게 되면 마치 마차의 왼쪽에는 준마를 오른쪽에는 노새를 매단 것과 같다. 또 사례가 고립되어 서로 짝을 이루지 못하면 외발 짐승이 절룩거리며 걷는 것과 같은 형상이 된다.

작품의 기세에 독특한 개성이 담겨 있지 않고 언어문자 표현에 이채로운 수식이 결여된 채 평범한 대구만을 나열한다면 독자의 졸음을 재촉할 뿐이다. 반드시 논리가 원만하고 사례가 타당하도록 하여 하나의 단락 가운데 주옥같은 대구를 연이어 가야 한다. 그 가운데 단구와 대구를 번갈아 배치하는 것을 마치 여러 종류의 보석을 조화롭게 배열하듯 하는 것, 이것이 가장 중요한 점이다. 이와 같은 경우들을 생각해본다면 대구의 원칙은 자연히 드러난다.

> 故麗辭之體, 凡有四對, 言對爲易, 事對爲難, 反對爲優, 正對爲劣. 言對者, 雙比空辭者也, 事對者, 並擧人驗者也, 反對者, 理殊趣合者也, 正對者, 事異義同者也.……是以言對爲美, 貴在精巧, 事對所先, 務在允當. 若兩事相配, 而優劣不均, 是驥在左驂, 駑爲右服也. 若夫事或孤立, 莫與相偶, 是夔之一足, 踸踔而行也. 若氣無奇類, 文乏異采, 碌碌麗辭, 則昏睡耳目. 必使理圓事密, 聯璧其章, 迭用奇偶, 節以雜佩, 乃其貴耳. 類此而思, 理自見也.
>
> —「여사」

찬으로 정리하여 보자:

인체가 반드시 좌우대칭이듯

언어문자 표현에도 늘 대구가 이루어진다.

좌우가 함께 하면

섬세한 맛이 두루 갖추어진다.

나란히 빛을 발하는 두 송이의 꽃

깨끗한 거울은 그 모습을 비춰낸다.

빛나는 대구의 연속은

쌍을 이루어 조화로운 음향을 내는

옥장식품(패옥)과 같은 미감을 연출한다.

> 贊曰: 體植必兩, 辭動有配. 左提右挈, 精味兼載. 炳爍聯華, 鏡靜
>
> 含態. 玉潤雙流, 如彼珩珮. —「麗辭」

# 5장

## 작품 풍격론(風格論) –
## 작품의 이상적인 스타일

# 내용의 진실성과 예술적인 형식미의 결합

## 이상적인 작품의 스타일(풍격)과 모범사례

작품 풍격의 기본유형

　그 귀착점을 총괄해 보자면 여덟 가지 풍격으로 귀결된다. 첫째 전아(典雅), 둘째 원오(遠奧), 셋째 정약(精約), 넷째 현부(顯附), 다섯째 번욕(繁縟), 여섯째 장려(壯麗), 일곱째 신기(新奇), 여덟째 경미(輕靡)이다.

　전아(典雅)는 경전을 모범으로 삼아 유가의 가르침과 궤를 나란히 하는 것이다. 원오(遠奧)는 복잡한 수식과 곡절한 표현으로 도가의 가르침을 주로 따른 것이다. 정약(精約)은 자구 하나하나를 검토하고 살펴서 미세한 내용까지 분석하는 것이다. 현부(顯附)는 표현이 바르고 뜻이 분명하여 이치에 맞고 마음에도 들어맞는 것이다. 번욕(繁縟)은 해박한 비유와 수사로 구석구석까지 빛을 발하게 하는 것이다. 장려(壯麗)는 고매한 논지와 웅대한 체제로 뛰어난 아름다움과 특출한 문채를 드러내는 것이다. 신기(新奇)는 옛것을 배척하고 새로운 것을 좇음으로써 기이한 경향으로 위태롭게 기우는 것이다. 경미(輕靡)는 들뜬 표현과 빈약한 내용으로 가볍게 세속의 유행에 부합하는 것이다.

> 若總其歸塗, 則數窮八體: 一曰典雅, 二曰遠奧, 三曰精約, 四曰顯附, 五曰繁縟, 六曰壯麗, 七曰新奇, 八曰輕靡. 典雅者, 熔式經誥, 方軌儒門者也, 遠奧者, 複采曲文, 經理玄宗者也, 精約者, 覈字省句, 剖析毫釐者也, 顯附者, 辭直義暢, 切理厭心者也, 繁縟者, 博喻釀采, 煒燁枝派者也, 壯麗者, 高論宏裁, 卓 異采者也, 新奇者, 擯古競今, 危側趣詭者也, 輕靡者, 浮文弱枺樂 縹緲附俗者也. ─「체성」

## 우선적으로 학습해야 할 작품 풍격의 전범(典範)

그러므로 어린이가 언어문자 표현을 갈고 다듬을 때는 반드시 정통적인 체제를 우선적으로 학습해야 한다. 근본을 좇아 지엽을 더듬어가다 보면 생각의 움직임은 저절로 원만해질 것이다. 여덟 가지 풍격이 서로 다르지만 서로 만나서 적절하게 운용되는 데는 나름의 규율이 있으므로, 그 요령을 터득하게 된다면 바큇살이 한 곳에 모이듯 조화로운 풍격이 이루어질 것이다.

故童子雕琢, 必先雅制, 沿根討葉, 思轉自圓. 八體雖殊, 會通合

數, 得其環中, 則輻輳相成.　　　　　　　　　　　　　　－「체성」


'아려(雅麗)'를 이상적인 풍격으로 제시함

　　사언은 정통적인 시가체제(正體)로서 전아(典雅)함과 윤색을 근본으로 하고, 오언은 사언체로부터 변화된 시가체제(變體)로서 청신(淸新)함과 기려(綺麗)함을 풍격의 주된 요지로 삼는다.

夫四言正體. 則雅潤爲本, 五言流調, 則淸麗居宗.　　　－「명시」


　　"높은 곳에 올라가서 부를 지을 수 있다"는 말의 의미는, 대체로 외부의 경치를 보게 되면 내면의 감정이 일어나게 된다는 뜻이다. 감정이 외부의 사물로 인해 일어나게 되면 작품에 담긴 내용은 반드시 분명하고 아정(雅正)할 것이다. 사물이 작가의 감정을 통해서 관찰되기 때문에 언어문자 표현은 반드시 교묘하고 아름다워야 할 것이다.

原夫登高之旨, 蓋睹物興情. 情以物興, 故義必明雅, 物以情觀, 故

詞必巧麗.　　　　　　　　　　　　　　　　　　　－「전부」

그러므로 장의 체제는 분명하고 훌륭해야 하며, 거기에 담긴 뜻은 경서를 모범으로 삼아 요점을 드러내면서도 개략적이지는 않게 하고 분명하지만 천박하지 않도록 해야 한다. 표의 체제는 다방면을 포괄한 것이므로 내용에 변화가 있게 마련이다. 그러므로 반드시 바른 내용(雅義)으로 그 영향력을 드러내야 하며 청신한 언어문자 표현으로 그 미감을 드러내야 한다.

> 是以章式炳賁, 志在典謨, 使要而非略, 明而不淺. 表體多包, 情位屢遷, 必雅義以扇其風, 淸文以馳其麗.　　　　　　　－「장표」

경서를 규범으로 삼아 언어문자 표현을 구사함으로써
달성되는 여섯 가지 예술효과

만약에 경서에 근거하여 문장의 격식을 제정하고, 경서의 우아한 어휘를 공부하여 언어를 풍부하게 한다면 이는 광산에 가서 동(銅)을 주조하고, 바닷물을 쪄서 소금을 만드는 것과 같을 것이다. 만약 성인의 경전을 공부하여 문장을 짓게 되면 이런 문장은 그 풍격 면에서 다음의 여섯 가지 특성을 지니게 될 것이다.

첫째, 감정이 깊고 거짓이 없다. 둘째, 작품의 감동이 순수하며 잡다하지 않다. 셋째, 인용한 사실들이 진실하고 허망하지 않다. 넷째, 사용된 의미가 정확하고 왜곡되어 있지 않다.

다섯째, 체제가 간략하며 번잡하지 않다. 여섯째, 언어문자 표현이 화려하면서도 지나치지 않다.

> 若稟經以製式, 酌雅以富言, 是卽山而鑄銅, 煮海而爲鹽也. 故文能宗經, 體有六義: 一則情深而不詭, 二則風淸而不雜, 三則事信而不誕, 四則義直而不回, 五則體約而不蕪, 六則文麗而不淫.
>
> —「종경」

## 작품의 이상적인 스타일(풍격) 연출을 위한 객관적인 요건

풍(風)에 관한 서술

시경에는 육의가 있는데 풍이 그 첫머리를 차지한다. 풍이란 사람을 감화시키는 본원적인 힘이며, 작가의 사상과 감정 및 기질에 대한 구체적인 표현이다.

> 詩總六義, 風冠其首, 斯乃化感之本源, 志氣之符契也.

그러므로 절실하게 감정을 표현하기 위해서는 반드시 풍에서 시작해야 한다.

> 是以怊悵述情, 必始乎風.

풍을 잘 이해하는 작가는 감정을 분명하고 적절하게 표현할 수 있다.

> 深乎風者, 述情必顯.

감정을 표현함에 있어 풍이 요구되는 것은 사람의 형체 안에는 기운(생명력)이 있어야 함과 같다.

情之含風, 猶形之包氣.

작가의 사상과 감정과 기질이 예리하고 명쾌하면 작품의 풍도 뚜렷해지는 것이다.

意氣駿爽, 則文風清焉.

작품에 나타난 사고가 원활하지 못하고 삭막하여 기운(생명력)이 결여되어 있다면 이는 작품에 풍이 없다는 증거다.

思不環周, 索莫乏氣, 則無風之驗也.　　　　　　　—「풍골」

## 생명력(氣)의 중요성

위문제 조비는 "문장은 작가의 재기를 문장구성의 주된 요인으로 삼아 이루어지는데 재기의 뚜렷함이나 불분명함은 타고난 바탕에 의해 결정되는 것이므로 억지로 얻을 수 없는 것이다"라고 하였다. 그러므로 공융에 대해 "타고난 재기가 지극히 훌륭하다"라고 평론하였고, 서간에 대해서는 "때때로 제(齊)나라의 완만한 기질(개성)이 보인다"라고 하였으며, 유정에 대해서는 "빼어난 재기를 지니고 있다"라고 하였다.

유정 역시 다음과 같이 말했다. "공융은 아주 뛰어나다. 그는 비범한 재기를 지니고 있어서 그 문장의 개성은 도저히 따라갈 수가 없다." 이는 모두 타고난 기질의 중요성을 강조한 것이다.

> 故魏文稱, 文以氣爲主, 氣之淸濁有體, 不可力强而臻致. 故其論孔融則云 體氣高妙, 論徐幹則云, 時有齊氣, 論劉楨則云, 有逸氣, 公幹亦云. 孔氏卓卓, 信含異氣, 筆墨之性, 殆不可勝. 幷重氣之旨也.　　　　　　　　　　　　　　　　　　　　　　　　　　　　　―「풍골」

유정은 "문장 체제의 기세에는 분명히 강약이 있다. 만일 하고자 하는 말을 이미 다했는데도 여전히 기세가 남아 있다면, 이는 천하제일의 작가에게만 해당되는 것이고 보통사람들은 도달할 수 없는 것이다"라고 말했다. 유정이 말한 것은 대부분 문자의 기세(文氣)의 의미도 포함한다. 그런데 문장이란 기세에 좌우되며 기세에는 강건한 것과 부드러운 것이 있어서, 반드시 장대한 말이나 의기가 강개한 경우가 아니어도 역시 세가 있다고 할 수 있다.

> 劉楨云, 文之體指, 實强弱, 使其辭已盡而勢有餘, 天下一人耳, 可得也. 公幹所談, 頗亦兼氣. 然文之任勢, 勢有剛柔, 不必壯言慷慨, 乃稱勢也.　　　　　　　　　　　　　　　　　　　　　　　　　　　　　―「정세」

골(骨)에 관한 서술

신중히 언어문자를 활용하여 배치하기 위해서는 무엇보

다 골을 중시해야 한다.

沈吟鋪辭, 莫先於骨.


　작품의 골을 이루는 데 숙달된 작가는 언어의 선택을 적절
하고 허술함이 없이 할 수 있다.

故練於骨者, 析辭必精.


　작품의 언어문자 표현에 골이 있어야 하는 것은 사람의 형
체에 그것을 지탱하는 뼈대가 있어야 함과 같다.

故辭之待骨, 如體之樹骸.


　작품의 언어문자 표현에 짜임새가 이루어지고 계통이 서
면 작품의 골이 완성되는 것이다.

結言端直, 則文骨成焉.


　작품의 내용이 빈약하고 수식이 과도하여 번잡하고 체계
가 없다면 이는 작품에 골이 결여되어 있다는 증거다.

若瘦義肥辭, 繁雜失統, 則無骨之徵也.　　　　　　　　　　－「풍골」


풍(風)과 골(骨)과 채(采)의 관계

　화려한 꿩이 갖가지 색들의 깃털을 두루 갖추고 있으나 백

보밖에 날지 못하는 것은 살은 쪘으나 힘이 부족하기 때문이다. 매가 아름다운 깃털을 갖추지는 못했으나 하늘 높이 날아오르는 것은 골력이 강건하고 그 기운이 맹렬하기 때문이다. 문장의 재능과 역량도 이와 유사하다.

만일 풍(風)과 골(骨)은 있으나 문채가 없다면 문학의 영역에 야생조류들만 있는 것과 같을 것이고, 문채는 있으나 풍(風)과 골(骨)이 없다면 문학의 숲에서 도망 다니는 꿩과 같을 것이다. 오직 빛나는 문채를 갖추고 있으면서도 높이 날아오를 수 있어야 문장에서 봉황과 같은 존재가 될 수 있다.

夫翬備色, 而翩翥百步, 肌豊而力沈也, 鷹隼乏采而翰飛戾天, 骨勁而氣猛也. 文章才力, 有似於此, 若風骨乏采, 則雉集翰林, 采乏風骨, 則雉竄文囿. 唯藻耀而高翔, 固文章之鳴鳳也. ─「풍골」

풍(風)과 골(骨)의 중요성

화려한 수사가 풍부하다 해도 작품에 풍과 골이 살아 움직이지 않으면 화려한 수사도 빛을 잃고 운율의 아름다움도 무력해진다.

若辭藻克贍, 風骨不飛, 則振采失鮮, 負聲無力. ─「풍골」

그러므로 작품을 구상하고 작품의 구조를 정돈함에 있어서는 반드시 의기를 충실하게 해야 하며 표현이 강건하면서도 충실하도록 해야 한다. 그럴 때 비로소 작품은 참신한 면모를 지니게 되는 것이니 작품에서의 풍과 골의 작용은 새의 날개에 비유될 수 있다.

是以綴慮裁篇, 務盈守氣, 剛健旣實, 輝光乃新. 其爲文用, 譬征鳥之使翼也.　　　　　　　　　　　　　　　　　　　　　　　　　－「풍골」


글의 짜임이 서로 뒤바꿀 수 없을 만큼 적절하고 운율이 확실한 조화를 이루어 막힘이 없는 것은 풍골의 힘이다.

捶字堅而難移, 結響凝而不滯, 此風骨之力也.　　　　　　　　－「풍골」


작품 속에 드러나는 기세와 역량을 정면으로 설명한 예들

사마상여가 지은 「대인부(大人賦)」는 의기가 구름을 타고 노니는 듯하다고 일컬어지며 문채 또한 풍부하여 문장의 모범이 되었는데 이는 그 작품이 주는 감동의 힘(風力)이 강렬했기 때문이다.

相如賦仙, 氣號凌雲, 蔚爲辭宗, 乃其風力遒也.　　　　　　－「풍골」


옛날에 반욱의 「책위공구석문(策魏公九錫文)」은 경전을 모방하여 지은 것이었는데, 무수한 문인들이 그 작품을 보고 붓을 거둔 것은 그 작품의 표현력(骨力)이 지극히 뛰어났기 때문이었다.

昔潘勗錫魏, 思摹經典, 群才韜筆, 乃其骨髓峻也.　　　　　－「풍골」


빛나는 소리는 높이 울리고 그 큰 감화력은 멀리까지 미치게 된다. 높은 뜻과 뚜렷한 언어문자 표현으로 그 장엄한 호령을 울려 퍼지게 한다.

輝音峻擧, 鴻風遠蹈. 騰義飛辭, 渙其大號.　　　　　－「조책」


내용은 반드시 명백해야 하고 논리는 정확해야 하며, 그 기세는 왕성해야 하고 언어문자 표현은 단호해야 한다. 이것이 격문을 짓는 요점이다.

必事昭而理辨, 氣盛而辭斷, 此其要也.　　　　　－「격이」


공융의 「천예형(薦禰衡)」 표(表)는 날아오를 듯한 기세와 문채를 자랑한다.

至於文擧之薦禰衡, 氣揚采飛.　　　　　－「장표」


장(章)은 궁궐의 천자에게 보이는 것이므로 그 풍격과 규범이 명확해야만 한다. 표는 정책을 아뢰는 것이므로 문장의 표현력과 수식이 빛나야만 한다.

章以造闕, 風矩應明, 表以致策, 骨采宜耀.　　　　　－「장표」

그러므로 직책의 임무는 마치 매가 새들을 공격하는 것과
도 같으니 그러한 기세를 연마하여 붓끝에서는 감화의 바람
이 일어나고 종이 위에는 서리가 맺힐 정도로 싸늘함이 배어
나오도록 해야 한다.

故位在鷙擊, 砥礪其氣, 必使筆端振風, 簡上凝霜者也.　　—「주계」


권력과 신분의 강압을 두려워하지 않는 기세가 문장 가운
데 흐르도록 해야 하며 선을 저버리고 악을 좇는 사람들이
제멋대로 하도록 방임하지 않는 소리가 문장의 밖까지 진동
하게 해야 한다.

不畏强禦, 氣流墨中, 無縱詭隨, 聲動簡外.　　　　　　—「주계」


사직관리는 주서로 금지하는 풍속을 일소한다. 붓은 칼날
보다 예리하고 먹은 진한 독술을 머금은 듯하다.

卓飾司直, 肅清風禁. 筆銳於將, 墨含淳酖.　　　　　　—「주계」


만일 올바른 법칙을 파악하여 표현을 선명하고 굳건하게
할 수 있다면 분명한 감동의 힘과 빼어난 표현력을 갖추게 되
고 작품 전체가 빛나는 아름다움을 지니게 될 것이다.

若能確乎正式, 使文明以健, 則風淸骨峻, 篇體光華.　　—「풍골」

반면적인 서술로 풍(風)과 골(骨)의 필요성을 강조한 예들

마침내 지나치게 많은 꽃들이 가지를 손상시키고 과도한 지방이 뼈를 상하게 하는 것처럼 풍간의 본질을 귀히 여기지 않으면 권계에 도움이 되지 않는다.

> 遂使繁華損枝, 膏腴害骨, 無貴風軌, 莫益勸戒.　　　　－「전부」

한단순의 수명술에 이르면 전대의 작품을 모방하기는 하였으나 풍조가 말기에 이르러 힘이 약해져서 운(韻)을 모아 가송(歌頌)을 이루니 문장의 이치는 순서에 맞았다 하더라도 날아오르는 듯한 생명력은 결여되어 있다.

> 至於邯鄲受命, 攀響前聲, 風末力寡, 輯韻成頌, 雖文理順序, 而
> 不能奮飛.　　　　－「봉선」

육기의 논의 역시 논리가 예리하다고 할 수 있으나 수식이 과다하고 불필요한 부분을 잘라내지 않아서 문장의 표현력에 상당한 손상을 끼치고 있다.

> 及陸機斷議, 亦有鋒穎, 而腴辭弗剪, 頗累文骨.　　　　－「의대」

위진의 문학은 천박하고 화려하며 송초의 문학은 그릇된 신기함을 추구한다. 질박함에서 그릇됨에 이르기까지 근대로 올수록 작품의 맛은 엷어지고 있다. 어째서 그러한가? 오

늘날의 유행만 다투어 좇고 전통적인 법칙들을 소홀히 하여
문학의 풍기가 쇠미해졌기 때문이다.

> 魏晉淺而綺, 宋初訛而新. 從質及訛, 彌近彌澹. 何則. 競今疏古,
> 風末氣衰也. ─「통변」

이우의 사부(辭賦)와 명문(銘文)은 방대한 체제를 염두에
둔 작품이지만 새능과 역량이 모자라서 날개를 늘어뜨리고
날아오르지 못하는 형국이다.

> 李尤賦銘, 志慕鴻裁, 而才力沈膇, 垂翼不飛. ─「재략」

만일 작품의 체제와 수식이 두루 갖추어지지 못하고 감동
의 힘이 담긴 언어표현이 연마되지 못한 상태에서 옛 규범을
얕보고 새로운 창작에만 몰두한다면 비록 기묘한 뜻을 얻을
수 있다 할지라도 실패 또한 많을 것이다.

> 若骨采未圓, 風辭未練, 而跨略舊規, 馳騖新作, 雖獲巧意, 危敗
> 亦多. ─「풍골」

## 작품의 이상적인 풍격을 완성하기 위한 길

경전의 규범을 나름대로 소화하여 이해하고 사상서와 역
사서의 글에 담긴 창작의 기술을 두루 통달하여, 감정의 변화
를 잘 파악하고 문장의 체제를 상세하고 명백하게 한 연후에

야 비로소 새로운 의미의 싹이 돋아나게 할 수 있으며 특이한 문사를 구사할 수 있게 된다. 문장의 체제를 분명하게 파악하게 되면 뜻이 새로워도 의미의 혼란이 없으며, 변화에 통달하게 되면 특이한 문사를 구사해도 이상하게 보이지 않는다.

若夫鎔鑄經典之範, 翔集子史之術, 洞曉情變, 曲昭文體, 然後能孚甲新意, 雕畵奇辭. 昭體, 故意新而不亂, 曉變, 故辭奇而不黷.

—「풍골」

# 6장

# 감상 비평론

# 이상적인 감상법과 감상의 즐거움

## 독자 감상활동의 과정

　문장을 짓는 사람은 감정이 일어나면 그것을 글로써 나타
내며 문장을 보는 이는 문장을 통해서 작가가 표현하고자 했
던 감정의 세계로 들어간다. 마치 적은 물줄기를 거쳐 물의
근원에 이르듯 비록 감추어진 작가의 의도라도 이런 경로를
통해 반드시 드러나게 되는 것이다. 시대적으로 멀리 떨어져
작가의 얼굴을 보지는 못해도 그의 글을 통해서 그 마음은 알
수가 있는 것이다.

　　　夫綴文者, 情動而辭發, 觀文者披文以入情, 沿波討源, 雖幽必顯.
　　　世遠莫見其面, 覘文輒見其心.　　　　　　　　　　－「지음」

## 독자의 식견과 관조

어찌 이미 이루어진 작품이 이해하기 힘들 만큼 깊은 것이 겠는가? 우리의 식견과 관조가 얕은 것이 걱정이다. 뜻이 산이나 물에 있으면 거문고로 그 감정을 표현한다. 하물며 사람의 감정이 붓끝에 실려 형상화되면 어떻게 숨길 수가 있겠는가? 때문에 마음이 이치를 헤아리는 것은 눈으로 형체를 비추는 것에 비유된다. 밝은 눈으로 보면 형체가 구분되지 않음이 없고 예민한 마음으로 살피면 이해되지 않는 이치가 없다.

> 豈成篇之足深, 患識照之自淺耳. 夫志在山水, 琴表其情, 況形之
> 筆端, 理將焉匿. 故心之照理, 譬目之照形, 目瞭則形無不分, 心
> 敏則理無不達.　　　　　　　　　　　　　　　　　　　　　－「지음」

## 독자 반응의 주관성과 다양성

강개한 사람은 격앙된 소리에 박자를 맞추며, 마음이 넓고 온전한 사람은 세밀하고 함축적인 작품을 보고 기뻐하며, 천박한 화려함을 선호하는 사람은 기려한 글을 대하여 마음이 설레고, 새롭고 신기한 것을 좋아하는 사람은 괴이한 것을 듣게 되면 놀라워한다.

> 慷慨者逆聲而擊節, 醞藉者見密而高蹈, 浮慧者觀綺而躍心, 愛奇
> 者聞詭而驚聽.　　　　　　　　　　　　　　　　　　　　　　－「지음」

구회 이후의 작가들은 그 업적의 뒤를 쫓고 있다. 그러나 굴원과 송옥의 빠른 걸음을 따를 수는 없다.……때문에 매승과 가의는 그 풍격을 좇아 그 아름다운 경지로 들어가고 사마상여와 양웅은 그 물결을 따라 기이함을 얻었으니 이렇게 초사가 후대 작가들에 의해 학습된 것은 한 시대의 일만이 아니었다. 그러므로 재기가 높은 이는 그 방대한 체제를 섭취하고 재기가 중등인 자는 아름다운 어휘표현들을 모았으며, 글을 읊는 자는 그 산천의 묘사를 따르고 처음 배우는 자는 그 향초비유를 주워 모으고 있다.

自九懷以下, 遽躡其迹, 而屈宋逸步, 莫之能追.……是以枚賈, 追風以入麗, 馬揚沿波而得奇, 其衣被詞人, 非一代也. 故才高者苑其鴻裁, 中巧者獵其艶辭, 吟諷者銜其山川, 童蒙者拾其香草.

—「변소」


## 작품 이해의 어려움

문장변화의 이치는 다함이 없으니 이러한 변화를 알아 작품을 이해하는 것은 어려운 것임을 알게 된다.……빛나는 옥이 때로는 돌과 혼동되기도 하고 푸른빛의 작은 돌이 때로는 옥과 유사하게 보이기도 한다.

정밀한 사람의 글은 요약적이지만 재능이 없는 사람의 글도 역시 간략하다. 박식한 사람의 글은 풍족하지만 번잡한 사람의 글도 잡다하다. 논리적인 사람의 글은 명철하지만 천박한 사람의 글도 노골적이다. 심오한 사람의 글은 은밀한 데가 있지만 괴이한 사람의 글도 역시 왜곡되어 감추어진 듯하다.

故知九變之貫匪窮, 知言之選難備矣.……落落之玉, 或亂乎石,
碌碌之石, 時似乎玉. 精者要約, 匱者亦鮮, 博者該贍, 蕪者亦繁,
辯者昭晰, 淺者亦露, 奧者復隱, 詭者亦曲.　　　　　　　　 ―「총술」

## 독자의 편벽된 기호

사람들의 미에 대한 기호는 편벽되어 있어서 전면적인 감상력을 갖추지 못한다.……자기의 기호에 맞으면 감탄하고 읊조리지만 자신의 마음에 맞지 않으면 보기를 멈추고 방치해버린다. 각자 편벽된 이해력을 가지고 만 갈래로 변하는 문학을 헤아리려 한다. 이것은 이른바 동쪽을 향하여 바라보면 서쪽 담은 보이지 않는다는 것과 마찬가지다.

知多偏好, 人莫圓該.……會己則嗟諷, 異我則沮棄, 各執一隅之
解, 欲擬萬端之變, 所謂東向而望, 不見西牆也.　　　 ―「지음」

## 지양해야 할 감상태도

문학작품을 제대로 감상하고 비평한다는 것은 참으로 어렵다. 문학작품 자체가 이해하기 어렵기도 하거니와 작품을 제대로 이해하는 독자를 만난다는 것도 실로 어려운 일이기 때문이다. 제대로 작품을 이해하는 독자를 만난다는 것은 천년에 한 번 있을까 말까 할 정도로 힘든 일이다.

예로부터 작품을 감상하고 비평하는 이들은 동시대의 것은 천시하고 옛 것을 생각했다. 이것은 말하는 바 항상 목전의 것은 믿지 않고 먼 곳에서 들려오는 소리에 마음을 쏟는다는 것이다. 옛날 한비자의 「저설」이 처음 나오고 사마상여의 「자허부」가 처음 지어졌을 때 진시황과 한 무제는 그들과 같은 때에 태어나지 못한 것을 한탄했다. 그러나 같은 시대의 사람임이 드러나자 한비자는 옥에 갇히고 사마상여는 냉대를 받았다. 어찌 동시대인을 천시했다는 분명한 증거가 아니겠는가.

반고와 부의는 문장을 짓는 데 있어 실력이 비슷했지만 반고는 부의를 조소하여 말하기를, "붓을 잡으면 스스로 쉴 줄을 모른다"고 했다. 진사왕이 문학적인 재기를 논한 글에서도 공장을 심히 배격하고 경례는 글의 윤색을 청한 것을 계기로 그의 글이 아름다운 말이라고 감탄했고, 계서는 남의 글을 비판하기를 좋아했기 때문에 괴변가인 전파와 비교되었으니 조식의 평가 의도를 알 수 있다. 그러므로 위문제 조비가 문인들 간에 서로 경시한다고 한 것은 헛된 말이 아닌 것이다.

군경은 말재주가 있다고 여기고 문장을 잘못 논하여 말하길, "사마천이 저작을 할 때 동방삭에게 의논을 하였다"고 하였다. 때문에 환담 같은 사람들이 서로 돌아보면서 비웃었다. 그는 사실 지식이 없는 미천한 사람으로 경솔히 말하여 비난을 받았다. 하물며 문인이 망령되게 말할 수 있겠는가

　이렇게 놓고 볼 때 영명한 식견을 가지고도 옛것만을 귀히 여기고 동시대의 것을 천시한 대표자로는 진시황과 한무제를 들 수 있고, 뛰어난 재능을 가지고 있으면서도 자기를 올리고 남을 경멸한 대표자로는 반고와 진사왕 조식을 들 수 있다. 그리고 문학에 별로 재간도 없으면서 거짓된 것에 미혹되어 진실을 왜곡시킨 대표자는 노호인 것이다. 이렇게 되면 저작의 말로가 간장 항아리의 덮개가 되어 버리지 않을까 하고 걱정한 고인의 말이 지나친 탄식만은 아니다.

知音其難哉, 音實難知, 知實難逢, 逢其知音, 千載其一乎. 夫古來知音, 多賤同而思古, 所謂日進前而不御, 遙聞聲而相思也. 昔儲說始出, 子虛初成, 秦皇漢武, 恨不同時, 旣同時矣, 則韓囚而馬輕, 豈不明鑒, 同時之賤哉. 至於班固傅毅, 文在伯仲, 而固嗤毅云. 下筆不能自休. 及陳思論才, 亦深排孔璋, 敬禮請潤色, 嘆以爲美談, 季緖好詆訶, 方之於田巴, 意亦見矣. 故魏文稱文人相輕, 非虛談也. 至如君卿脣舌, 而謬欲論文, 乃稱史遷著書, 諮東方朔, 於是桓譚之徒, 相顧嗤笑. 彼實博徒, 輕言負誚, 況乎文士, 可妄談哉. 而崇己抑人者, 班曹是也, 學不逮文, 而信僞迷眞者,

樓護是也, 醬瓿之議, 豈多嘆哉.　　　　　　　　　　　－「지음」

## 독자의 예술 소양

천 개의 곡조를 다룬 후에야 음악을 알게 되고 천 개의 칼을 본 후에야 명검을 알게 된다. 때문에 편견 없는 감상법을 위해서는 우선 많은 작품을 보아야 한다. 높은 산을 보고 나면 작은 언덕의 형체를 알게 되고 큰 바다를 보고 나면 도랑의 물은 미루어 짐작할 수 있게 된다. 작품을 감상할 때 그 비중을 다루는 면에서 사심을 넣지 말고 애증에 편벽되지 않아야 한다. 그런 연후에야 저울처럼 공평하게 이치를 평가할 수 있고 거울처럼 맑게 작품의 표현을 살필 수 있는 것이다.

> 凡操千曲而後曉聲, 觀千劍而後識器, 故圓照之象, 務先博觀. 閱喬岳以形培塿, 酌滄波以喩畎澮. 無私於輕重, 不偏於憎愛, 然後能平理若衡, 照辭如鏡矣.　　　　　　　　　－「지음」

## 작품의 가치를 가늠하기 위해 살펴야 할 것들

작품의 내용과 형식을 살피기 위해서는 우선 여섯 가지의 관찰점을 수립해야 한다. 첫째 작품의 주제와 체제의 일치 여부를 살핀다. 둘째 어휘사용의 적절성을 살핀다. 셋째 작품에 나타난 전통의 계승과 변혁의 문제를 살핀다. 넷째 새로움의 추구가 올바른 방향으로 이루어졌는가를 살핀다. 다섯째 전

314 _ 2부 본문

고나 성어의 사용이 적절한가 살핀다. 여섯째 사용된 어휘의
성률이 조화로운지를 살핀다. 이러한 방법이 취해지면 작품
의 우열은 드러나게 된다.

是以將閱文情, 先標六觀: 一觀位體, 二觀置辭, 三觀通變, 四觀
奇正, 五觀事義, 六觀宮商. 斯術旣形, 則優劣見矣.　　　―「지음」

## 감상의 즐거움

오직 깊은 식견에 의해서 작품의 심오함을 관조할 수 있는
사람만이 문학작품에서 심적인 즐거움을 향유할 수 있는 것
이다. 비유하자면 봄 누대의 놀이가 사람들을 즐겁게 하고 음
악이나 음식이 나그네의 발을 멈추게 하는 것과 같은 것이다.
난은 나라 안에서 가장 향기가 좋은 꽃이지만 그 묘한 향기가
사람의 몸에 배어들 때 비로소 향기를 떨친다. 문학서적도 또
한 나라의 꽃이지만 그 풍성함이 잘 음미될 때만 아름다움이
분명해지는 것이다. 바르게 감상하고 비평하고픈 사람들은
이 점을 분명하게 생각해야 할 것이다.

夫唯深識鑒奧, 必歡然內懌, 譬春台之熙衆人, 樂餌之止過客.
蓋聞蘭爲國香, 服媚彌芬, 書亦國華, 玩澤方美, 知音君子, 其垂
意焉.　　　　　　　　　　　　　　　　　　　　―「지음」

문학창작의 기교를 적절하게 활용하고 사용하는 시기를

교묘하게 포착하면 작품의 뜻과 감정의 여운이 살아 움직이는 듯하고 작품 어휘의 기세가 함께 모여든다. 눈으로 보면 비단에 수가 놓여 있는 듯하고 귀로 들으면 관현악을 듣는 듯하며 이를 음미하면 풍부한 아름다움이 느껴지고 이를 감상하노라면 꽃향기가 나는 듯하다.

數逢其極, 機入其巧, 則義味騰躍而生, 辭氣叢雜而至. 視之則錦繪, 聽之則絲簧, 味之則甘腴, 佩之則芬芳.　　　　　—「총술」

# 7장

# 장르론, 문학사, 작가론

# 중국고대문학의 전개와 변화양상

　　『문심조룡』의 내용은 크게 핵심론과 장르론과 문예원론의 세 부분으로 나눌 수 있는데, 본고의 1부 3장에서는 주로 핵심론과 문예원론의 내용을 다루고 있다.

　　유협이 「서지(序志)」편에서 밝히고 있는 장르론의 서술체계를 구체적인 장르론을 통해 직접 살펴보도록 하기 위해 원문 발췌부분인 2부의 말미에 장르론의 첫 번째 편인 「명시(明詩)」편의 원문을 소개하고자 한다. 그리고 간략한 문학사와 작가론에 해당하는 「시서(時序)」편과 「재략(才略)」편의 원문도 소개하기로 한다.

　　장르론(명시편)과 「시서」편 「재략」편 등을 통해 『문심조룡』의 문학사적인 가치를 구체적으로 가늠해볼 수 있다.

## 장르론

유협은 장르론을 서술할 때 「서지」편에서 밝히고 있듯이 각 장르의 근원에서부터 시작하여 그 변화와 전개과정을 서술하고(原始以表末), 각 양식의 명칭을 해석하여 내용을 분명히 하였으며(釋名以章義), 대표적인 작품을 뽑아서 각 편의 내용을 확정하고(選文以定篇), 각 장르의 창작규범을 서술하되 이론적인 체계를 세우고 있다(敷理以擧統). 그리고 각 장르의 창작이론을 정립할 때 유협은 각 장르의 내용(心과 情)과 형식적인 특성(文과 采)에 초점을 맞추고 있다.

### 시라는 장르의 명칭이 지닌 의미를 밝힘

순(舜)임금이 말하기를, "시는 뜻을 말하는 것이고, 노래는 길게 읊조리는 것이다"라고 하였으니, 성인의 분석으로 이미 의미가 분명해졌다. 이 때문에 "마음에 있으면 뜻이 되고, 언어로 표현되면 시가 된다." 언어문자를 활용하여 내용을 이루는 뜻을 담아내는 것, 시가의 의미가 여기 있는 것이 아닐까? 시란 유지한다는 뜻으로 인간의 본성과 감정을 바르게 지켜나가는 것이다. 『시경』의 시 삼백 편을 한마디로 요약한다면, 뜻에 사악함이 없다는 것으로 귀결된다. 바르게 지켜간다는 '지(持)'의 뜻풀이는 이러한 의미와 부합된다.

大舜云: 詩言志, 歌永言, 聖謀所析, 義已明矣. 是以在心爲志, 發

言爲詩, 舒文載實, 其在玆乎. 詩者持也, 持人情性, 三百之蔽, 義
歸無邪, 持之爲訓, 有符焉爾.　　　　　　　　　　　　－「명시」

시의 근원과 역사적인 전개 과정을 구체적인 작가와
작품을 들어 설명함

### 상고(上古)시대의 시

사람은 태어날 때부터 일곱 가지 감정을 부여받아서 사물
을 접하면 감응을 하게 되고, 사물에 감응하게 되면 그 뜻을
노래하게 되는 것은 자연스럽지 않은 것이 없다(매우 자연스
러운 이치이다). 옛날 갈천 씨의 음악가사에서 말하기를 「현
조(玄鳥)」는 곡이 있었고, 황제의 「운문(雲門)」 역시 곡조만
있고 가사가 없었을 리가 없다. 요임금의 시대에 이르러 「대
당(大唐)」이라는 노래가 만들어졌고, 순임금은 「남풍(南風)」
시를 지었는데, 이 두 작품을 보면 단지 의미만을 전달하고
있을 뿐이다. 위대한 우임금은 아홉 가지 일의 질서를 갖추는
공덕을 이루고 나서 그것을 칭송하는 노래를 부르게 하였다.
태강이 덕을 잃었을 때 다섯 형제가 모두 원망하는 노래를 불
렀다. 이렇게 미덕을 칭송하고 악행을 바로잡는 것은 그 연원
이 오래된 것이다.

人稟七情, 應物斯感, 感物吟志, 莫非自然. 昔葛天氏樂辭云, 玄
鳥在曲; 黃帝雲門, 理不空綺弦. 至堯有大唐之歌, 舜造南風之詩,

觀其二文. 辭達而已. 及大禹成功, 九序惟歌; 太康敗德, 五子咸
怨, 順美匡惡, 其來久矣.　　　　　　　　　　　　　　　—「명시」

상(商)나라에서 주(周)나라에 이르는 동안, 『시경』의 아
(雅)와 송(頌)은 체제가 완비되어 '사시'(四始: 風, 大雅, 小
雅, 頌)가 눈부신 광채를 드러내었고, '육의'(六儀: 風, 雅, 頌
의 세 가지 체제와 賦, 比, 興의 세 가지 작법)는 치밀하고도
심오하게 되었다.

자하는 먼저 좋은 바탕을 갖추고 있어야 예의를 배울 수
있다는 내용의 현소(絢素)의 문장을 이해했고, 자공은 절차
탁마의 구절을 깨달았으므로 공자가 자하와 자공 두 사람에
대해 함께 시를 논할 만하다고 하였던 것이다.

왕의 교화가 고갈되면서 민가를 모아들이는 관원(采詩官)
들은 민가의 수집을 중단하였으나 춘추 시대에는 뜻을 살피
기 위해 오래된 시의 단락들을 낭송하였고, 외교를 할 때 시
구로써 적절하게 응대하는 것이 빈객의 영광이 되었으니 상
황에 합당한 시구를 말하는 것은 신분의 장식이 되었던 것이
다. 초나라에 이르면 시가 풍자와 원망을 담게 되었으니 「이
소(離騷)」는 풍자하는 작품이었다. 진시황은 고대 전적을 불
태워버렸으나 한편으로는 「선진인시(仙眞人詩)」를 짓게 하
였다.

自商暨周, 雅頌圓備, 四始彪炳, 六義環深. 子夏監絢素之章, 子貢悟琢磨之句, 故商賜二子, 可與言詩. 自王澤殄竭, 風人輟采; 春秋觀志, 諷誦舊章, 酬酢以爲賓榮, 吐納而成身文. 逮楚國諷怨, 則離騷爲刺. 秦皇滅典, 亦造仙詩.　　　　　　—「명시」

## 한(漢) 대의 시

한나라 초기 사언시는 위맹이 처음 지었으니 잘못을 바로잡고 간언하는 뜻은 주나라 사람들의 규범을 계승한 것이다. 효무제는 문학을 좋아하여 백량대에서 시를 지었고, 엄기와 사마상여 등 일군의 작가들은 시를 지을 때 정해진 규범에 얽매이지 않았다. 성제의 시대에 이르러 시를 선별하여 수록하도록 하였다. 삼백여 편의 작품이 수집되었는데, 조정의 시가와 각 지방의 민가가 모두 망라된 것이었다.

그러나 이러한 문인들이 남긴 작품에서 오언시는 나타나지 않는다. 그래서 후대에 이릉과 반첩여의 작품으로 추정되는 작품들의 신빙성이 의심되기도 한다. 「소남(召南)·행로(行露)」를 보면 전반부에 오언체가 나타나고, 아이들이 부른 「창랑가(滄浪歌)」는 전곡이 오언체며, 우시가 부른 「가예가(暇豫歌)」는 이미 춘추 시대에 나타났고, 동요 「사경(邪徑)」은 성제 때에 불려졌다. 각 시대를 두루 살펴 증거를 찾아보면 오언시는 오래전부터 존재했다고 할 수 있다.

또 고시는 훌륭하고 아름다워 혹자는 매승의 작품이고 그 중「고죽(孤竹)」한 편만은 부의의 작품이라 하였으나 언어 문자의 수식적인 표현을 미루어볼 때 한나라 시대의 작품일 것이다. 그 체제와 수사는 직설적이지만 거칠지 않고, 완곡하게 사물을 묘사하니 셜실하게 감정을 담았으니 진실로 오언 시의 걸작이라 할 수 있다. 장형의「원시(怨詩)」는 맑고도 전아히여 음미힐 만하고,「선시완가(仙詩緩歌)」는 우아하면서도 새로운 리듬을 갖추고 있다.

漢初四言, 韋孟首唱, 匡諫之義, 繼軌周人. 孝武愛文, 柏梁列韻. 嚴馬之徒, 屬辭無方. 至成帝品錄, 三百餘篇, 朝章國采, 亦云周備, 而辭人遺翰, 莫見五言, 所以李陵班婕妤, 見疑於後代也. 按召南行露, 始肇半章; 孺子滄浪, 亦有全曲; 暇豫優歌, 遠見春秋 ; 邪徑童謠, 近在成世; 閱時取證, 則五言久矣. 又古詩佳麗, 或稱枚叔, 其孤竹一篇, 則傅毅之詞. 比采而推, 兩漢之作乎. 觀其結體散文, 直而不野, 婉轉附物, 怊悵切情, 實五言之冠冕也. 至於張衡怨篇, 清典可味; 仙詩緩歌, 雅有新聲.　　　　　―「명시」

건안(建安) 시기의 시

건안 초기에 이르면 오언시가 본격적으로 발전하여 문제 조비와 진사왕(陳思王) 조식은 말고삐를 마음대로 다루면서도 절도 있게 달렸고 왕찬, 서간, 응창, 유정은 길을 바라보며 다투듯이 말을 몰았다. 그들은 공통적으로 풍월에 대한 사랑과 연못과 정원에서의 유람, 그리고 임금의 은혜 및 성대한 주연에 대해 서술하였다. 강개함과 자유로운 기세로 무엇에도 구애되지 않고 재기를 발휘하였다. 감정을 묘사하고 사물을 서술할 때 세밀한 기교를 추구하지 않았으며, 언어문자를 활용하여 생김새를 묘사를 할 때는 오직 명료함만을 추구하였다. 이것이 이들의 공통점이다.

정시(正始) 연간에는 도가의 도를 밝히려 하여 시에도 도교사상이 뒤섞이게 되었다. 하안의 일파는 대체로 피상적이고 천박하다. 다만 혜강은 뜻이 맑고 뛰어났으며 완적은 취지가 심원하여 거론하는 것이 가능하다. 예컨대 응거의 「백일(百一)」 시는 홀로 우뚝 서서 두려워하는 바가 없고, 그 언어문자 표현은 완곡하며 내용이 바르니 또한 위나라가 남긴 진실한 작품이었다.

> 曁建安之初, 五言騰踊, 文帝陳思, 縱轡以騁節, 王徐應劉, 望路而爭驅; 並憐風月, 狎池苑, 述恩榮, 敍酣宴, 慷慨以任氣, 磊落以使才; 造懷指事, 不求纖密之巧, 驅辭逐貌, 唯取昭晰之能: 此其所同也. 乃正始明道, 詩雜仙心, 何晏之徒, 率多浮淺. 唯嵇志清峻, 阮旨遙深, 故能標焉. 若乃應璩百一, 獨立不懼, 辭譎義貞, 亦魏之遺直也.
>
> ─「명시」

진(晉)·송(宋) 시기의 시

진(晉)왕조 때에는 여러 재주 있는 사람들이 점점 경박하고 화려한 쪽으로 기울어졌다. 장재, 장협, 장항, 반악, 반니, 좌사, 육기 등은 넓은 시단에서 서로 어깨를 나란히 하며 활약하였다. 정시 연간에 비해 작품의 수사는 풍부하나 건안 시대보다 작품의 기세는 유약하다. 어떤 이는 문장을 분석하여 정묘함을 얻으려 했고, 어떤 이는 음절에 주력하여 유려함을 추구하였는데, 이것이 당시의 대략적인 추세였다.

동진 시기의 작품들은 추상적인 도가의 담론을 즐기는 '청담(淸談)'의 풍조에 탐닉하여 실무에 충실하려는 의지를 비웃고 세상의 권세를 망각하는 것에 대한 의론을 숭상하였다. 원굉과 손작 이후로 비록 각자 언어문자 표현을 아름답게 다듬으려 하였으나 표현의 경향이 한결같아서 우수한 작품이기를 다툴 수는 없었다. 그러므로 곽박의 「유선(游仙)」시는 이들 가운데 출중하여 걸작이 된 것이다.

송(宋) 초기에 읊어진 시들을 보면 체제 면에서 계승과 변화가 동시에 일어나게 된다. 노장사상이 후퇴하고 산수시가 바야흐로 흥성하기 시작한다. 오언시 전편의 화려한 대우를 추구하고 한 구절의 기발한 시구를 다투었다. 내용에 있어서는 반드시 사물의 생김새를 지극히 자세하게 묘사하려 하였으며 언어문자 표현에 있어서는 온 힘을 기울여 새로움을 추

구하려 하였으니 이것이 최근의 작가들이 다투어 추구하는
바이다.

晉世群才, 稍入輕綺. 張潘左陸, 比肩詩衢, 采縟於正始, 力柔於
建安, 或木片文以爲妙, 或流靡以自姸, 此其大略也. 江左篇制,
溺乎玄風, 嗤笑徇務之志, 崇盛忘機之談. 袁孫已下, 雖各有雕采,
而辭趣一揆, 莫與爭雄, 所以景純仙篇, 挺撥而爲俊矣. 宋初文詠,
體有因革, 莊老告退, 而山水方滋, 儷采百字之偶, 爭價一句之奇,
情必極貌以寫物, 辭必窮力而追新, 此近世之所競也. ―「명시」

## 창작 규범을 설명하여 이론적인 체계를 세움

그러므로 여러 시대를 종합적으로 살펴보면 시가 내용이
변화해 온 방식을 알 수 있다. 공통점과 차이점을 총괄해보면
창작 규범의 요점이 분명해진다. 예컨대 사언시는 정격(政
格)으로 전아함과 윤택함을 근본으로 삼고, 오언시는 파생된
형태로 맑고도 화려한 것을 중요하게 생각한다. 형식과 내용
이 각기 달리 표현된 것은 각자의 재능에 적합한 것을 따른
때문이다. 때문에 장형은 전아함을 얻었고, 혜강은 윤택함을
머금었으며, 장화는 청신함을 간직하고 있고, 장협은 화려함
을 떨쳤던 것이다. 이런 것들을 모두 겸비한 이는 조식과 왕
찬이고, 하나의 체제에서 장점을 드러낸 사람은 좌사와 유정
이다.

그런데 시에는 일정한 체제가 있으나 생각에는 정해진 틀이 없다. 시가의 창작은 타고난 개성과 재능에 따라 진행되는 것이므로 모든 체제에 두로 통달할 수 있는 사람은 매우 드물다. 만약 이러한 어려움을 예리하게 이해한다면 쉬운 부분이 곧 이를 것이나, 소홀히 하여 쉽게 여긴다면 어려움이 곧 닥칠 것이다.

3언과 6언이 섞여 있는 잡언시는 『시경』에서 유래한 것이고, 이합(離合)시는 미래를 점치는 도참에서 비롯되었고, 회문(回文)시는 도원에서 시작하였으며 연구(聯句)시는 백량대에서 지어졌다. 체제의 편폭이 크고 작음은 다르지만, 감정과 이치를 표현하였다는 점에서는 일치하여 모두 시의 영역에 포함될 수 있으므로 각각의 특성에 대해서 자세히 다루지 않는다.

故鋪觀列代, 而情變之數可監, 撮擧同異, 而綱領之要可明矣. 若夫四言正體, 則雅潤爲本, 五言流調, 則淸麗居宗; 華實異用, 唯才所安. 故平子得其雅, 叔夜含其潤, 茂先凝其淸, 景陽振其麗; 兼善則子建仲宣, 偏美則太冲公幹. 然詩有恒裁, 思無定位, 隨性適分, 鮮能通圓. 若妙識所難, 其易也將至; 忽之爲易, 其難也方來. 至於三六雜言, 則出自篇什; 離合之發, 則明於圖讖; 回文所興, 則道原爲始; 聯句共韻, 則柏梁餘制; 巨細或殊, 情理同致, 總歸詩囿, 故不繁云.

—「명시」

찬으로 정리하여 보자:

사람이 태어나면서부터 뜻을 지니고 있어

품은 뜻을 노래로 읊조린다.

황제시대부터 노래로 불리기 시작하여,

그 풍조는 『시경』의 시가로 흘러들었다.

시가 창작의 신령한 이치와 서로 통하며,

정치질서와도 서로 부합한다.

화려한 언어문자 표현이 더욱 아름다우니,

만대에 이르도록 영원히 즐기게 된다.

> 贊曰: 民生而志, 詠歌所含. 興發皇世, 風流二南. 神理共契, 政序
> 相參. 英華彌縟, 萬代永耽.　　　　　　　　　　　　　　　—「명시」

## 문학사

　　유협은 「시서」편에서 문학은 시대의 영향을 받으며 전개
된다는 사실을 역사적인 고찰을 통해 입증하고 있다. 정치의
흥망성쇠, 군주의 문학에 대한 애호 여부, 사회적인 상황과 시
대의 사조(思潮) 등이 문학에 직접적인 영향을 끼친다는 것
을 설명하고 있다. 「시서」편은 간략하지만 중국 고대 문학사
의 핵심적인 내용을 정확하게 기술하고 있다. 그리고 각 시대
의 문학현상을 설명할 때 유협은 시종 문학의 내용과 형식미
(文采)라는 문학예술의 기본적인 요소의 변천에 초점을 맞추

고 있음을 보게 된다.

1900년대 이후로 오늘날까지 출판된 많은 중국문학사에 각 시대의 문풍 및 중요한 작가들에 대한 유협의 평가와 견해가 채용되고 있음을 볼 수 있다.

## 시대가 문학에 미치는 영향

시대가 바뀜에 따라서 문학의 표현에 있어서 질박함과 화려한 수식에 대한 선호도 각 시대에 따라 변해왔다. 그러므로 과거로부터 현재까지 문학에 반영된 감정의 흐름을 말해볼 수 있을 것 같다.

> 時運交移, 質文代變, 古今情理, 如可言乎.　　　　　　　　　―「시서」

### 요순시대의 문학

그 옛날 요임금의 시대에는 도덕이 융성하여 그 교화가 널리 미치게 되니, 시골 늙은이들은 "요임금이 무슨 공덕이 있는가"라는 말을 하였고, 거리에서 아이들은 "스스로 알지 못하는 사이에 임금의 법도를 따르게 되네"라는 내용의 동요를 불렀다.

요임금의 뒤를 이어 통치를 계승한 순임금의 세상이 되자 정치는 훌륭했고 백성들은 여유 있는 삶을 누리게 되니, 임금은 「남풍가(南風歌)」를 지었고 신하들은 「경운가(卿雲歌)」를 불렀다. 이들 노래들은 매우 아름다운데 그 이유는 무엇 때문일까? 아마도 그것은 사람의 마음이 기쁘면 그 목소리 역시 평안해지기 때문일 것이다.

하나라의 위대한 우왕의 시대에는 홍수의 범람을 쉽게 조절할 수 있도록 하기 위하여 국토를 분할하였으며, 백성들의 삶을 유익하게 하는 아홉 가지 사물들을 이용하여 그 효용을 발휘하게 하고 나아가 그것을 칭송하는 노래를 부르게 하였다.

> 昔在陶唐, 德盛化鈞, 野老吐何力之談, 郊童含不識之歌. 有虞繼
> 作, 政阜民暇, 薰風詩於元后, 爛雲歌於列臣. 盡其美者何. 乃心
> 樂而聲泰也. 至大禹敷土, 九序詠功.　　　　　　　　　－「시서」

## 은·주 시대 문학

은나라의 탕왕은 성스럽고 경건하니 후세 사람들이 "온유하도다"라는 칭송의 말을 지었다. 주나라 문왕의 시대에 이르러 도덕이 융성하게 되고 교화가 널리 미치니, 「주남(周南)」이란 노래에는 그 어떠한 불평의 기색도 없이 열심히 일하는 백성들의 정신이 표현되어 있다. 그리고 대왕의 가르침이 베풀어지니 백성들의 풍속이 순박하게 되고 인정이 두터워지게 되었다. 「빈풍(邠風)」이란 노래에는 더없이 기쁘고 즐거우나 결코 지나침이 없는 마음이 표현되어 있다.

그러나 유왕과 여왕의 혼란기 동안의 「판(板)」과 「탕(蕩)」
의 시에는 백성들의 노여움이 나타나 있다. 평왕의 시대에는
왕실이 쇠약하게 되니 「서리(黍離)」란 시에는 슬픔과 원한의
감정이 담겨져 있다. 이러한 것들을 통해서 볼 때, 우리는 가
요의 수사적인 표현과 거기에 담겨 있는 사상과 감정은 시대
와 세상에 따라서 바뀌고 달라진다는 것을 알 수 있다. 다시
말해서 통치자의 다스림과 가르침이 공중에서 부는 바람과
같다면, 시와 노래는 그 밑에서 출렁이는 물결과 같다고 할
것이다.

成湯聖敬, 猗歟作頌. 逮姬文之德盛, 周南勤而不怨, 大王之化淳,
邠風樂而不淫. 幽厲昏而板蕩怒, 平王微而黍離哀. 故知歌謠文
理, 與世推移, 風動於上, 而波震於下者.　　　　　　　　―「시서」


## 춘추전국 시대 문학

춘추 시대 이후로 각 나라들은 서로 각축을 벌이게 되었
다. 육경(六經)은 진흙 속에 파묻히게 되고, 제자백가의 학설
은 일진돌풍처럼 피어올라 사람들을 몹시 놀라게 하였다. 이
당시에 한나라와 위나라는 무력을 사용하여 서로 다투었고,
연나라와 조나라는 권모술수에 의존하였다. 진나라는 문학
을 다섯 종류의 좀벌레와 여섯 종류의 이 가운데 하나로 간주
하여 그것을 엄격히 금지하도록 명하였다. 오직 제나라와 초

나라 두 나라에서만 문화와 학술이 장려되었다. 제나라에서
는 중심가의 대로상에 학자들의 거처를 위한 커다란 공관이
건설되었으며, 초나라에서는 학자들을 수용하기 위한 난대
궁을 확장하였다.

맹자는 제나라에서 귀빈이 되어 빈관에 머물렀고, 순경은
초나라에서 한 현의 관리가 되었다. 이에 따라 제나라의 직문
아래에서는 참신한 학풍이 진작되었고, 초나라의 난릉현에
서는 훌륭한 풍속이 쌓여갔다. 추연은 우주자연의 원리를 토
론함으로 그 명성을 떨쳤고, 추석은 마치 용의 무늬를 새긴
것과도 같은 미적인 언어문자 표현(文采) 때문에 이름을 날
렸다. 굴원의 아름다운 작품은 해나 달과도 그 빛남을 다툴
수 있었고, 바람과 아침의 구름을 묘사한 송옥의 부는 모두
그 문채가 풍부했다. 수식이 화려한 그들의 작품들을 관찰해
보면, 그것들은 『시경』의 송과 아의 풍격까지 포괄하고 있다.
그러므로 화려한 언어문자 표현으로 이루어진 개성적인 내
용들은 전국시대 종횡가의 특이한 풍속에서 비롯된 것임을
알 수 있다.

> 春秋以後, 角錢英雄, 六經泥蟠, 百家飆駭. 方是時也, 韓魏力政,
> 燕趙任權, 五蠹六蝨, 嚴於秦令, 唯齊楚兩國, 頗有文學. 齊開莊
> 衢之第, 楚廣蘭臺之宮, 孟軻賓館, 荀卿宰邑, 故稷下扇其淸風,
> 蘭陵鬱其茂俗, 鄒子以談天飛譽, 騶奭以雕龍馳響, 屈平聯藻於日

月, 宋玉交彩於風雲. 觀其豔說, 則籠罩雅頌. 故知暐燁之奇意, 出
乎縱橫之詭俗也.　　　　　　　　　　　　　　　　　　　—「시서」


## 한(漢) 대 문학

한 왕조는 시적들을 불내워버렸던 진 왕조를 계승했다. 그
첫 번째 황제인 고조는 무(武)를 숭상하여 유생들을 비웃고
학자들을 경시하였나. 비록 예의와 법률은 어느 정도 그 모습
이 갖추어졌으나 『시경』과 『서경』에 대해서는 그 어떠한 진
지한 탐구의 노력도 시도하지 않았다. 그러나 고조의 「대풍
가(大風歌)」와 「홍곡가(鴻鵠歌)」는 천재의 걸작으로 간주될
만하다.

혜제로부터 문제와 경제에 이르는 동안에는 경학에 대한
연구가 극히 융성하게 되었으나 문인들은 여전히 임용되지
않았다. 이 점은 가의가 배척을 당하고 추양이나 매승이 자신
들의 뜻을 이룰 수 없었음을 보면 알 수 있다.

무제는 학자들을 지극히 존중하였으며 자신의 커다란 업
적을 언어로 장식하고자 하였다. 그의 통치기간 동안에는 예
와 악이 그 빛을 발하였으며 학자들은 서로 다투어 화려한 문
학작품을 지어내었다. 백양대에서 그는 향연을 벌이는 주제
와 관련된 연구(聯句: 시의 구절이 연이어지는)의 시 형식을
창시하였다. 그리고 황하의 제방 위에서 백성들을 염려하는

시를 지었다. 그는 특별히 제작한 마차를 보내어 매승을 초청하였으며, 주부언을 기용해서는 그가 만족할 만큼의 호사스러운 예우를 베풀었다. 그는 공손홍의 대책문(對策文)을 높이 평가하여 그를 발탁하였으며, 예관의 상주문(上奏文)에 대해 크게 감탄하였다.

주매신은 나무꾼의 신분에서 출세하여 아름다운 무늬의 비단 예복을 입게 되었고, 사마상여는 접시닦이에서 출세하여 역시 수를 놓은 옷을 입게 되었다. 이때에 이르러 사마천이나 오구수왕과 같은 사람들과 엄안, 종군, 매고 등의 무리들은 황제의 질문에 대해 응답함에 막힘이 없었을 뿐만 아니라 자신들의 문학창작에 있어서도 작품이 무궁무진했다. 이 시기의 문학풍조와 작가들이 보여준 미적인 언어문자 표현들은 다른 시기와는 비교할 수 없을 정도로 대단했다.

소제와 선제는 무제에 의해 처음 시작된 그러한 전통을 확실하게 이어나갔다. 학자들은 석거각에서 경서의 해석에 대해 논의하였고, 문사들은 문학과 관련된 모임에서 자유롭게 토론하였으며, 화려한 수식의 사부를 지을 수 있는 뛰어난 인재들을 모아놓으니 반투명의 얇은 비단에 사부를 비유하는 것과 같은 교묘한 비유가 나왔다.

이 당시에 왕포 등의 문인들은 자신의 문학적인 재능에 의지하여 황제에게 조서를 바치고 그로 인해 관직을 받게 되었다. 원제와 성제는 도서에 지대한 관심을 나타내었으며 주옥과도 같은 아름다운 토론들을 찬미하였고, 금마문에 이르는 길을 깨끗이 청소하였다. 양웅은 천 수에 달하는 부를 짓는 데 심혈을 기울였고, 유향은 육경을 대조하여 교정하는 일을 하였는데, 모두 상당히 훌륭하였다.

한의 무제 때부터 사부를 중요하게 여기기 시작하여 그것이 성세와 애제의 시대에까지 지속되었는데, 그 동안 세월은 백 년이 흘렀지만, 사부의 창작방식에 있어서는 수많은 변화가 있었다. 그 주된 경향은 초사의 전통을 계승하는 것이었는데, 굴원의 영향이 여기에 여전히 존재한다.

爰至有漢, 運接燔書, 高祖尚武, 戲儒簡學, 雖禮律草創, 詩書未遑, 然大風鴻鵠之歌, 亦天縱之英作也. 施及孝惠, 迄於文景, 經術頗興, 而辭人勿用. 賈誼抑而鄒枚沈, 亦可知已. 逮孝武崇儒, 潤色鴻業, 禮樂爭輝, 辭藻競騖: 柏梁展朝讌之詩, 金堤製恤民之詠, 徵枚乘以蒲輪, 申主父以鼎食, 擢公孫之對策, 歎兒寬之擬奏, 買臣負薪而衣錦, 相如滌器而被繡, 於是史遷壽王之徒, 嚴終枚皐之屬, 應對固無方, 篇章亦不匱, 遺風餘采, 莫與比盛. 越昭及宣, 實繼武績, 馳騁石渠, 暇豫文會, 集雕篆之軼材, 發綺縠之高喻, 於是王褒之倫, 底祿待詔. 自元曁成, 降意圖籍, 美玉屑之譚, 清金馬之路, 子雲銳思於千首, 子政讎校於六藝, 亦已美矣. 爰自漢室, 迄至成哀, 雖世漸百齡, 辭人九變, 而大抵所歸, 祖述楚辭,

靈均餘影, 於是乎在.                                    一「시서」

　애제와 평제의 쇠퇴기로부터 광무제의 중흥기에 이르는
동안에는 도참의 학설에 깊은 관심을 기울였다. 그 결과 화려
한 언어문자 표현은 다소간 경시되었다. 그러나 두독이 「오
한뢰(吳漢誄)」를 올려서 형벌을 면하였으며, 반표는 자신이
그 수하로 있었던 두융이 광무제에게 올리는 장주(章奏)의
작성에 참여하여 나중에 보현의 관리가 되었다. 비록 광무제
는 문학의 재능이 있는 사람들을 널리 찾아서 구하지는 않았
지만 그렇다고 해서 그들을 내버려두고 전혀 돌보지 않은 것
은 아니었다.

　명제에 이르러서는 선대의 치적을 계승하니 그들은 유학
을 숭상하고 사랑했다. 명제는 벽당에서 예의에 관하여 이야
기하였으며 장제는 백호관에서 경서들에 관한 토론을 하게
하였다. 반고는 붓을 들고 가서 국가의 역사를 집필하는 일에
참여하였으며, 가규는 「신작송(神雀頌)」을 초안하도록 붓과
종이를 받았다. 동평왕 유창은 예에 관한 우아한 저술들로 자
신의 이름을 크게 떨쳤으며, 패헌왕 유보는 「오경론(五經
論)」으로 이름을 크게 떨쳤다. 또한 황제가 만들어낸 법칙과
제후들이 만들어낸 규범이 정비되니 그것들은 나름대로 빛
을 내며 서로를 비추었다.

화제와 안제로부터 순제와 환제에 이르는 시대에는 반고, 부의, 최인·최원·최식 삼대, 왕일·왕연수 부자, 마융, 장형, 채옹 등이 등장하였다. 이들은 모두 뛰어난 학자들로 간주할 수 있으니 그 당시는 인재 면에 있어서는 결코 부족하지 않았다고 볼 수 있다. 그러나 높은 수준의 문학적인 저술에 관해서는 우리의 판단을 잠시 유보해야만 한다. 광무제가 한나라를 중흥시킨 이후로는 재능 있는 작가들이 전대의 관습들을 어느 정도 고쳐나갔다. 그들은 화려한 표현과 내용을 결합하는 가운데 경서의 표현들에서 자신들의 원천을 찾았는데 역대의 통치자들이 학자들을 모아서 고전에 관한 수많은 토론들을 하게 하였기에 비로소 유가의 기풍이 점차적으로 유행하게 된 것이다.

영제는 때때로 부의 창작에 몰두했는데 그는 문자에 관한 저서인 「황희편(皇羲篇)」을 편찬하였으며, 홍도문을 열어서 문인들을 접대하였다. 그러나 악송과 그의 무리들이 학식이 천박하고 취향이 저속한 사람들을 끌어 모았기 때문에 양사는 그들을 환두와도 같은 형편없는 놈들이라 불렀으며, 채옹은 그들을 어릿광대에 비유하였다. 그들이 남겨놓은 풍속과 문자는 일고의 가치도 없는 것들이다.

自哀平陵替, 光武中興, 深懷圖讖, 頗略文華, 然杜篤獻誄以免刑, 班彪參奏以補令, 雖非旁求, 亦不遺棄. 及明帝疊耀, 崇愛儒術,

肄禮璧堂, 講文虎觀, 孟堅珥筆於國史, 賈逵給札瑞頌, 東平擅其
懿文, 沛王振其通論, 帝則藩儀, 輝光相照矣. 自安和已下, 迄至
順桓, 則有班傅三崔, 王馬張蔡, 磊落鴻儒, 才不時乏, 而文章之
選, 存而不論. 然中興之後, 群才稍改前轍, 華實所附, 斟酌經辭,
蓋歷政講聚, 故漸靡儒風者也. 降及靈帝, 時好辭製, 造羲皇之書,
開鴻都之賦, 而樂松之徒, 招集淺陋, 故楊賜號爲驩兜, 蔡邕比之
俳優, 其餘風遺文, 蓋蔑如也.　　　　　　　　　　　　　　　　　―「시서」


건안(建安) 문학

　헌제 때부터는 무수한 전란으로 인해 끊임없이 이리저리
옮겨 다녀야 했기 때문에 문인들의 운명은 사납게 몰아치는
바람에 흩날리는 헝클어진 풀더미와도 같았다. 건안 말년에
이르러서야 외관상에 불과한 것이긴 하지만 세상이 겨우 안
정을 누리게 되었다. 위무제 조조는 그 당시 상왕의 지존한
위치에 있었는데 시문을 몹시 아꼈다. 문제 조비는 태자라는
중요한 신분으로 있으면서 사부를 매우 잘 지었다. 진사왕 조
식은 귀공자라는 호화로운 신분이면서도 한번 붓을 잡으면
주옥처럼 아름다운 글들을 지었다. 이들은 모두 뛰어난 문인
들을 예우하였기 때문에 재능이 뛰어난 문인들이 구름처럼
모여들었다.

　왕찬은 형주 지방의 유표 수하로 있다가 달려와 충성을 맹

세하였고, 진림은 하북 지방의 원소 수하로 있다가 와서 복종하였고 서간은 청주에서 그리고 유정은 해변에서 와서 그 측근에 합류했다. 응창은 다양하고 아름다운 문학의 사상을 종합하였으며 완우는 훨훨 날아가는 듯한 기풍의 서체에 관한 자신의 능력을 마음껏 발휘하였다. 노수와 번흠의 무리들이나 한단순과 양수 같은 사람들은 술잔을 놓고는 시편을 읊었으며, 연회석상에서는 예술에 대한 담론을 펼치고 붓을 휘둘러 주흥을 노래하였으며, 먹을 갈아서는 담소를 돕는 글을 지었다.

이 당시의 작품들을 살펴보면, 그들이 강개함을 매우 즐겼음을 알 수 있다 . 실제로 그 당시는 오랜 기간의 전란으로 인해 풍기가 쇠퇴하여 사람들의 마음속에 원한과 슬픔이 쌓여 있던 그런 시절이었다. 그래서 당시의 문사들은 그러한 것들을 자신들 마음속에 깊이 느끼게 되었고, 이러한 감정은 사람들의 심금을 울리는 말과 글로 표현되었다. 이런 까닭에 그들의 작품들은 강개함과 활력으로 넘치게 되었던 것이다.

명제 때에 이르러 선조들의 치덕을 계승하니 황제 자신이 직접 시문을 쓰고 악곡을 작곡했다. 그는 문인들을 불러 모았으며 숭문관을 설치하니 하안과 유소 등 재능을 갖춘 많은 문인들이 서로 서로 문학적인 재기를 빛내었다. 명제를 계승한 젊은 통치자들 가운데는 오로지 고귀향공 조모만이 재능과

학식을 갖춘 사람이었다. 그의 눈빛이 한번 사물을 스쳐 지나
가기만 하면 우아한 문학작품들이 잉태되었으며 그가 뱉어
낸 말은 그대로 완벽한 논문이 되었다.

이 시기에는 어느 정도 정시 연간의 기품이 남아 있어서
우리는 그 작품들의 취향이 경쾌하고 담박함을 엿볼 수 있다.
혜강, 완적, 응거, 무습 등이 당시에 문학의 대로를 나란히 달
려 나간 사람들이다.

> 自獻帝播遷, 文學蓬轉, 建安之末, 區宇方輯. 魏武以相王之尊,
> 雅愛詩章; 文帝以副君之重, 妙善辭賦; 陳思以公子之豪, 下筆琳
> 瑯; 並體貌英逸, 故俊才雲蒸. 仲宣委質於漢南, 孔璋歸命於河北,
> 偉長從宦於青土, 公幹徇質於海隅, 德璉綜其斐然之思, 元瑜展其
> 翩翩之樂, 文蔚休伯之儔, 于叔德祖之侶, 傲雅觴豆之前, 雍容衽
> 席之上, 灑筆以成酣歌, 和墨以藉談笑, 觀其時文, 雅好慷慨, 良
> 由世積亂離, 風衰俗怨, 並志深而筆長, 故梗概而多氣也. 至明帝
> 纂戎, 制詩度曲, 徵篇章之士, 置崇文之觀, 何劉群才, 迭相照耀.
> 少主相仍, 唯高貴英雅, 顧盼含章, 動言成論. 於時正始餘風, 篇
> 體輕澹, 而嵇阮應繆, 並馳文路矣. ──「시서」

진(晉) 대 문학

진대에 이르러서는 선제 사마의가 처음으로 나라의 기초
를 세웠고 그 뒤를 이은 경제 사마사와 문제 사마소가 뒤를

이어 나라의 기틀을 구축하였다. 이들은 행위 면에서는 유교적인 교양에 젖어 있으면서도 실질적으로는 정치적인 권모술수에 깊이 빠져 있었다. 무제에 이르러 드디어 새로운 왕조를 세우니 사람들은 그를 태평시대의 황제라고 불렀으나, 그는 교육과 문학에는 별반 관심을 기울이지 않았다. 회제와 민제 때에 이르자 황제라는 것은 그저 자리만 지키는 장식품에 불과하게 되었다.

진 왕조가 비록 문학을 소중히 여기지는 않았지만 문학의 인재들은 실로 풍성했다. 장화가 붓을 휘두르면 마치 진주가 흩어져 내리는 것 같았고, 좌사가 글을 쓰는 것은 마치 아름다운 무늬의 비단을 짜내는 것 같았으며, 반악과 하후담은 마치 한 쌍의 비취처럼 자신들의 재능을 비추었고, 육기와 육운은 자신들의 걸출한 문채를 과시하였다. 이밖에도 응정, 부현·장재·장협·장항 삼형제 등의 사람들과, 그리고 손초, 지우, 성공수 등의 무리들은 모두 문학창작에 있어서 수식된 언어문자 표현이 청신하고 뛰어났으며 운율의 흐름이 화려하고 아름다웠다. 전대의 역사가들은 서진이 말세의 운에 처해 있었기 때문에 당시에 활동했던 문인들은 자신들의 재능을 충분히 발휘하지 못했다고 말하고 있는데 참으로 말 그대로였다. 이는 참으로 애석한 일이라고 할 수 있다.

逮晉宣始基, 景文克構, 並跡沈儒雅, 而務深方術. 至武帝惟新, 承

平受命, 而膠序篇章, 弗簡皇慮. 降及懷愍, 綴旒而已. 然晉雖不

文, 人才實盛: 茂先搖筆而散珠, 太沖動墨而橫錦, 岳湛曜聯璧之

華, 機雲標二俊之采, 應傅三張之徒, 孫摯成公之屬, 並結藻清英,

流韻綺靡, 前史以爲運涉季世, 人未盡才, 誠哉斯談, 可爲歎息.

—「시서」


　　동진의 원제는 국가를 중흥시키면서 문학에 대한 관심을
촉발시켰고 학교교육을 진흥시켰다. 유외와 조협은 예법에
정통한 관리들이었기 때문에 크게 존중을 받았고 곽박은 자
신이 문학창작의 구상에 기민하여 황제의 특별한 배려를 받
고 발탁되었다. 어렸을 때부터 뛰어난 자질과 총명함을 지녔
던 명제는 평소에 문학과 관련된 모임을 좋아하였으며, 동궁
때로부터 재위기간에 이르는 동안 지칠 줄 모르고 육경의 강
론에 몰두했다. 그는 고령과 책문을 작성하는 데 마음을 썼고
사부를 지음에 있어서는 자신의 표현 수사의 재능을 마음껏
발휘하였다.

　　유량은 실용 문서를 작성하는 재능이 뛰어나 두터운 신임
을 얻었으며, 온교는 문학적인 구상력이 탁월하여 더욱 신임
을 받았다. 문학적인 풍기를 진작시키려 노력한 점에 있어서
명제는 한 대의 무제와 비교할 수 있을 것이다. 성제와 강제
는 단명하였고, 목제와 애제는 재위에 있는 기간이 매우 짧았

다. 그러다 간문제가 재위에 올랐다. 그는 기품이 침착하고 품격이 맑고 빼어나서 청담을 논함에 있어서 언제나 미묘한 언어와 정교한 논리가 넘쳐흘렀다. 이렇게 하여 도가의 사상과 중후한 문채가 당시 문단에 널리 퍼지게 되었다. 효무제에 이르러서는 후계자가 없어서 안제와 공제를 마지막으로 진 왕조는 멸망하였다. 이 기간에는 원굉, 은중문, 그리고 손성과 간보의 무리들이 문학과 역사 저술에서 두각을 나타내었다. 이들은 각기 재능과 학식의 높낮이가 서로 다르긴 했지만 비취와도 같은 그들의 개성을 놓고 보자면 그들 모두 조정에서 중요한 역할을 담당하였다.

서진 시대에 이르러 청담이 존중되다가 동진 시대에 와서는 그 절정에 달하게 되었으며, 청담의 영향으로 인해 새로운 문풍이 조성되었다. 이런 까닭에 당시는 혼란 속에서 머뭇거리고 있는 시대였음에도 불구하고 당시의 문학은 언어와 사상 면에서 모두 평온무사함을 표현하고 있다. 시에서는 반드시 노자와 장자의 사상을 본질적인 주제로 삼았으며, 부를 짓는 일은 노자와 장자에 주석을 다는 일에 불과했다.

그러므로 문학의 변천이 세상사의 추이에 따라 영향을 받으며 문학의 흥망과 성쇠는 시대의 동향에 달려 있음을 알게 된다. 원인을 찾아 결과를 살핀다면 지금부터 백 대 전의 문학에 대해서도 알 수 있을 것이다.

元皇中興, 披文建學, 劉刁禮吏而寵榮, 景純文敏而優擢. 逮明帝
秉哲, 雅好文會, 升儲御極, 孳孳講藝, 練情於誥策, 振采於辭賦,
庾以筆才逾親, 溫以文思益厚, 揄揚風流, 亦彼時之漢武也. 及成
康促齡, 穆哀短祚, 簡文勃興, 淵乎清峻, 微言精理, 函滿玄席, 澹
思濃采, 時洒文囿. 至孝武不嗣, 安恭已矣. 其文史則有袁殷之曹,
孫干之輩, 雖才或淺深, 珪璋足用. 自中朝貴玄, 江左稱盛, 因談
餘氣, 流成文體. 是以世極迍邅, 而辭意夷泰, 詩必杜下之旨歸, 賦
乃漆園之義疏. 故知文變染乎世情, 興廢繫乎時序, 原始以要終,
雖百世可知也.　　　　　　　　　　　　　　　　　　—「시서」

## 송(宋) 대 문학

송의 무제는 문학을 애호하였으며, 문제는 문학의 재능이
있었을 뿐만 아니라 유학을 좋아하였다. 효무제는 문제의 덕
행을 이어받은 사람이었으며, 다재다능하여 아름다운 문학
작품을 많이 지었다. 그러나 명제 이후로는 문학과 유학 양쪽
모두 쇠퇴하기 시작하였다.

송 대의 사대부들 가운데에서는 소용돌이치는 바람에 일
어나는 각양각색의 구름들처럼 무수한 문인들이 등장하였
다. 같은 일족이었던 왕씨 일가와 원씨 일가는 연속적으로 뛰
어난 문학작품들을 많이 만들어내었고, 안연지와 사령운 집
안 역시 모두 여러 세대를 거치면서 뛰어난 문학적 재능을 보

였다.

이외에도 하손, 범운, 장소, 심약 등 그 밖의 다른 많은 사람들이 있는데, 그 수가 워낙 많아서 여기에서는 전부 열거할 수 없을 정도이다. 이들 문인들은 우리에게 너무나 잘 알려진 사람들이라 여기에서는 대략적인 상황만 간략하게 거론한다.

自宋武愛文, 文帝彬雅, 秉文之德, 孝武多才, 英采雲搆. 自明帝
以下, 文理替矣. 爾其縉紳之林, 霞蔚而飇起; 王袁聯宗以龍章,
顔謝重葉以鳳采, 何范張沈之徒, 亦不可勝也. 蓋聞之於世, 故略
擧大較. ─「시서」

## 제(齊) 대 문학

훌륭한 제 왕조가 천하를 장악하니 국운이 창성하게 되었다. 태조는 현인이자 무장으로 천명을 받았고, 고제는 밝은 지혜를 지녔기에 창업을 계승하였으며 문제는 태자로서 밝은 덕을 지녔고, 명제는 최고의 지혜를 갖춘 임금으로서 국운을 진작시켰다. 이들 황제들은 모두 타고난 문학적 자질과 총명함을 통하여 왕조의 위엄과 덕을 빛낸 사람들이다.

지금은 국운이 막 발흥하기 시작하니 문화의 빛이 온 세상에 퍼져 나간다. 바다와 큰 산의 신령들이 내려오고 세상에 인재들이 등장하여 도처에서 두각을 나타낸다. 이는 마치 비룡을 몰아 하늘의 길을 날고, 준마에 마구를 채워 만 리를 달리는 것과 같으니 경서와 예악과 문장이 이미 주조의 그것을 능가하였고 문장은 당우의 그것과 같으니 이제 막 융성하기 시작하는도다. 이처럼 위대한 풍속과 아름다운 문채에 대해서는 나의 짧은 붓으로는 감히 묘사해낼 수 없을 것이다. 그러므로 나는 훌륭한 통찰력과 지혜를 지닌 사람에게 이 시대에 대한 찬사의 노래를 짓는 일을 떠맡기고자 한다.

暨皇齊馭寶, 運集休明; 太祖以聖武膺籙, 高祖以睿文纂業, 文帝以貳離含章, 中宗以上哲興運, 並文明自天, 緝熙景祚. 今聖歷方興, 文思光被, 海岳降神, 才英秀發, 馭飛龍於天衢, 駕騏驥於萬里, 經典禮章, 跨周轢漢, 唐虞之文, 其鼎盛乎. 鴻風懿采, 短筆敢陳; 颶言讚時, 請寄明哲.　　　　　　　　　　　　　　　　—「시서」


찬으로 정리하여 보자:
여러 시대에 걸쳐 풍성한 빛을 비추는
화려한 언어문자 표현은 많은 변화를 겪어왔다.
중심축인 지도리를 중심으로 움직이면서
끊임없이 순환하고 있다.
언어문자 표현의 질박함과 화려함은 시대에 따라 다르며
문학의 흥성과 쇠퇴는 선택에 달려 있다.
아득한 옛날이 비록 멀다고 해도
얼굴을 마주 대하듯 살펴볼 수 있다.

贊曰：蔚映十代, 辭采九變. 樞中所動, 環流無倦. 質文沿時, 崇替在選, 終古雖遠, 曠焉如面.　　　　　　—「시서」

## 작가론

'재략'은 작가의 재능을 간략하게 살펴본다는 뜻이다. 유협은「재략」편에서 상고시대부터 남조의 송 대에 이르는 작가들과 그 작품에 대해 논평하고 있다.「시서」편에서는 시대와 문학과의 관계에 중점을 둔 데 비하여「재략」편에서는 작가의 개성과 재능에 중점을 두어 역사적인 고찰을 시도하고 있다. 문학사적인 발자취를 따랐다는 점에서는「시서」편과 맥락을 같이하고 있다. 역대 작가의 작품을 평가할 때도 유협은 시종 작품의 형식미와 내용이라는 문학예술을 가능하게 하는 양대 요소에 초점을 맞추고 있음을 볼 수 있다.

구대(九代)의 문학은 풍부하고도 성대하다. 그 언어의 다양하고도 화려한 표현양식에 대해서는 간략하게 요약하면서 상세하게 설명할 수 있다.

九代之文, 富矣盛矣; 其辭令華采, 可略而詳也.　　　　　—「재략」

요순시대의 작가들

우대와 하대의 문장을 살펴보면, 고도(皐陶)가 육덕(六德)

에 대해 기술한 것이 있고, 기가 정리한 팔음(八音)이 있으며, 익은 우에 대한 찬가를 썼고, 태강의 다섯 형제는 노래를 지었다. 이들은 언어의 표현이 부드러우며 그 내용이 정확하기에 만세의 표준이 되었다. 상대와 주대에는, 중훼가 훈계의 말을 전하였고, 이윤은 교훈의 말을 펼쳤으며, 윤길보와 그 동료들은 시를 지어 당대 임금들의 공덕을 칭송하였다. 그 뜻은 진실로 경전이 되고 언어문자 표현도 배울 만한 모범이 되었다.

> 虞夏文章, 則有皐陶六德, 夔序八音, 益則有贊, 五子作歌, 辭義
> 溫雅, 萬代之儀表也. 商周之世, 則仲虺垂誥, 伊尹敷訓, 吉甫之
> 徒, 並述詩頌, 義固爲經, 文亦師矣.　　　　　　　　　　—「재략」

## 춘추 시대의 작가들

춘추 시대에 이르러 대부들은 빙문(聘問: 자기 나라의 정부를 대표하여 우방을 방문하는 것을 말한다)이나 집회 시에 공적인 말의 수식에 힘썼다. 그것들은 마치 아름다운 옥돌의 보고와도 같이 풍부하였으며, 점포에 펼쳐놓은 비단처럼 빛을 발하였다.

원오는 초나라의 뛰어난 법전을 편찬하였고, 수회는 진나라의 예법을 연구하였으며, 조쇠는 예의를 잘 알아서 연회에 참석하였고, 자산은 언어 구사력이 뛰어나서 정나라를 물리

칠 수 있었다. 자태숙은 풍채가 수려하고 문채가 뛰어났으며, 공손휘는 공적인 말을 잘 구사하였으니, 이들은 모두 문학적인 명성을 드러낸 사람들이다.

及乎春秋大夫, 則修辭聘會, 磊落如琅玕之圃, 焜燿似縟錦之肆, 薳敖擇楚國之令典, 隨會講晉國之禮法, 趙衰以文勝從饗, 國僑以修辭扞鄭, 子太叔美秀而文, 公孫揮善於辭令, 皆文名之標者也.

　　　　　　　　　　　　　　　　　　　　　　　　　　ㅡ「재략」

## 전국 시대의 작가들

전국 시대에는 무(武)를 중시하기는 했지만 문인들도 끊이지 않았다. 제자백가는 여러 학설을 통하여 지위를 얻었다. 굴원과 송옥은 초사를 통해 그들의 문학적인 재능을 나타내었다. 낙의의 「보연혜왕서(報燕惠王書)」는 변론적인 표현으로 정당한 논리를 세웠다. 범저의 「상진소왕서(上秦昭王書)」는 표현이 함축적이면서도 내용은 절실하다. 소진은 각국을 돌아다니며 유세하였는데, 그 논설문은 힘이 있으며 당시의 정세에 잘 부합하는 것이었다. 이사의 「간축객서(諫逐客書)」는 표현이 아름답고 그 내용은 사람의 마음을 감동시킬 만하였다.

이들이 만약 문학을 장려하는 시대에 살았다면, 한 대의 양웅이나 반고와 같은 작가의 반열에 들었을 것이다. 순자는 학술계의 거장으로서 사물을 묘사한 글을 지어 그것을 부라 불렀다. 형식과 내용이 서로 조화를 이룬 것은 참으로 위대한 유학자의 감각이었다.

> 戰代任武, 而文士不絶; 諸子以道術取資, 屈宋以楚辭發采, 樂毅
> 報書辨以義, 范雎上書密而至, 蘇秦歷說壯而中, 李斯自奏麗而
> 動, 若在文世, 則揚班儔矣. 苟況學宗而象物名賦, 文質相稱, 固
> 巨儒之情也.　　　　　　　　　　　　　　　　　　　　　—「재략」

## 한(漢)나라의 작가들

한나라에 들어서면 먼저 육가가 독특하고 개성적인 언어 문자 표현을 구사하여 이른 봄을 노래하는 「맹춘부(孟春賦)」를 짓고 유방에게 「신어(新語)」를 강론한다. 이는 그의 변론이 매우 풍부했음을 보여준다. 가의의 뛰어난 재능은 천리마를 능가하는 것이었다. 그의 논의는 합당하였으며 부 역시 맑은 풍격을 지녔으니 이것이 어찌 그냥 이루어질 수 있는 것이겠는가! 매승의 「칠발(七發)」이나 추양이 옥중에서 쓴 상서는 필치가 매끄러웠고, 언어표현의 기세가 왕성하다. 동중서는 유가에 전념했고, 사마천은 순수한 역사가지만 매우 아름다운 언어문자 표현으로 이루어진 문장을 남겼으며 시경의 시인이 고백한 애수와도 같은 시적인 내용을 담고 있다.

사마상여는 독서를 즐겼으며 굴원과 송옥의 사부를 학습

하였는데 그 화려한 언어문자 표현과 과장법을 깊이 깨달아 사부의 거장이라는 이름까지 듣게 되었다. 그러나 그의 작품의 내용을 정밀하게 고찰해보면 논리가 수사적인 표현을 따르지 못하고 있다. 그러므로 양웅이 "언어문자 표현이 화려하면서도 효용성이 적은 것이 사마상여의 작품이다"라고 한 것은 참으로 옳은 말이다. 왕포가 구축한 언어문자 표현은 세밀하고 정교한 특징이 있다. 음악성을 부가하고 외관을 고려하여 교묘한 표현을 이루었으므로 볼 만하다. 양웅은 주제를 정하고 작품을 구성하는 데 있어 가장 깊이가 있고 철저하다. 작품을 살펴보면, 내용은 깊고 넓으며 선택된 어휘들은 특이하고 화려하다. 재능을 다하여 깊이 있는 구상을 하였기 때문에 내용의 풍부함과 표현의 적절함을 고루 갖출 수 있었던 것이다.

漢室陸賈, 首案奇采, 賦孟春而選典誥, 其辭之富矣. 賈誼才穎, 陵軼飛兎, 議惬而賦清, 豈虛至哉. 枚乘之七發, 鄒陽之上書, 膏潤於筆, 氣形於言矣. 仲舒專儒, 子長純史, 而麗縟成文, 亦詩人之告哀焉. 相如好書, 師範屈宋, 洞入夸艶, 致名辭宗. 然覆取精意, 理不勝辭, 故揚子以爲, 文麗用寡者長卿, 誠哉是言也. 王褒構采, 以密巧爲致, 附聲測貌, 冷然可觀. 子雲屬意, 辭人最深, 觀其涯度幽遠, 搜選詭麗, 而竭才以鑽思, 故能理贍而辭堅矣.

―「재략」

후한 시대의 환담이 저술한 논문은 춘추 시대의 부호인 의돈의 재산만큼이나 많다고 한다. 송홍은 그를 천거하면서 사마상여와 비견될 만하다고 하였다. 그러나 그의 「집령궁부(集靈宮賦)」 등의 부를 살펴보면 그 내용이 편협하고 천박하여 재능이 보이지 않는다. 그러므로 그는 풍자적인 논의에는 뛰어났지만 화려한 수사의 사부에까지 능력이 미치지는 못했음을 알 수 있다. 풍연은 한때 세상을 돌아다니며 자신의 견해를 주장했으나, 문학이 성행했던 시대에도 자신의 뜻을 제대로 펼치지 못하였다. 그가 자신의 뜻을 직접 서술한 「현지부(顯志賦)」는 마치 상처 난 조개가 진주를 생산해 낸 것과 같다고 할 수 있다.

후한의 반표와 반고는 전한의 유향과 유흠의 경우와 같이 2대에 걸쳐 문학적인 재능을 계승하였다. 흔히들 반고의 문장이 반표보다 우월하고 유흠의 학문이 유향보다 낫다고 한다. 그러나 반표의 「왕명론(王命論)」은 맑고 참신하며 변론에 능하고, 유향의 「신서(新序)」는 내용이 풍부하고 문체가 잘 다듬어져 있다. 아름다운 옥이 곤륜산에서 나오듯이, 어떠한 것도 그 출산지의 것보다 뛰어나기는 어려운 법이다. 부의와 최인은 문학적인 명성으로 어깨를 겨루었고, 최원과 최식은 전후로 선대의 문풍을 이어갔으며, 이들의 문풍은 세대를 이어 계승되었다.

두독과 가규 역시 문학으로 명성을 누렸으나, 그들의 문학적인 재능을 고찰하여보면, 최인과 부의의 말류임을 알 수 있다. 이우의 사부와 명문(銘文)들은 대작을 추구하는 데 뜻이 있기는 하지만, 재능과 역량이 이에 미치지 못하여 마치 날개를 늘어뜨린 채 날아오르지 못하는 것과 같다. 후한의 마융은 대유학자로서 사고가 풍부하고 식견이 매우 높았다. 말을 했다 하면 경서의 규범을 토해냈으니 표현과 실질이 서로 잘 부합되었다. 왕일은 박식한 학자로서는 업적을 남겼으나 수사적인 표현 면에서는 무력했다. 그의 아들 왕연수는 아버지의 뜻을 계승하였는데, 그 재능이 매우 특출하였다. 그가 사물의 생김새를 그려내고 묘사하는 데 뛰어난 것이 어찌 매승이 남긴 기교 때문이라고 하겠는가? 장형은 박식하였으며 문학적인 재능도 풍부하였다. 채옹의 학문과 식견은 정밀하고 순전하였으며 언어문자 표현은 단정했다. 문학과 사학을 겸비하여, 세대를 초월하여 똑같이 명성을 누렸다. 이는 대나무와 측백나무는 성질이 서로 다르지만, 똑같이 추위를 견딘다는 점이 같고, 금과 옥은 바탕이 다르지만 이들 모두 보물이라는 점에서는 동일한 것과 같다.

유향의 주의(奏議)문은 뜻하는 바는 적절하지만 어조가 완만하다. 조일의 사부는 내용이 복잡하며 체제가 엉성하다. 공융이 지은 장주(章奏)문은 그 기백이 왕성하며, 예형이 지은 부에는 예민한 문학적 구상이 드러난다. 각각 한 가지 방면에 있어서는 장점을 가지고 있는 것이다. 반욱은 경학에 의지하여 자신의 문학적인 재능을 구사하였는데, 이것이 「책위공구석문(册魏公九錫文)」으로 뭇사람의 재능을 초월한 작품이 되었다. 왕랑은 분발하는 데 그 뜻을 두었으며 서(序)와 명문(銘文)에서 가장 훌륭한 성취를 이루었다.

사마상여와 왕포 이전에는 뛰어난 인재는 많았으나 학문에는 힘을 기울이지 않았다. 양웅과 유향 이후에는 대부분의 사람들이 고전의 구절을 인용하여 문장에 도움이 되도록 하였다. 이는 취사선택해야 할 중요한 점으로 그 분별을 혼란스럽게 해서는 안 된다.

> 桓譚著論, 富號猗頓, 宋弘稱薦, 爰比相如, 而集靈諸賦, 偏淺無才, 故知長於諷論, 不及麗文也. 敬通雅好辭說, 而坎壈盛世, 顯志自序, 亦蚌病成珠矣. 二班兩劉, 弈葉繼采, 舊說以爲固文優彪, 歆學精向, 然王命淸辯, 新序該練, 璿璧産於崑岡, 亦難得而踰本矣. 傅毅崔駰, 光采比肩, 瑗寔踵武, 能世厥風者矣. 杜篤賈逵, 亦有聲於文, 跡其爲才, 崔傅之末流也. 李尤賦銘, 志慕鴻裁, 而才力沈膇, 垂翼不飛. 馬融鴻儒, 思洽識高, 吐納經範, 華實相扶. 王逸博識有功, 而絢采無力. 延壽繼志, 瓖穎獨標, 其善圖物寫貌, 豈枚乘之遺術歟. 張衡通贍, 蔡邕精雅, 文史彬彬, 隔世相望. 是則竹柏異心而同貞, 金玉殊質而皆寶也. 劉向之奏議, 旨切而調

緩; 趙壹之辭賦, 意繁而體疏; 孔融氣盛於爲筆, 禰衡思銳於爲文,
有偏美焉. 潘勗憑經以騁才, 故絶群於錫命; 王朗發憤以託志, 亦
致美於序銘. 然自卿淵已前, 多俊才而不課學, 雄向以後, 頗引書
以助文; 此取與之大際, 其分不可亂者也.　　　　　　　　　　—「재략」

## 거안 시기의 작가들

위문제 조비의 문학적인 재기에는 맑고 고운 풍격이 넘치
는데 기존의 설명들은 그를 폄하하여 그의 동생 조식과 비교
해서 대단한 차이가 난다고 말하기도 한다. 조식은 사고가 민
첩하고 재능이 탁월하며, 그가 쓴 시는 맑고 고우며 표(表)는
아주 빼어난 것들이다. 이에 비해 조비는 생각이 주도면밀한
사람이라서 사고력의 구사가 완만하기 때문에 시간을 다투
어 작품을 쓰는 방면에서는 조식과 비교가 되지 않는다. 그러
나 그의 악부시들은 그 음절이 맑고 깨끗하며, 『전론(典論)』
의 논술은 논리적이며 핵심이 있다. 더욱이 그는 자신의 장점
을 활용함에 있어 초점을 잃은 일이 없다. 그럼에도 사람들은
남을 깎아내리고 높이 올리기를 좋아해서 일제히 부화뇌동
하여 판단하니, 조비의 경우는 지위의 존귀함 때문에 그의 문
학적 재능을 깎아내리고 조식의 경우는 그가 처했던 입장의
곤궁함 때문에 그의 명성을 끌어올렸던 것이다.

왕찬은 재기가 넘쳐났으며, 사고가 민첩하고 면밀했다. 그

는 다양한 장점을 겸비했으며 언어문자 표현상의 결점도 거의 없었다. 그의 시와 부의 대표작을 뽑아서 검토해보면, 건안칠자(建安七子: 한나라 말기에 조조, 조비, 조식과 더불어 활약했던 7명의 문인들) 가운데서도 으뜸이라 할 수 있다. 진림과 완우는 장표(章表)와 격문(檄文)에 정통해서 명성을 얻었고, 서간은 사부와 의론이 뛰어나서 칭송을 들었다. 유정은 감정과 뜻이 고상하며 아름다운 문채를 겸비하였고, 응창은 학문이 뛰어날 뿐더러 문학적 재능도 있었으며, 노수와 양수는 서기(書記)에 재능이 있었고 정의와 감단순은 논술에서 훌륭한 재능을 보였다. 이들은 손꼽힐 만한 가치가 있는 작가들이다.

유소의 「조도부(趙都賦)」는 선배 작가들의 부와 필적할 만하고 하안의 「경복전부(景福殿賦)」는 후배 작가들의 모범이 될 만한 것이다. 응거의 정조와 홍취는 「백일시(百一詩)」에서 그의 심지를 드러내주었고, 응정의 수사는 「임단부(臨丹賦)」에서 미적인 언어문자 표현을 이루었다. 혜강은 독창적인 의론을 전개했고, 완적은 자신의 기백이 담긴 시를 지었다. 이들은 각자 다른 음을 내지만 함께 합주하는 듯하였고, 서로 상이한 날개를 넓게 펴서 함께 나는 것처럼 보였다.

> 魏文之才, 洋洋淸綺, 舊談抑之, 謂去植千里, 然子建思捷而才儁, 詩麗而表逸; 子桓慮詳而力緩, 故不競於先鳴. 而樂府淸越, 典論

辭要, 迭用短長, 亦無懵焉. 但俗情抑揚, 雷同一響, 遂令文帝以
位尊減才, 思王以勢窘益價, 未爲篤論也. 仲宣溢才, 捷而能密,
文多兼善, 辭少瑕累, 摘其詩賦, 則七子之冠冕乎. 琳瑀以符檄擅
聲; 徐幹以賦論標美; 劉楨情高以會采; 應瑒學優以得文; 路粹楊
修, 頗懷筆記之工; 丁儀邯鄲, 亦含論述之美; 有足算焉. 劉劭趙
都, 能攀於前修; 何晏景福, 克光於後進; 休璉風情, 則百壹標其
志; 吉甫文理, 則臨丹成其采; 嵇康師心以遣論, 阮籍使氣以命詩,
殊聲而合響, 異翮而同飛.　　　　　　　　　　　　　　　—「재략」

## 진나라의 작가들

　서진 시대의 장화가 지은 짧은 작품들은 그 기세가 힘 있
고 글의 조리가 뚜렷하면서도 거침이 없었다. 그의 「초료부
(鷦鷯賦)」는 한비자의 「세난(說難)」을 생각나게 할 만큼 뛰어
난 풍자를 담고 있다. 좌사는 아주 특이한 재능을 가진 작가
로서 그의 문학적 업적은 모두 깊은 사고의 소산이다. 그는
「삼도부(三都賦)」에 자신의 기력을 쏟아 부었으며, 영사시에
서는 자신의 재주와 능력을 모두 써가며 탁월한 재능을 드러
내었다. 반악은 그 천성이 민첩한 사람으로 언어 표현이 온화
하면서도 유창하다. 그는 「서정부(西征賦)」에서 자신의 아름
다운 재능을 마음껏 발휘하였고, 애(哀)와 뇌(誄)에서 남은
재능을 드러내었다. 그의 문학적 재능과 기량은 일차적으로

자신의 천부적인 자질에서 기인하는 것으로 외부로부터 온 것이 아니었다.

육기의 문학적 재능은 깊은 것을 추구했으므로 언어문자 표현을 광대한 영역에서 찾는 데 힘썼다. 그런 까닭에 그는 작품구상에 있어서는 교묘할 수 있었으나 표현이 번다해지는 데서 벗어나지는 못했다. 육운의 작품구상은 명랑함을 특징으로 하며 사고의 운용이 잘 다듬어져 있다. 그는 폭넓은 학식의 힘으로 구상의 산만함을 제어하고, 그로 인해 언어문자 표현을 선명하고 깨끗하게 할 수 있었다. 특히 단편에 뛰어났다. 손초는 작품구상에 있어 흔히 언어를 직설적으로 배치하곤 하여 글의 표현이 항상 명료하며 거침이 없었다. 지우는 자신의 마음속에 품은 생각을 진술하곤 하였는데, 반드시 규범에 의거하여 언어를 부드럽고 우아하게 다루었다. 그가 여러 작품들을 논평한 「문장유별지론(文章有別之論)」은 체계적이고 조리가 있다.

부현의 문장은 그 내용상 훈계의 말이 많다. 그의 아들인 부함의 주의(奏議)는 아버지의 뜻을 계승한 것으로 강직하면서도 공정하게 씌어진 것이다. 이들은 나무의 줄기에 비할 만큼 실질적인 문학적 재능이 드러난 것이지 모든 꽃이 활짝 핀 것과 같은 화려한 풍격은 아닌 것이다. 성공수는 제목을 먼저 정해 놓고 부를 지었던 사람으로 항상 훌륭한 작품을 만들어내었다. 하후담은 다양한 표현양식을 시도하였는데, 그의 작품들의 체제는 미세하다. 조터의 긴 작품들은 언어 표현이 맑고 자세하며, 장한의 짧은 시들은 명백하며 정확하다. 이들 두 사람은 각각 자신의 장점을 잘 파악하고 있었다.

장재와 장협 형제는 그 화려한 재능은 서로 쌍벽을 이루었는데, 이들은 노나라와 위나라의 정치에 비견될 수 있을 만큼 문장에 있어서는 난형난제의 형세를 이루었다. 유곤의 시는 아정하고 웅장하며 풍자적인 내용을 담고 있는 것이 많았다. 노심의 문장은 감정의 표현이 정확하고 논리가 분명하였으니 이들의 재능이 우연히도 그 시대의 상황과 일치해서일 것이다.

張華短章, 弈弈清暢, 其鷦鷯寓意, 卽韓非之說難也. 左思奇才, 業深覃思, 盡銳於三都, 拔萃於詠史, 無遺力矣. 潘岳敏給, 辭自和暢, 鍾美於西征, 賈餘於哀誄, 非自外也. 陸機才欲窺深, 辭務索廣, 故思能入巧, 而不制繁. 士龍朗練, 以識檢亂, 故能布采鮮淨, 敏於短篇. 孫楚綴思, 每直置以疏通; 摯虞述懷, 必循規以溫雅; 其品藻流別, 有條理焉. 傅玄篇章, 義多規鏡; 長虞筆奏, 世執剛中; 並楨幹之實才, 非群華之韡萼也. 成公子安選賦而時美, 夏侯孝若具體而皆微, 曹攄淸靡於長篇, 季鷹辨切於短韻, 各其善也. 孟陽景陽, 才綺而相埒, 可謂魯衛之政, 兄弟之文也. 劉琨雅壯而多風, 盧諶情發而理昭, 亦遇之於時勢也. ─「재략」

곽박은 표현이 맑고 고우며 재주가 탁월하여 중흥기인 동진 시대에 가장 높은 성취를 이룩할 수 있었다. 그의 「남교부(南郊賦)」는 이미 그 장엄함으로 장관을 이루었고 유선시 역시 구름위로 경쾌하게 나부끼며 높이 날아오르는 것 같았다. 유량의 표(表)와 주(奏)는 그 작품의 구상이 세밀하고 여유가 있으면서도 유창하다. 온교가 쓴 잡기류의 작품들은 조리가 있으며 언어의 표현이 맑고 거침이 없었다. 이들 역시 창작의 세계에서 훌륭한 장인인 것이다.

손성과 간보는 문장력이 좋아서 역사서를 주로 지었는데, 그들이 하나의 표준으로 추구하는 바는 바로 『상서』에 있었다. 그들은 추구하는 것이 서로 완전하게 일치하지는 않았지만 언어문자 표현의 아름다움에 있어서는 거의 일치했다. 원굉은 수레를 거칠게 몰아 높이 질주하는 듯한 경향으로 글을 썼으므로 탁월하지만 편협한 면도 많다. 손작의 글은 어떤 규범을 중심으로 선회하는 듯한 인상을 주는 것으로, 조리는 있으나 묘사가 다소 약하다. 은중문의 「고흥(孤興)」과 사숙원의 「한정(閑情)」은 문장의 형식을 해체시켜 놓은 것들이라서 그 음률이 공허하며 진지하지 못하다. 비록 끊임없이 청담의 풍기가 흐르고 있지만 그 내용은 대단히 경박하다.

景純豔逸, 足冠中興, 郊賦旣穆穆以大觀, 仙詩亦飄飄而凌雲矣.

庾元規之表奏, 靡密以閑暢; 溫太眞之筆記, 循理而淸通; 亦筆端

之良工也. 孫盛干寶, 文勝爲史, 準的所擬, 志乎典訓, 戶牖雖異,
而筆彩略同. 袁宏發軫以高驤, 故卓出而多偏; 孫綽規旋以矩步,
故倫序而寡狀; 殷仲文之孤興, 謝叔源之閑情, 並解散辭體, 縹渺
浮音. 雖滔滔風流, 而大澆文意.　　　　　　　　　　　－「재략」

## 송나라의 작가들

　송 대에도 역시 탁월한 재능의 문인들이 있었으며, 그들의
작품들은 마치 물고기의 비늘이 모여 있듯이 많은데, 그 작품
들은 최근에 씌어진 것들이라서 이해하기가 쉬우므로 여기
서는 제외하기로 한다.

宋代逸才, 辭翰鱗萃, 世近易明, 無勞甄序.　　　　　－「재략」


　살펴보자면, 후한의 재능 있는 작가의 숲은 전한 시대의
그것에 필적할 만하고, 진대 문학의 정원은 위나라의 그것에
견줄 만하다. 그러나 위 왕조의 평가는 항시 한무제 시대를
근거로 삼아야 하며, 송 이래 칭찬의 대상으로는 건안 시대를
말한다. 어째서 그런가? 이는 그 시대가 문학을 숭상했던 성
대한 시기였으며, 재능 있는 작가들을 모두 불러들여 한곳에
모아 놓아서가 아니겠는가. 아! 이 때문에 옛사람들이 시대를
중요하게 여겼던 것이다.

觀夫後漢才林, 可參西京; 晉世文苑, 足儷鄴都; 然而魏時話言, 必

以元封爲稱首; 宋來美談, 亦以建安爲□實; 何也. 豈非崇文之盛

世, 招才之嘉會哉. 嗟夫, 此古人所以貴乎時也.     —「재략」


찬으로 정리하여 보자:

인재를 구하기 어려운 것은,

사람이 저마다 부여받은 개성이 달라서이다.

하루아침에 이루어진 문장이

천 년의 세월 동안 비단으로 짜여진다.

풍부하고 아름다운 언어문자 표현들은 사라지지 않으며

남아서 전해지는 영향력이 크기도 하다.

작품이 복잡다단하다고 말하지 말라,

분명하게 품평할 수 있으니.

贊曰: 才難然乎, 性各異稟. 一朝綜文, 千年凝錦. 餘采徘徊, 遺風

籍甚. 無曰紛雜, 皎然可品.     —「재략」

3부

관련서 및 연보

지금 여러 공부모임이나 『문심조룡』을 전공으로 삼고 공부해가고 있는 이들에 의해 더욱 상세하고 확실한 한역이 행해지고 있다. 단순한 한역에 그치지 않고, 인용문의 출처나 저자까지 상세하게 주석하여 학술논문에 그대로 인용이 가능한 명실상부한 한역주석본 『문심조룡』의 탄생이 기대되고 있다. 더욱 상세하고 확실한 한역주석본이 나오고 『문심조룡』에 대한 다방면의 연구가 활발히 진행되면 『문심조룡』의 가치를 이해하고 활용하는 독자의 폭도 그만큼 넓어지리라 생각한다.

# 『문심조룡』의 연구 상황과
# 한역 주석본 소개

　『문심조룡』이 탄생한 위진남북조 시대 이후로 약간씩의 연구나 언급이 없었던 것은 아니지만 오늘날만큼 많은 이들이 관심을 가지고 여러 각도에서 다양한 연구를 진행시킨 적은 일찍이 없었다.

　1900년대 초기부터 중국에서는 『문심조룡』에 관한 근대적인 주석본과 논문들이 나오기 시작했고, 1980년대에 이르러 중국 고전문학이론에 대한 관심의 증가와 더불어 『문심조룡』에 대한 연구는 더욱 활기를 띠게 되었다.

　1983년 『문심조룡』만을 전문적으로 연구하는 '『문심조룡』학회'가 성립되었고 '『문심조룡』학간' '『문심조룡』연구'라는 이름의 『문심조룡』에 관한 전문적인 연구논문집을 발간하고 있다.

한편에서는『문심조룡』연구를 하나의 전문적인 연구 분야로 지칭하여 '용학(龍學)' 이라고도 부른다.『문심조룡』의 중국어 주석본은 나날이 그 수를 더하고 있으며『문심조룡』에 관한 연구 저작들과 논문들도 상당한 수에 달하고 있다.

1987년에는 기남대학노서관에서『문심조룡 연구성과색인』을 편찬했다. 여기에는 1907년에서 1986년까지의 중국대륙, 대만, 홍콩, 일본, 한국을 비롯하여 프랑스, 헝가리 등 세계 각국의『문심조룡』에 관한 주석본이나 논문들의 목록이 실려 있다.

2001년에는 장소강(張少康), 왕춘홍(汪春泓) 등『문심조룡』연구자들에 의해 저작된『문심조룡연구사(文心雕龍硏究史)』라는 책이 북경대학출판사(北京大學出版社)에서 출판되었다.『문심조룡』이 탄생된 이후로 오늘날까지『문심조룡』이 어떻게 연구되어 왔으며 연구 성과물로는 어떠한 책들이 있는가를 시기별로 설명하고 있다. 각 시기별로『문심조룡』연구의 역사를 고찰하는 가운데 중요한 주석본들과 연구저작들도 소개하고 있으므로『문심조룡』연구의 역사를 이해하고『문심조룡』연구와 관련된 참고자료를 알아보는 데 매우 유용한 서적이라고 할 수 있다.

우리나라의『문심조룡』연구 현황을 살펴보자면, 1990년대 이전에는 『문심조룡』에 관한 연구논문이나 주석본 등이 매우 소량이었다. 1990년 이전에는 중국대륙과 직접적인 학문교류도 힘들었던 시기였고 중국문학에 대한 관심도 오늘날만큼 고조되어 있지 않았다는 것도 하나의 원인이었다고 할 수 있다.

1990년대 중반 이후로 중국대륙과 정식으로 국교가 성립되어 학문적인 교류도 활발하게 이루어지기 시작하자 중국문학에 대한 관심의 증대와 더불어 『문심조룡』에 대한 관심도 예전보다 커지게 되었다. 이 후로 우리나라 중문학계에서도 『문심조룡』을 주제로 한 석사논문과 박사논문을 비롯한 많은 연구논문들이 나오고 있으며, 『문심조룡』을 주제로 함께 모여 토론하고 해석을 하는 공부모임도 늘어나고 있다.

대표적으로 한국의 중국 문학이론학회에서 최근 2년 동안 문학이론을 전공한 전공자나 문학이론에 관심이 지대한 연구자들 중심으로 『문심조룡』의 한역 주석 작업이 진행되고 있다. 중국문학이론을 공부하는 사람이면 누구나 『문심조룡』에 관심을 가지지 않는 이가 없으며 관심의 비중이 높은 만큼 중국문학이론 연구에서 빼놓을 수 없는 영역으로 다루어지고 있다.

현재 일반 독자들이 접할 수 있는 기존의 한역 주석본 『문심조룡』은 1975년 최신호 역주로 현암사에서 펴낸 『문심조룡』이 있고, 1984년 이민수 역주로 을유문화사에서 펴낸『문심조룡』이 있으며, 1994년 최동호 역주로 민음사에서 펴낸『문심조룡』이 있다. 이 세 편의『문심조룡』한역본은『문심조룡』을 처음 접하는 이들이 참고할 수 있는 한역본들이다. 이 세 편의『문심조룡』은『문심조룡』한역의 선구자적인 역할을 담당했다는 데 그 의의를 찾을 수 있다

그러나 이 세 편의 한역본『문심조룡』은 중국의 주석본이나 일본의 주석본들에 비해서는 그 해석이나 주석이 상세하지 못하다.

지금 여러 공부모임이나『문심조룡』을 전공으로 삼고 공부해가고 있는 이들에 의해 더욱 상세하고 확실한 한역이 행해지고 있다. 단순한 한역에 그치지 않고, 인용문의 출처나 저자까지 상세하게 주석하여 학술논문에 그대로 인용이 가능한 명실상부한 한역주석본『문심조룡』의 탄생이 기대되고 있다. 더욱 상세하고 확실한 한역주석본이 나오고『문심조룡』에 대한 다방면의 연구가 활발히 진행되면『문심조룡』의 가치를 이해하고 활용하는 독자의 폭도 그만큼 넓어지리라 생각한다.

# 유협 연보

유협의 연보를 구체적으로 작성할 만큼 유협에 관련된 역사적인 자료가 풍부하지 못하다.

역사서에 나와 있는 유협의 전기(梁書 劉勰傳)를 참고로 하여 유협의 일생을 시기별로 간략하게나마 살펴보기로 한다.

**서기 465년**(南朝宋明帝泰始元年): 유협은 이 시기 전후로 출생한 것으로 알려져 있다. 자는 언화(彦和)며 동완거(東莞莒)(지금의 산동성 거현〈山東省莒縣〉) 사람이다. 조부는 유영진(劉靈眞)이나 사적이 자세하게 알려져 있지 않다. 부친은 유상(劉尚)인데 남송 말엽에 월기교위(越騎校尉)라는 낮은 관직을 지낸 적이 있고 일찍 사망하였다. 이 시기 전후로 당시 유명한 한 대(漢代) 악부의 전통을 계승하여 「의행로난(擬行路難)」이라는 유명한 악부시체 시가를 남긴 포조(鮑照)가 사망하였으며 영물소부(詠物小賦)를 잘 지었던 사장(謝莊)도 사망하였다.

**서기 488년**(南朝齊武帝永明六年): 유협 나이 24세 경 승려 우(祐)가 강남으로 불학을 강의하러 오게 된 것을 계기로 승려 우를 따라 정림사(定林寺)에 기거하게 된다. 이 시기에 조금 앞서서(서기483년) 경릉왕(竟陵王) 소자량(蕭子良)의 문학 집단이 이루어진다. 심약(沈約), 왕융(王融), 사조(謝朓), 범운(范雲), 임방(任昉) 등의 문인들이 여기에서 활약하게 된다. 심약(沈約)과 육궐(陸厥)은 사성설(四聲說)을 제창한다.

**서기 496년**(齊明帝建武三年): 유협 나이 32세 전후에 『문심조룡』을 쓰기 시작한 것으로 보인다. 이 시기를 조금 지나(서기 499년) 중국 산수시의 발전에 공헌이 큰 시인 사조(謝朓)가 사망한다.

**서기 501년**(齊和帝中興元年): 유협 나이 37세 전후로 『문심조룡』을 완성한 것으로 보인다. 이즈음(서기 502년) 남조의 제(齊)나라가 멸망하고 남조의 양(梁)나라가 개국한다. 그리고 중국 역대의 시문집인 『문선(文選)』을 편찬한 소명태자(昭明太子) 소통(蕭統)이 탄생한다.

서기 503년(南朝梁武帝天監二年): 유협 나이 39세 전후로 관직생활을 시작한다. 처음에는 봉조청(奉朝請)이라는 유명무실한 관직을 맡는다. 이 시기에 범운이 사망한다.

서기 504년(南朝梁武帝天監三年): 유협 나이 40세 전후로 임천왕(臨川王) 소굉(蕭宏)의 기실(記室)을 맡게 되는데 이는 문서를 관리하는 관직이다.

서기 505년(南朝梁武帝天監四年): 유협 나이 41세 전후하여 거기창조참군(車騎倉曹參軍)이라는 창고를 관리하는 관직을 맡게 된다. 이 시기에 강엄(江淹)이 사망한다.

서기 507년(南朝梁武帝天監六年): 유협 나이 43세 전후로 태말(太末: 지금의 浙江省 龍游)의 현령을 지내게 된다. 이 시기에 남조의 유명한 궁체시인 서릉(徐陵)이 태어난다.

서기 511년(南朝梁武帝天監十年): 유협 나이 47세 전후로 인위장군(仁威將軍) 소적(蕭積)의 기실을 맡는다. 이 시기를 조금 지나(서기 513년) 심약이 사망한다. 남북조 시가의 특징을 두루 갖춘 시가들을 써낸 시인 유신(庾信)이 탄생한다. 이 후 수년에 걸쳐 중국 역대의 오언시에 대한 비평서인 종영(鍾嶸)의 『시품(詩品)』이 지어진다.

서기 516년(南朝梁武帝天監十五年): 유협 나이 52세 전후로 소명태자 소통의 궁중 통사사인(通事舍人)을 지내며 공문을 관리한다. 이 때 「멸혹론(滅惑論)」과 「양건안왕조염산석성사석상비(梁建安王造剡山石城寺石像碑)」 등의 글을 짓는다. 이 시기가 조금 지나(서기 518년) 종영이 사망하며, 승려 우도 사망한다.

서기 518년(南朝梁武帝天監十七年): 유협 나이 54세 전후로 승려 혜진(慧震)과 함께 정림사에서 불경을 정리한다.

서기 520년(南朝梁武帝普通元年): 유협 나이 56세 전후로 정림사에서 출가하여 혜지(慧地)로 개명한다. 출가한지 일 년이 못되어 사망한다. 이 시기 소명태자가 『문선』을 편찬한다.

# 주

1) 진시황의 진나라 이전의 시대를 말함. 전설속의 왕조인 요순시대부터 춘추
   전국 시대까지를 말함.

2) 위(魏)·촉(蜀)·오(吳) 나라가 대립했던 삼국시대에서 시작되는 위진남북
   조(魏晋南北朝) 시기에 중국의 남방을 중심으로 건국되었던 여섯 왕조인
   오(吳)·진(晉)·송(宋)·제(齊)·양(梁)·진(陳) 나라를 말함. 진나라는
   서진과 동진으로 나뉜다. 건강(建康: 현재의 남경)으로 수도를 옮긴 동진
   시대부터 건강(남경)을 중심으로 건립된 송·제·양·진을 남조(南朝)라
   고 말하기도 한다.

3) 이 글에서는 '문예'라는 용어를 '문학예술'이라는 한정된 의미로 사용함.

4) 역사적인 사실이나 전설 또는 옛날 서적들 등에 나오는 사건이나 인물 등
   을 인용하여 작가가 표현하고자 하는 현실상황에 역사적 사실을 중첩시킴
   으로써 작가의 의도를 간단하고 명확하게 표현하는 방법.

5) 육조 제나라 시기에 심약이라는 사람이 중국문자의 성조를 활용하여 작품
   의 조화로운 리듬감을 추구하도록 하기 위해 성조 활용의 규칙을 제시한
   학설을 말한다.

6) 이 글을 읽는 독자의 편의를 위하여 '스타일'이라는 용어를 사용하였지만
   중국문학계에서는 '풍격'이라는 용어가 더 보편적으로 사용되고 있다. 이
   장에서 말하는 풍격은 주로 문예작품의 전체적인 분위기를 의미한다. 그러
   나 풍격이라는 용어는 내용과 형식을 지닌 어떠한 현상이나 사물에 대해서
   도 그것의 전체적인 분위기를 묘사할 때 사용이 가능하다. 예를 들어 문학
   의 영역에서만 살펴보아도 작가의 풍격, 시대의 풍격, 장르의 풍격, 특정한
   문학유파의 풍격 등 다양하게 적용이 가능한 것이다.

# 문심조룡 동양 문예학의 집대성

| | |
|---|---|
| 펴낸날 | **초판 1쇄 2005년 5월 25일** |
| | **초판 3쇄 2023년 12월 18일** |

| | |
|---|---|
| 지은이 | **김민나** |
| 펴낸이 | **심만수** |
| 펴낸곳 | **(주)살림출판사** |
| 출판등록 | **1989년 11월 1일 제9-210호** |

| | |
|---|---|
| 주소 | **경기도 파주시 광인사길 30** |
| 전화 | **031-955-1350**　팩스　**031-624-1356** |
| 홈페이지 | **http://www.sallimbooks.com** |
| 이메일 | **book@sallimbooks.com** |

| | |
|---|---|
| ISBN | 978-89-522-0380-9　04080 |
| | 978-89-522-0314-3　04080 (세트) |

※ 값은 뒤표지에 있습니다.
※ 잘못 만들어진 책은 구입하신 서점에서 바꾸어 드립니다.